특수교육이 어려운 선생님을 위한

특수학생 지도

이현옥 지음

★
BOOK STAR

머리말

  나는 특수교사입니다. 장애인에게 도움이 되는 사람이 되겠다는 마음으로 특수교육과에 입학했습니다. 그 전에는 실제 장애인을 만나 본 적도 거의 없었으며, 장애에 어떤 유형이 있는지도 잘 몰랐습니다. 장애인이 비록 몸과 마음은 불편하지만 내가 도움이 되면 좋겠다고 생각했습니다. 그렇게 장애에 대한 이론만 배운 채 특수학교에 첫 발령을 받았습니다. 말도 안 통하고 교육도 어려운 아이들이었지만 나름 귀여웠습니다. 아이들은 사랑스러웠지만 교육은 만만치 않았습니다. 문제 행동도 많았고 아이들마다 교육할 것도 다 달랐습니다. 한 번 가르쳐 주면 금세 잊어버려서 반복해서 가르쳐야 했습니다. 매일 저녁 학교에 남아 어떻게 하면 아이들에게 하나라도 더 가르칠까 연구했습니다. 문제 행동을 어떻게 해결할까 동료 선생님들과 고민하고 또 고민했습니다. 그렇게 삼 년이 지나갔습니다. 장애 아이들에게 맞고, 배변을 치우고, 고민만 쌓이다 문득 생각했습니다.

  "이 길은 내 길이 아니다. 그만둬야겠다."

  여간해선 달라지지 않는 학생들과 더 어려운 부모님 사이에서 내가 중요시하는 성취감을 찾기란 쉽지 않았습니다.

환경이 달라지면 나아질지도 모른다고 생각했습니다. 특수학급으로 옮겼지요. 하지만 일반 학교의 특수학급도 만만치 않았습니다. 장애 아이들과 부모뿐 아니라 일반 교사들의 편견, 관리자의 편협된 시각과 싸워야 했습니다. 올해만 내가 맡은 아이들을 정성을 다해 가르쳐 보자 다짐하고 마음을 도닥였는데, 그렇게 고민만 하다 그 세월이 벌써 24년이 다 되어 갑니다. 마흔이 되면 너무 늙어 그만둬야겠지 생각했던 그때의 나는 여전히 장애를 가진 아이들과 씨름하며 하루하루를 보냅니다. 그래도 장애인에 대한 편견이 나의 노력과 교육으로 바뀌고 있다고 믿었기에 버틸 수 있었습니다.

얼마 전 후배 특수교사들과 식사를 할 일이 있었습니다. 이제 조금은 특수교사로서의 고단함이 나아졌다고 생각했습니다. 하지만 후배 선생님의 일화는 너무나 놀라웠습니다. 수학 교사가 특수학급 학생에게 왜 이 아이가 수업에 들어와 있느냐고 했답니다. 수행평가 및 학생 파악을 위해 1시간은 통합 학급에서 수업하는 것이 원칙이라고 알려줬습니다. 그랬더니 그런 게 어딨냐며 화를 내더랍니다. 자신의 수행평가는 본인이 알아서 할 테니 어서 아이를 특수학급에 데려가라며 야단을 쳤다는군요. 내가 십여 년 전 상처받고 울부짖었던 그 상황이 그대로 재현된 것입니다. 토씨 하나 다르지 않게 말하는 교사의 대처를 보면서 그제야 깨달았습니다.

"달라진 게 아니었어. 나이를 먹고 경력이 쌓이니 나를 건드리지 않은 것뿐이야. 아직도 경력이 짧은 선생님들에겐 저렇게 공정하지 못한 상황이 계속되고 있었던 거야."

후배 교사를 보며 고개를 떨굴 수밖에 없었습니다. 선배인 내가 조금이라도 바꾸려 노력했지만 변하지 않았습니다. 너무 마음이 아프고 미안했습니다.

특수교육 대상자의 장애가 점점 심해집니다. 정서장애와 조현병 학생들까지 특수학급에 입급됩니다. 더불어 정신건강의학과를 다니는 특수교사도 함께 늘어납니다. 자폐 학생의 폭력성으로 학생에게 맞아 교권심의위원회를 거쳐 학교를 옮기는 선생님도 많습니다. 학부모는 또 어떤가요. 함께 교육해 나아가는 협력자라는 인식 없이 특수교사를 믿지 못해 활동 보조와 함께 보내거나 녹음을 하기도 합니다. 자신의 아이는 장애가 있으니 무조건 배려받아야 한답니다. 모든 행동을 특수교사가 도와줘야 한다며 교육자가 아닌 보모로 대할 때도 있습니다. 퇴근 시간이 한참 지난 후나 이른 새벽, 주말을 가리지 않고 연락하는 통에 쉼과 일의 조화를 찾기도 어렵습니다. 관리자들의 대우는 또 어떻습니까. 이렇게 왕따가 될 줄 알았다면 애초에 특수교사가 되지 않았을 거라는 어느 특수교사의 절규는 괜한 말이 아닙니다. 소수의 위치에서 소수의 아이들을 대변하며 불이익을 감당해 내며 흘리는 특수교사의 눈물을 누가 알아줄까요. 입장이 다르니 이해할 수 없을 겁니다. 이런 상황에서 특수교사는 하루하루가 아픕니다.

살고 싶었습니다. 살리고 싶었습니다. 특수교사인 우리에게 모든 것을 해내라는 압박 가운데서 그들을 살리고 싶어 이 책을 쓰게 되었습니다.

또 특수교육에 대해 등한시한다고 오해했던 일반 교사에게도 추천합니다. 배우지 않았고 낯설기에 어려웠던 것입니다. 전문가인 특수교사가 더 잘 가르칠 수 있으리라 생각했던 거지요.

하지만 특수교사가 없는 교실, 내 수업에서 만나는 특수교육 대상자를 피할 수만은 없습니다. 그래서 전문가인 특수교사가 쓰는 방법을 나누고 싶었습니다. 순수하고 맑은 영혼의 사랑스러운 제자를 대하는 법을 함께 나누고 싶습니다.

정재승 교수는 인스타그램에서 이렇게 말합니다. "우리가 만들어야 할 세상은 장애인을 타자화하거나 따뜻한 기술로 치료해야 할 대상으로만 여기지 않고 장애가 불편이 되지 않는 사회여야 한다."라고요. 그런 사회를 위해 오늘도 한 땀 한 땀의 정성과 노력으로 한 발을 내딛고 있는 특수교사인 당신을 힘껏 응원합니다. 살아냅시다. 우리 오늘도 힘껏 살아냅시다.

목차

Chapter 1

학교에서
이럴 땐 이렇게!

문제 행동 지도

■ 수업 시간에 방해 행동을 합니다.

A는 수업 시간에 자리에 앉아 있질 않습니다. ADHD 약을 복용 중이지만 뭐가 불안한지 손과 다리를 산만하게 움직이다가 벌떡 자리에서 일어납니다. 음악이나 미술처럼 활동적인 수업 시간에는 그나마 크게 방해가 되지 않습니다. 특수학급에서 수업을 받는 국어, 영어, 수학 시간을 제외하고 인지 교과 시간에는 이것 때문에 문제가 생깁니다. 사회나 역사, 도덕, 기술가정이나 한문처럼 한자리에 오래 앉아 수업에 집중해야 하는 시간에 벌떡 일어나는 A는 친구들에게 큰 방해가 되기 때문입니다. 집중해야 하는 시간이나 중요한 내용을 다룰 때 A가 수업의 맥을 끊어 진행이 어렵다는 하소연이 많았습니다.

특히 성적이 중요해지는 중학교 시기에는 아이들이 시험 기간이 가까워지면 예민해지는데요. A는 기간과 상관없이 문제 행동을 합니다. 교과 선생님이 자리 앉으라고 지적을 하면 갑자기 소리를 지르거나 떼를 씁니다. 상황에 맞지 않게 친구의 물건을 갖고 싶다거나 친구의 과제물을 망가뜨리기도 해서 선생님도 곤란해 할 때가 많지요. 그렇다고 특수학급에 매시간 데리고 올 수도 없어 더욱 어렵습니다. 모둠 과제 때 어떻게 조를 만들어 줘야 할지도 어려워합니다. 도움이 되기는커녕 방해 행동을 하거나 다 만든 과제를 망가뜨릴까 봐 친구들이 함께하기를 꺼리기 때문입니다. A의 문제 행동 때문에 통합반 교실에서 무슨 불편한 상황이라도 발생하여 민원이 들어올까 봐 늘 마음이 조마조마합니다.

2024년 교육부에서 발행한 《장애 학생 행동 중재 가이드라인》에 따르면, 특수학교(급) 장애 학생 중 즉각적 지원이 필요한 학생이 11.9%, 예방적 지원이 필요한 학생이 17.9%로 나타났습니다. 교육 활동에 영향을 미치는 주요 문제 행동 유형으로는 수업 방해(62.6%), 신체 상해(31.3%), 기물 파손(6.1%) 순입니다. 특히 가장 많이 나타나는 수업 방해 행동은 욕설, 소리 지르기, 울기, 떼쓰기, 수업 중 자리 이탈입니다. A 학생의 이야기가 양상은 조금씩 다르더라도 어렵지 않게 만날 수 있는 사례입니다. 이런 상황이 발생할 때마다 곤란합니다. 차라리 특수학급에서만 수업을 한다면 이런 문제는 일어나지 않을 것입니다. 그러나 통합 교육이니 특수학급 수업만 할 수 없습니다. 특수교사가 없는 상태에서 문제가 발생하니 해결 방법도 찾기 어렵고 더 머리가 아픕니다. 어떻게 하면 학생의 행동을 변화시킬까 다양한 방법을 고민합니다. 하지만 쉽게 고쳐질 행동이라면 장애라는 무거운 진단을 받지 않았을 겁니다.

특히 지적장애와 문제 행동을 함께 갖고 있는 경우라면 상황이 더 어렵습니다. 금방 긍정 행동을 약속하고 교실에 보내도 똑같이 자신이 꽂히는 것을 따라가거나 소리를 지르는 행동이 나타날 수 있습니다. 교실에 얌전히 있으면 좋아하는 선물을 사 준다고 약속을 하거나 좋아하는 장난감을 들려 교실에 올려보내기도 합니다. 하지만 수업 시간에 자리에 앉아 있어야 한다는 인식이 약한 아이는 집중력이 매우 짧아 자유롭게 교실을 옮겨 다니며 놀이를 시작합니다. 특히 조별 활동을 통해서 점수를 얻거나 시험 기간 중요한 요약을 해주는 시간의 방해 행동은 민원의 대상이 되기도 합니다. 그렇다고 특수학급 학생만 조에서 제외할 수도 없습니다. 교과 선생님들도 어쩔 줄 몰라 합니다. 부모님께 말씀드려 보지만 집에서는 안 그런다거나 가르치겠다는 대답만 돌아옵니다. 하지만 부모님이 말을 해도 아이가 변하기는 쉽지 않습니다.

문제 행동, 특히 자리 이탈 행동에는 기능이 있을 텐데요. 무엇보다 그 기능이 무엇인지를 파악하는 것이 문제 행동을 예방하는 첫 번째 시도가 될 것입니다. 행동 관찰과 학부모 면담을 통해 학생이 왜 그 행동을 하는지를 체크해 봅니다. 그 행동의 이유를 파악했다면 반 친구들과 교과 선생님과 공유합니다. 아무 이유 없이 아이들을 방해하거나 수업에 피해를 주기 위해 하는 행동이 아니란 것을 알려 주세요. 모르면 오해할 수 있습니다. 그 문제 행동을 해결하기 위해 사용할 수 있는 간단한 방법도 알려 주면 좋습니다. 심심해서 그런 행동을 했다면 놀 수 있는 간단한 장난감을 주거나 빈 종이와 연필로 낙서를 하도록 유도하라고 말씀해 주세요. 관심을 끌기 위해서라면 '그만'이라고 단호하게 말하고 관심 갖지 않거나 아예 모른 척할 수도 있습니다. 친구들이나 선생님이 반응하면 그게 더 재미있어 문제 행동이 놀이가 될 수 있다는 점을 설명해 주면 도움이 됩니다.

선생님: A야. 수업 시간에 네가 자리에서 일어나서 친구들에게 방해가 되었어. 친구들이 매우 힘들었대. 그런데 선생님

생각에 A에게도 이유가 있을 것 같아. 뭐 때문에 자리
에서 일어났는지 이야기해 줄 수 있어?

A: 자리에서 일어났어요.

선생님: 그랬지. 선생님은 가끔 너무 심심하거나 마음이 불편
할 때 자리에서 일어나서 걸으면 나아지기도 하거든.
내가 돌아다닐 때 사람들이 나를 보고 말을 건네주
면 기분이 좋아지기도 해. 혹시 선생님처럼 자리에서
일어나는 어떤 이유가 있을까?

A: 몰라요.

학생이 정확하게 대답하지 않을 수 있습니다. 이럴 때는 학부
모님과 이야기해 보세요. 더 어렸을 때 이런 행동이 나타났던
경험이 있을지 모릅니다. 이유가 무엇인지 알 수도 있습니다.
과거의 행동을 통해 지금 행동하는 이유를 유추해 봅니다. 어
떤 이유로 행동을 하는지 파악해야 변화도 시도할 수 있습니
다. 학생들은 이유 없이 행동하지 않습니다. 뭐든 이유가 있을
테니 그 이유를 찾아서 다른 방식으로 표현할 수 있도록 도와
줘야 합니다.

장애 학생의 문제 행동은 주의를 얻기 위해 발생할 수 있습니다.
수업 시간에 집중하기 어려운 데 자리에서 일어나면 선생님과 친구
들이 자신에게 관심을 가져 줍니다. 그것이 나쁜 방향의 관심이라고
해도 상관없습니다. 그 반응이 좋아서 자리에서 일어날 수 있습니다.
학습 또는 사회적 상황에서 오는 불안이나 고통을 피해 갈 목적으로

돌발 행동을 하기도 합니다. 수업 시간에 알아들을 수 없는 어려운 내용을 반복하는 것이 너무 괴로워서 그걸 피하기 위해 딴짓을 하는 것입니다. 때로는 자기를 조절하는 용도로 쓰이기도 합니다. 감정이나 행동을 억제하기 어려워 어쩔 수 없이 소리를 지르기도 합니다. 학생이 왜 그런 행동을 하는지 기능을 파악하는 것이 중요합니다.

행동의 기능을 알아냈으면 그에 맞는 해결책을 제시해 줍니다. 관심받기 위해서 자리에서 일어난다면 그 행동 대신 긍정적으로 관심받을 수 있는 행동을 알려 주는 겁니다. 그래야 아이가 좋은 방향의 행동을 늘려 나갈 수 있습니다. 불안해서라면 손으로 만질 수 있는 부드러운 촉감의 물건을 손에 쥐여 주는 것도 대안이 될 수 있습니다. 내용이 너무 어려워서라면 대체 학습지를 제공해 수업 내용을 조금이라도 이해할 수 있도록 도와줍니다.

장애 학생의 문제 행동은 다그치고 화를 낸다고 고쳐지지 않습니다. 그들이 원하는 목적을 달성하고 긍정적으로 인식되는 적절한 행동을 가르쳐 주는 게 도움이 되지요. 학생의 강점과 관심사를 고려하여 목표를 설정합니다. 너무 어려운 과제는 수준을 낮추어서 대체 자료를 제시합니다. 과제를 다하면 좋아하는 것으로 보상을 해 주면 좋습니다. 과목 선생님에게 긍정의 칭찬을 받아 오면 좋아하는 것을 선물합니다. 그 칭찬을 모아 반장이 될 수 있는 권한을 주세요. 시각적인 안내를 통해 학생이 집중하도록 도와줘도 됩니다. 수업 중간에 복도 순회하는 방법도 사용합니다. 교사가 복도에서 아이와 눈을 마주칠 때마다 아이는 수업 시간임을 각성하고 바른 자세를 취할 것입니다. 미리 약속을 해 두고 그것을 기억하게 자극을 줍니다. 잘했을 때 칭찬하거나 한 번 더 관심을 표현하여 인정 욕구를 채워주는 것도 괜찮습니다. 이렇듯 아이가 원하는 것과 관심사, 이유를 알아내어 긍정적인 방향으로 행동을 바꿔 주는 게 필요합니다.

■ 선생님 자격이 없다며 소리를 지릅니다.

B는 불안장애를 가진 학생입니다. 정신건강의학과 약을 꾸준히 먹고 있지만 아이의 기분은 쉽게 나아지지 않습니다. 사랑과 관심을 받고 싶어했습니다. 친구들 앞에서는 아기처럼 굴었습니다. 자기보다 약한 친구에게는 폭군처럼 행동했지요. 하루에도 몇 번씩 기분이 오락가락했습니다. 정서에 문제가 있는 친구라 아주 친절하게 대했습니다. 충분히 너를 사랑하고 있고, 너는 소중한 존재라고 계속 표현해 줬습니다. 학기 초만 해도 관계가 괜찮았습니다. 학원에서 기분이 안 좋아질 때면 전화를 걸어 하소연할 정도로 나를 믿고 의지했습니다. 그런데 사춘기가 왔는지 아이가 거칠어지기 시작했습니다. 좋은 말로 타이르고 지도해도 날카롭게 달려들 듯 대들었습니다.

한번은 5층 통합반 교실에서 아무도 나를 사랑하지 않는다며 뛰어내리겠다고 으름장을 놓았습니다. 친구들이 자기 감정을 받아들여 주지 않자 화가 난 것입니다. 수용할 만한 범위 이상의 행동을 한 B를 처음으로 단호하게 지도했습니다. B는 나에게 달려들며 고래고래 소리를 질렀습니다.

"선생님이 뭔데 나한테 소리를 질러요. 선생님이 뭐 해준 게 있다고 그래. 재수 없어."

나 보란 듯이 괴성을 지르며 욕을 했습니다. 교실의 물건을 집어던지는 아이를 보며 자괴감이 들었습니다. 그동안 내가 했던 교육이 과연 효과가 있었던 건가 싶었습니다. 아무리 아이가 새벽에 전화를 하고 주말에 문자를 해도 다 참고 잘한다 해 줬습니다. 인내하고 아이 그대로를 수용했던 내 마음이 와르르 무너져 내렸습니다. 교사는 학생의 마음이 아프다는 이유로 모든 것을 받아 주고 참아야만 하는 건가 싶어 혼란스러웠습니다.

교사는 학생을 가르치는 사람입니다. 하지만 교사의 일에 가르치는 것만 존재하진 않습니다. 학생 사이의 갈등을 중재하고 행동에 대해서 바른길을 알려 줘야 합니다. 때로는 감정적인 호소도 수용할 수 있어야 합니다. B 학생처럼 감정적인 어려움을 겪는 학생은 더더욱 그렇습니다. 불안장애로 인해 기분이 자주 바뀌고 자기 위주로 행동하며 감정적으로 교사에게 의지하는 것을 일정 부분 받아 줘야 합니다. 때로는 지치기도 하고 끝이 없는 것 같아 무력하기도 하지만 밀어낼 수는 없습니다. 학생의 교육을 위해서 가장 중요한 것이 정서적 안정이기 때문입니다. 학생의 정서적 편안함과 라포 형성을 위하여 2년 동안 참 많이 애를 쓰셨네요. 내 기분 하나도 감당하기 어려운데요. 학생의 감정을 수용만 해 주는 것이 결코 쉬운 일은 아니었을 겁니다. 그런 감정적 고단함을 주는 것이 정서장애 학생들의 특징입니다.

정신건강의학과 약을 복용하는 것이 일정치 않아 감정이 오락가락할 때는 더 힘든 게 사실입니다. 이제껏 감정적 지지를 해 줬던 학생이 단 한 번 행동 문제를 바로잡자 감정적 폭발을 일으켰습니다.

이럴 때는 그동안 수용해 줬던 나의 감정 상태가 흔들릴 수 있습니다. 무의미하고 힘들다는 생각이 들며 다 내려놓고 싶을 마음이 들지요. 그 마음은 충분히 자연스러운 감정입니다. 우리도 교사이기 이전에 감정을 지닌 사람입니다. 학생들 사이에서 감정을 조절하고 거기서 받는 피드백을 통해 마음이 상할 때 힘들다는 생각이 드는 것은 당연합니다.

그럴 때는 무엇보다 나의 감정을 돌봐 주셔야 합니다. 학생 지도를 하지 않는 방과 후나 퇴근 시간을 활용해 나의 수고를 토닥여 주세요. 평소 좋아하는 것, 보고 있으면 기분 좋아지는 자료들을 모아 두었다가 보면 좋습니다. 행복한 아기 사진이나 동물을 보면 마음이 편안해지고 안정된다면 그 이미지를 가까이 두고 자주 보면 좋습니다. 내가 보고 있으면 기분이 좋아지는 자료들을 보면서 나 먼저 토닥여 주세요. 어른 노릇, 선생님 역할 하느라고 애쓴다고 칭찬해 주세요. 어려운 일인데도 정말 잘하고 있노라며 나를 보듬어 줍니다. 상처받은 그 자리에서 나를 분리하고 안아 주는 것에서 시작해야 합니다. 학생과 정서적 거리감을 두고 내 마음을 먼저 안정시킨 다음 그다음 조처를 하면 됩니다.

교사는 학생의 감정적 어려움은 인정하면서도 행동은 바로잡아 주어야 합니다. 그러기 위해서 행동 문제를 지적한 것은 교사다운 행동이었습니다. 그런데 그 교사의 바른 행동에 무턱대고 감정을 쏟아붓는 학생에게는 어떤 대응을 해야 할지 혼란스럽고 어려우실 텐데요. 그럴 때는 두 가지를 꼭 기억하세요.

"선생님이 네 행동에 대해 지적한 부분이 기분이 나빴구나. 그럴 수 있어. 하지만 나는 너의 친구가 아니야. 선생님이잖아. 선생님은 잘못된 행동을 바로잡아 줘야 해.

첫째. 학교 창문에서 뛰어내리겠다고 한 너의 행동은 잘못이야. 너는 너무나 소중한 존재야. 게다가 네가 죽겠다고 해서 친구들도 모두 놀랐어. 이 행동은 잘못되었어. 다시는 친구들 앞에서 그런 말을 하면 안 돼.

두 번째, 선생님은 너를 너무 좋아해. 그래서 네가 창문에 매달려 죽고 싶다고 했을 때 마음이 아팠어. 너를 도와주고 싶어. 그런데 네가 화를 내니 선생님도 너무 속상해. 당분간은 너를 좋아할 수 없을 것 같아. 이제 진정하고 너도 네 마음을 말해 줬으면 좋겠어."

감정에 대해서는 충분히 공감해 주세요. 왜 마음이 상했는지 알아줘야 합니다. 감정을 수용받지 못해서 힘들어하는 학생에게는 수용의 경험을 늘려 주는 게 중요합니다. 감정을 인정하고 난 다음 행동에 대해서 이야기합니다. 물론 이런 지도를 할 때 교사의 감정을 섞지 않는 것이 필요합니다. 학생의 행동에 대해 짧고 단호하게 말하고 대안 행동을 제시해 줍니다. 학생은 감정은 수용받지만 행동의 대안을 받아들일 수 없을지도 모릅니다. 한 번에 모든 것이 달라지지 않을 수도 있습니다. 그럼에도 사안이 발생했을 때마다 꾸준히, 반복적으로 이 방법으로 지도해야 합니다. 고단하고 지치지만 한 번 만에 사람은 변하지 않는다는 사실을 꼭 기억하셔야 덜 지칠 것입니다.

정서를 조절하지 못하는 학생을 지도할 때 행동은 통제하되 감정은 받아 주는 것이 중요합니다. 학교에서 자살 의지를 표현하고 행동으로 옮긴 것은 잘못입니다. 그 부분은 확실하게 가르쳐 줘야 합니다. 이럴 때는 부모님과 상담 선생님과 연계해서 일을 진행하셔야 합니다. 아이에게 확실히 잘못된 행동임을 인지시켰다면 그 행동에 대한 책임을 질 수 있도록 해야 합니다. 부모님과 관계가 잘 형성되어 있다면 학교생활의 스트레스가 많은 아이를 위해 숙려제를 권해 보는 것도 방법입니다. 단 부모님과 말이 잘 통하고 의견이 일치할 때만 쓸 수 있는 방법입니다. 숙려제는 아이에게는 확실한 효과가 있습니다. 친구들 앞에서 자살을 상상할 수 있는 행동을 했다는 부분을 강조하여 숙려제의 필요성을 이야기합니다. 아이가 계속 학교에 나오면 점점 더 과격하고 도전적으로 자신의 욕구를 표현할 겁니다. 잘못된 행동에 대해서 책임지고 본인도 다시는 그러면 안 된다는 것을 느끼게 해 줘야 합니다. 부모님이 동의하시면 숙려제를 며칠이라도 운영하시면 좋습니다.

부모님이 동의하시지 않는다면 어떤 방식으로든 행동에 대한 책임을 지게 해야 합니다. 문제 상황의 공간에서 공부하지 않고 분리하는 것도 방법입니다. 대안 과제를 제시하고 특수학급에서 자신의 잘못된 시도에 대해 확실하게 반성할 수 있도록 시간을 줍니다. 감정의 동요와 상관없이 위험한 상황으로 이어질 수 있는 부분은 확실하게 잡아줄 필요가 있습니다.

그 과정에서 정서적 연대를 절대 놓치시면 안 됩니다. 아이가 계속해서 흥분을 가라앉히지 않는다면 실무사나 교감 선생님을 부르는 것이 좋습니다. 아이가 감정적으로 흥분한 상태에서 어떤 위험한 행동을 할지 모릅니다. 위험한 상황에 교사 혼자 노출되어서는 안 됩니다. 아이가 쉽게 흥분이 가라앉지 않으면 도움이 될 만한 관계자를 불러 상황을 관조하게 합니다. 혹시라도 모를 상황에 대비하고 교사의 안전을 확보할 수 있습니다. 감정적으로 흥분이 가라앉은 학생에게는 여전히 너에게 감정적으로 애정이 있음을 알려 줘야 합니다. 이런 아이들의 경우 사랑을 잃을까 봐 두려워합니다. 조금만 감정이 가라앉으면 잘못했다고 빌기도 합니다. 마음에 불안 요소가 존재하기 때문입니다.

아무리 힘들더라도 그때만큼은 나의 감정을 누르고 아이에게 변함없는 지지를 보내야 합니다. 마음이 전혀 움직이지 않는다면 말로라도 먼저 표현해 보세요. 어렵지만 그게 교사가 해야 할 일입니다. 학생은 미완성이고 불안한 존재입니다. 게다가 불안장애를 가진 학생이라면 더더욱 그렇습니다. 흔들리지 않는 어른의 사랑과 관심을 표현해야 합니다. 그래야 흔들리는 학생을 잡아 줄 수 있습니다.

물론 굉장히 힘든 일입니다. 기가 빠지고 다시는 경험하고 싶지 않을 정도로 어려운 상황입니다. 하지만 감정의 주도권을 아이에게 뺏기지 마세요. 흔들리지 말고 굳건히 그 자리에서 버텨 주십시오. 그래야 감정과 행동으로 아이의 변화를 끌어낼 수 있습니다. 아이보다 먼저 흥분하지 마세요. 감정이라는 말에 올라타시면 안 됩니다. 내 감정을 추스르고 아이 감정도 읽어 준 다음 행동의 변화 가능성에 대해서만 이야기합니다.

■ 화가 난다며 커터 칼을 휘둘렀어요.

C는 순한 성향을 지닌 지적장애 학생입니다. 평소에 교사나 친구들에게 욕을 하거나 나쁜 말을 한 적이 한 번도 없습니다. 오히려 위축되어 있거나 어찌할 바를 몰라 가만히 있는 적이 많았습니다. 그런 C가 돌변하는 순간이 있는데, 그건 바로 집에서 갈등이 있는 날입니다. 게임을 무척 좋아하는 C는 집에서 게임 팩을 사 달라고 부모를 자주 조른답니다. 게임을 적절한 시간 동안 조절해서 하지 못하는 학생입니다. C에게 모든 것을 맞춰줄 수 없는 부모님은 원하는 것을 사 주다 말다 했답니다. 자신이 원하는 것을 사 줄 때는 조용히 지나갔지만 사 주지 않은 날은 집에서도 학교에서도 난동을 부렸습니다. 오로지 게임에만 관심이 쏠려 있는 아이입니다. 다른 건 양보하고 넘어갔지만, 그것만큼은 용납하지 못하는 모양입니다.

　아이가 갑자기 교실에 있던 커터 칼을 들고 우리를 공격하기 시작했습니다. 공격성이라고는 찾아볼 수 없는 아이라 당황하고 너무 놀랐습니다. 일단 아이들을 모두 나가게 한 후 겨우 구슬려서 칼을 뺏었습니다. 위험한 상황이 생길까 봐 교실에 보이는 무기가 될 만한 것을 모두 치우고 아이를 의자에 앉혔습니다. 부모님께 연락해 보니 집에서 더 이상 게임을 안 사 주면 모두 죽여 버리겠다고 으름장을 놓았다고 합니다. 충동 조절 관련 약을 복용하고 있습니다. 집에서 자주 그렇게 폭발하기 때문에 부모님은 대수롭지 않게 말씀하셨습니다. 가정에서 이런 갈등이 다시 촉발될 경우 어떻게 대처하겠다는 의지도 없어 보였습니다. 그 일이 있고 난 후 우리는 C가 언제든 공격 행동을 할 수 있다는 생각이 들어 늘 긴장해야 했습니다. 가정에서 촉발된 문제지만 해결 의지가 없는 부모와 우리 반 학생들의 안전 사이에서 어떻게 문제를 해결해야 할까요.

학생이 교실에서 갑자기 공격적인 행동을 했지만 분노가 쌓여 있었던 것 같습니다. 가정에서의 상황을 살펴보니 갑자기 나타난 행동은 아니었던 겁니다. 이미 가정에서 몇 번이나 이런 행동의 전조 증상이 있었으면 학교에서 언제든 나타날 수 있는 행동인데요. 그동안 부모님이 별일 아니라고 생각하고 말하지 않은 것에서 문제가 더 커진 케이스입니다. 충동 조절하는 약까지 복용하고 있는 경우라면 언제든 공격 행동이 다시 발산될 가능성도 있습니다. 그런데 부모님은 이 사태를 해결할 의지가 없습니다. 별일 아닐 것이라고 가볍게 생각하는 것 같습니다. 이런 공격 행동은 언제 발생될지 모릅니다. 아이가 힘 조절을 잘 못하거나 너무 흥분하면 위험한 상황으로 번질 수 있다는 점에서 그냥 지나칠 수 없습니다.

우선 공격 행동이 왜 발생했을까 상황을 살펴봐야겠습니다. 장애 학생이 공격 행동을 보이는 이유는 의사소통 역량이 부족해서입니다. 자기 마음을 다 전달하지 못할 때 행동이 더 쉽기 때문에 이런 상황이 생길 수 있습니다. 외부 자극이 너무 부족해 자극 추구를 위해서나 불안이나 스트레스 상황에서 감정을 해소하기 위해 발현되기도 합니다. 사회적 기술이 부족할 때 어떻게 행동해야 할지 몰라 공격적 행동을 하기도 합니다. 학교나 가정에서 부정적인 경험이 학생에게 영향을 줄 때도 있습니다. 가정에서 이런 상황을 경험했거나 학교 친구들이 공격적인 행동을 하는 것을 보고 따라 하기도 합니다. 물론 미디어를 통해 접했을 가능성도 많습니다.

C 학생의 경우는 가정에서 부정적인 경험을 하고 마음이 불안해져 영상에서 본 모습을 기억해 커터 칼을 휘두르는 행동을 한 것으로 보입니다. 가정에서도 이런 상황이 만들어졌다면 혹시 가족 중에

이런 말이나 행동을 하는 사람을 통해 배운 것은 아닌지 살펴봐야 합니다. 가정에서 어떤 상황에서 이런 행동이 나왔고 영향을 받은 곳은 없을지 알아봅니다. 학교에서만 노력한다고 해서 바꿀 수 있는 게 아닙니다. 가정과의 연계를 통해 원인을 파악하고 학교에서 혹은 이 아이가 어렸을 때 이런 상황을 접한 적은 없는지 물어보는 것이 좋습니다. 아이가 평소 흥분하지 않았을 때 대화를 통해서 어떻게 이런 방법을 알게 되었는지 알아보세요. 미디어에서 영향을 받았거나 게임 장면에서 보았던 상황일 수 있습니다. 자세하게 알아보고 그 상황을 정리해 주는 것이 좋습니다. 물론 이렇게 감정을 표현하는 것의 문제가 무엇인지도 알려 주어야 합니다. 얼마나 위험한 행동인지 모르고 따라 했을 수 있습니다. 이건 생명과 관련된 만큼 위험한 일이라는 걸 확실하게 알려 주세요.

선생님: C야. 오늘 아침에 무슨 일이 있었지?

C: 화났어. 칼.

선생님: 그래 화가 나서 칼을 들고 소리 질렀지. 뭐가 화가 났을까?

C: 엄마가 게임 사 준다고 하고 안 사 줬어.

선생님: 갖고 싶은 게임을 못 사서 화가 났구나. 그런데 왜 칼을 휘둘렀어?

C: 게임에서 화가 나면 칼을 휘둘러.

선생님: 그랬구나. 칼은 위험해. 칼로 벤 적 있는데 피가 많이 나고 엄청 아팠어. 병원 응급실 가야 해.

C: 피 무서워.

선생님: 맞아. 피 나는 건 위험한 상황이야. C가 화가 난 건 알
겠는데 칼은 위험해. 칼은 놓고 말로 해도 돼. 게임에
선 진짜 피가 안 나니까 칼로 하지. 우리는 피가 날
수 있어.

C: 피 싫어.

선생님: 피 싫으니까 이제 말로 하자. 엄마가 게임 안 사 줘서
화났다고 말하면 돼.
선생님이랑 친구들 다치지 않도록 그렇게 하자.

C: 네.

아이의 감정을 읽어 주며 이유에 대해 알아봤습니다. 그리고 아이
가 무서워하는 상황이 발생할 수 있다는 것을 알렸지요. 분명하고
단호하게 잘못된 행동임을 알려 줘야 합니다. 아이에게 잘못된 행동
이라는 인식이 생겨야 다시 행동을 하지 않습니다. 이런 행동이 문
제가 되며, 이런 행동이 반복될 시 특수학급에서 수업을 받을 수 없
음을 알려 주세요. 특수학급 학생들은 특수학급 수업을 좋아합니
다. 물론 통합반 수업에서 아무도 간섭하지 않는 상황을 편하다고
느끼는 학생들도 있는데요. C 같은 경우는 그렇지 않아 보입니다.
(학생의 성향에 따라 좋아하는 것을 소거하면 됩니다.) 위험한 행동을 하게 되
면 함께 공부할 수 없다는 것을 알려 주고 행동을 고쳐야 할 필요성
을 교육하세요. 가정에서 교육이 이뤄지지 않았기에 학교에서도 이
런 상황을 만들었을 것입니다. 이건 문제가 되는 상황임을 정확히
인식시켜야 합니다. 이때 게임이나 미디어에 대한 교육이 필요합니
다. 게임과 현실을 구분하고 게임 시간을 조절할 수 있도록 도와줘

야 합니다. 혼자서 할 수 있는 일은 아니고 부모와 연계해서 가정에서 조절할 수 있도록 해야 합니다.

이런 격한 문제 행동을 가진 학생들을 돕기 위해서 교육부에서 권역별로 행동 중재 지원 체계를 구축하기 위해 노력하고 있습니다. 필요하다면 도움을 요청하세요. 친구들의 학습이나 안전에 너무 큰 방해가 되는 행동을 그대로 방치해서는 안 됩니다. 교사들끼리 해결하기도 어렵기에 이때는 전문가의 도움을 받는 것이 좋습니다. 자신의 행동이 문제가 되어 분리됨을 알려 줍니다. 분리 시간은 가급적 최소한으로 하되 안전한 장소에서 지원 인력의 도움을 받습니다. 안정이 되면 교육 활동 장소로 복귀하여 학습에 안정적으로 참여할 때까지 지원 인력이 확인할 수 있도록 합니다. 특수교육 지원센터에 행동 중재 전담 교사를 배치한다고 합니다. 사태가 심각한 경우 전문가의 도움을 받는 것도 좋은 방법입니다. 교육청에서 지원을 받지 못한다면 학교의 인력을 활용해 보세요.

특수교사 혼자서 해결한다고 예방될 문제가 아닙니다. 학교에서 필요한 인원들이 함께 모여 의논해야 합니다. 이 사안을 학교 안에서 공론화시킵니다. 지금은 비록 특수학급에서 일어난 일이지만 교사가 상주하지 않는 시간 통합반에서 일이 발생했다고 생각해 보세요. 감당할 수 있는 수준이 아닙니다. 공론화해서 문제를 해결할 방안을 찾아야 합니다.

담임 선생님과 의논하세요. 학생부장에게 사태의 중요성을 알리고 문제 행동이 확장되어 일어날 수 있음을 공지해야 합니다. 상담 교사, 학폭 담당 교사, 교장, 교감과 모여 위기관리위원회를 개최해야 합니다. 문제가 된 상황을 공유하고 대책을 마련해야 합니다. 혼자서 해결하려고 노력하고 학생만 조심시키려다가 사태를 키울 수 있습니다.

연대가 필요한 또 한 가지 상황은 부모가 이를 해결하고자 하는 의지가 없는 경우입니다. 가정에서 가끔 있는 일이고 소리만 지를 뿐 위험 행동을 하지 않았기에 괜찮다고 생각할 수 있습니다. 특수교사가 위험 상황을 알렸는데도 아무 반응이 없었지요. 이럴 때는 담임교사나 특수교사, 학생부장, 상담교사가 나서서 학부모에게 위험성을 알려 부모를 압박해야 합니다. 가볍게 여길 문제가 아님을 알고 부모가 가정에서 규칙을 통해 지도할 수 있도록 설득해야 합니다. 연대해서 부모를 변화시켜야 합니다. 게임을 통해서 노출된 행동인 만큼 게임을 조절할 수 있도록 부모에게 교육과 상담이 필요하고 방법도 알려 줘야 합니다. 학교의 전문가들이 연계해서 교육할 때 부모의 변화 가능성이 조금이라도 생깁니다. 물론 한 번에 학생이 변화하지는 않을 것입니다. 게임에 노출된 시간과 상황, 부모가 얼마나 허용적인지에 따라 아이의 상태를 진단하고 그에 적합한 지속적인 교육과 논의를 이어나가야 행동이 교정될 수 있습니다.

■ 변화를 거부하며 통합반에서 반항합니다.

아침 조회 시간입니다. D네 반에 오늘도 지각한 친구가 있습니다. 선생님은 여러 번 그 친구를 부드럽게 타일렀지만 도무지 말을 듣지 않았습니다. 담임 선생님은 오늘은 학생을 반드시 교육시켜야겠다고 생각하고 지각생을 엄하게 혼내셨습니다. 그때 D가 갑자기 소리를 지르며 자기 머리를 때리기 시작합니다. D는 큰소리에 민감한 자폐 스펙트럼 장애 학생입니다. 선생님과 반 친구들은 모두 놀라 D를 쳐다봤습니다. 자기를 혼낸 것도 아닌데 왜 저렇게 흥분했는지 알 수가 없습니다. 담임 선생님이 다가가 말리려고 하지만, 선생님이 말을 하면 할수록 D는 더 흥분합니다. 어떻게 해야 할지 난감해진 담임 선생님은 특수교사를 호출했습니다. 안 그래도 D 때문에 아이들이 많은 피해를 본다며 여러 번 말씀하신 적이 있습니다. 수업 시간에 갑자기 일어나 박수를 치거나 광고 음악을 크게 따라 불러 방해를 했습니다. 조용히 하라고 이야기하면 반항을 하듯 더 크게 소리를 질렀답니다. 그런데 오늘 같이 이유도 없이 흥분하는 날은 도무지 감당이 안 된답니다. 오늘은 특수학급에서 수업하면 안 되냐고 물으십니다. 아이가 방해 행동을 했고 수업이 진행을 막으니 안 된다고 하기도 어렵습니다. 의사소통의 신호를 제대로 이해하지 못하고 예민한 감각 때문에 힘들어하는 자폐 학생을 어떻게 해야 문제없이 공부할 수 있게 도와줄까요.

자폐 스펙트럼을 가진 학생들은 천차만별로 학생마다 다른 특성을 가지고 있습니다. 개인이 다른 양상을 보이기 때문에 한 가지 교육법으로 행동을 교정하기도 쉽지 않습니다. 다른 사람의 얼굴 표정이나 제스처, 음성 톤을 이해하기 어렵습니다. 그래서 다른 친구에게 화를 낸 것을 오해한 상황입니다. 소리에 민감하기 때문에 화내는 소리가 불편하게 느껴진 것입니다. 이럴 때 학생을 진정시키기는 쉽지 않습니다. C가 소리를 지르면 학급에서 소리에 예민한 친구들이 함께 맞장구를 치거나 더 큰 소리로 막으려 해서 문제가 더 커집니다. 차라리 아무 소리도 내지 않고 무반응으로 대응하면 감각의 수가 줄어들어 빠르게 진정이라도 될 텐데요. 반 친구들이 그런 행동을 함께할 만큼 연습이 되어 있지도, C에 대해 이해도 부족하니 어려운 노릇입니다.

사회적 상호 작용이 어렵고 소통에 제약이 있으며 타인의 감정을 이해하거나 적절하게 대응하는 데 어려움이 있는 자폐 스펙트럼 증후군. 게다가 감각적 특이성을 가져 높은 소리에 예민하게 반응하거나 특정한 터치에 과민하게 대응합니다. 일상적인 활동이나 독립 생활 기술, 학교생활에서 어려움을 겪을 수밖에 없습니다. 지도하기 쉽지 않은 게 사실입니다. 그러나 특정 주제나 활동에 최고의 집중력을 발휘할 수 있고, 반복적인 행동이나 일정한 패턴을 지키는 자폐 스펙트럼 학생은 까다롭지만 매력적인 대상입니다.

특수학급에서 수업 시 C의 매력을 충분히 발산한다고 해도 통합학급에서 저렇게 행동한다면 문제가 될 수밖에 없습니다. 모두가 C를 위해서 조용히 말하거나 사뿐히 걸어 다닐 수는 없습니다. 사회적 관계와 연습을 통해서 감각에 적응하는 것을 연습해야 합니다. 어떤 방법이 적용해야 할까요.

먼저 학생이 소리 지르는 이유를 정확히 알아야 합니다. 감각이 예민해서 높은 소리에 반응하는 것인지, 선생님의 표정을 오판해서 자신에게 화를 낸다고 생각하는지 판단합니다. 비언어적 수단이나 이미지, 감정 카드 등 시각 자극에 예민한 자폐 스펙트럼 학생의 특성을 이용해서 이유를 알아봅니다. 다양한 상황을 제시하고 어떤 자극이나 감각에 예민하게 반응하는지 찾아보는 겁니다. 아이가 이미지만을 보고도 기겁하거나 싫다고 강하게 반응하는 상황이 있으면 그것이 가장 큰 자극이 된다는 것을 알아챌 수 있을 것입니다.

C: (괴성을 지르며 머리를 때린다.) 아~~악!!!

선생님: (C를 조용한 복도로 데리고 나와 자극에서 분리시킨 후) 괜찮아. 이제 안전해. C 차렷. 손 내리고 선생님 따라 숨 쉬어 보자. 후~하~

C: 무서워. 무서워. 무서워.

선생님: C야 여기 봐. 이 그림 보자. 이거 무슨 상황이지?

C: 지각. 혼나.

선생님: 그래. 친구가 지각해서 혼나고 있네. 이거 C야 친구야?

C: 친구

선생님: 그렇지. 친구가 늦게 와서 혼났구나. C 아니야.

C: C 아니야.

선생님: 맞아. 친구가 잘못해서 혼난 거야. C에게 화낸 게 아니야.
선생님이 친구에게 화낼 때는 어떻게 하라고 했지?

C: 귀 막아. 눈감아.

선생님: 맞아. 귀 막고 눈감아도 괜찮아. 그리고 마음속으로 숫자를 세는 거야.

C: 숫자 세.

선생님: 한번 해 볼까.

C: 귀 막고 눈감고 숫자 센다.

선생님: 잘했어. 다음번에 선생님이 화낼 때는 이 카드를 보고 숫자를 세어 봐.

시각적인 안내를 통해 예측 가능한 일정과 규칙을 알도록 하면 조금 덜 불안할 수 있습니다. 친구가 지각하는 상황을 상황극이나 동화 형식으로 읽어 줍니다. 그럴 때는 혼날 수 있음을 알려 주고 혼나는 상황을 시뮬레이션합니다. 그러면서 C에게 화를 내는 상황이 아님을 알려 주는 겁니다. 단번에 알아듣긴 어렵지만, 자극이 적고 익숙한 환경에서 연습하면 조금이라도 연습할 수 있습니다. 물론 가정에서도 교실에서 발생할 수 있는 여러 상황을 미리 연습시키면 더욱 좋습니다.

사회적 상호 작용이 어려운 자폐 스펙트럼 학생에게는 신호를 정확하게 알려 주어야 합니다. 어떤 상황에서 어떤 자극이 발생할 수 있음을 몇 가지 종류로 나누어 반복해서 연습시켜야 합니다. 그래야 어떤 행동을 할지를 예측하고 대비할 수 있습니다. 사회적 신호를 모델링하고 역할 연습을 통해 익숙해지도록 해 줍니다. 교실에서 발생할 수 있는 상황에 대한 대처법을 카드로 만들어 두고 학생이 꺼내 볼 수 있도록 해도 좋습니다. 얼굴 표정이나 몸짓, 음성 톤에 대한 신호도 포함해서 가르쳐 줍니다. 그것에 대한 판단이 어려워 잘못 반응하는 경우가 많으니 그 부분을 상세하게 나눠서 시각 자극으로 연습해 두면 도움이 될 것입니다. 스토리를 활용해서 특정 상황에서 어떻게 반응하면 좋을지를 시뮬레이션합니다. 학생이 올바른 사회적 신호로 반응했을 때는 좋아하는 것으로 피드백해 줍니다. 소규모 수업을 할 때 이러한 신호들을 수시로 연습해 두면 좋습니다.

특히 청각적인 반응에 예민한 자폐 스팩트럼 학생들을 위해서 높은 소리를 최소화하기 위한 환경을 마련해 두는 것도 좋습니다. 학생이 머물러 있는 공간에서 소음을 줄이기 위해 침묵 공간이나 소음 차단 장치를 사용해 교실 환경을 미리 준비합니다. 불편한 상황이 오면 헤드셋을 써서 소리를 차단하거나 귀를 막게 하는 방법도 있습니다. 헤드폰이나 이어폰 등 소음을 줄이는 도구를 가까이 두고 스트레스 상황에 이용하도록 도와주세요. 눈까지 감고 엎드리게 하면 감각의 수를 줄여서 흥분하는 것을 막을 수 있습니다.

물론 이런 반응이 필요함을 반 친구들과 담임 선생님께 미리 알려 양해를 구합니다. 학생이 불안을 느낄 때 "싫어. 무서워." 같은 짧은 의사 표현으로 자신의 상태를 알리는 방법도 있습니다. 그런 말을 하면 선생님이 학생이 스트레스 받고 자극받는다는 것을 눈치챕니다. 소리를 줄이거나 다른 공간에서 반 친구를 지도할 수 있는 힌트를 얻을 수 있습니다. 학생이 좋아하는 소리를 통해 청각 자극에 대한 반응을 바꿔 주는 연습도 필요합니다. 소리와 좋아하는 학습 활동, 휴식 시간 등을 연결해 긍정적인 경험을 늘려 주며 소리에 대한 극적인 반응을 조금씩 줄여 나갑니다. 구조화되고 예측 가능한 상황을 연습을 통해 노출하여 학생이 잘 적응할 수 있도록 도울 수 있습니다.

■ 친구 물건을 몰래 가지고 와요.

교실에 들어서는데 한 학생이 곤란한 얼굴로 다가옵니다. 조심스레 말을 꺼내는데요. 다름 아닌 D에 대한 이야기입니다.

"선생님. 어제 우연히 D가 필통에서 펜 꺼내는 걸 봤는데요. 깜짝 놀랐어요. 제가 얼마 전에 펜을 잃어버렸거든요. 근데 제 펜을 D가 가지고

있는 거예요. 제가 저만 알 수 있게 표시를 해 두었거든요. D한테 물어

보기가 조심스러워서요. 선생님이 말씀 좀 해 주세요."

　　D 학생의 어머니에게 확인해 보니 자신의 펜이 아니었습니다. 가끔

예쁜 펜이 있으면 친구 물건이라도 집에 가져온 일이 있어서 어머니가

매일 필통 검사를 한다고 합니다. 어제는 깜빡하고 검사를 못 해서 발

견을 못 하신 것입니다. D에게 어떻게 된 일인지 물어보자 너무나 태

연하게 예뻐서 가졌다고 말했습니다. 아무리 타인의 감정이나 규칙에

민감하게 반응하기 어렵다고 해도 이건 시급한 지도가 필요한 상황이

었습니다. 몇 번이나 이런 일이 발생했고 앞으로도 생길 수 있는 상황

이었습니다.

　　D에게 타인의 물건과 자신의 물건은 다르다며 함부로 남의 물건을

가져오는 일은 안된다고 알려 주자 아이는 울기 시작했습니다. 떼를 쓰

며 그 펜을 끝까지 놀려주지 않겠다고 했습니다. 자신의 물건도 아닌데

예쁘다는 이유로 남의 물건을 가지고 와서 떼를 쓰는 아이를 어떻게

지도해야 할까 난감했습니다. 일단 아무리 떼를 써도 안 된다고 단호하

게 알려 주고 친구에게 돌려주었습니다. 사과도 시켰습니다. 하지만 아

이는 사과하는 척만 했을 뿐 고집을 부리며 화를 냅니다. 부모님께도

말씀을 드려서 가정에서도 계속 상황을 지켜보고 지도하시겠다고 했

습니다. 학생의 이런 도덕성을 학교에서 어떻게 지도해야 할지 모르겠

습니다. 이런 상황이 계속되면 친구들이 D를 싫어하게 되고 학교 폭력

사안으로 진행될 수 있어 걱정입니다.

　　특히 지적장애를 지닌 학생에게서 발생할 수 있는 문제 행동입니

다. 학생은 자신이 좋아하는 펜을 친구의 필통에서 가지고 왔습니

다. 몰래 가져간 물건이라면 집에서 혼자 쓰거나 숨기는 게 일반적입니다. D는 자신이 남의 물건을 가져왔다는 것을 알리기라도 하듯 책상에 꺼내 두고 썼습니다. 그러다 물건 주인에게 들켰습니다. 친구들이 생각할 때는 어쩌면 저렇게 뻔뻔할 수 있을까 생각할 수 있습니다. 남의 물건을 가져가서 당당하게 쓰는 모습이 흔한 상황은 아니니까요. 하지만 D에게는 그게 자연스럽습니다. 내 물건과 남의 물건을 구분하지 못하고 예쁘면 본인이 가져도 된다는 생각을 하고 있었을 것입니다. 본인 위주로 생각하기 때문에 좋은 것은 무조건 자기 거라고 착각할 수 있습니다. 왜 선생님이 돌려주라고 하는지 몰라서 화가 납니다. 돌려주지 않겠다고 떼까지 쓰고 있습니다.

우선 이 친구가 왜 남의 물건을 가져오게 되었는지 이유를 생각해 봐야 합니다. 이유로 생각할 수 있는 건 자신의 의사를 표현하거나 소통하는 방법이 잘못되어서입니다. 펜을 갖고 싶다는 생각만으로 물건을 가져오면 안 되며 예쁘다면 표현을 한 후 빌려줄 수 있냐고 제안해야 합니다. 혹은 어디서 샀는지 물어야 하는데 그 방법을 모르는 것입니다. 예쁜 물건을 소유함으로써 나도 주목받고 싶다는 생각이 들었을 수 있습니다. 유달리 펜을 좋아해서 모으거나 욕심을 부렸을 수도 있습니다. 외로움이나 불안한 감정을 물건에 투영해서 표현하기도 합니다. D의 경우에는 어떤 이유로 남의 물건을 허락 없이 가져오게 되었는지 히스토리를 찾아볼 필요가 있습니다. 어떤 상황에서 어떤 경우에 물건을 가져오느냐에 따라 해결 방법이 달라집니다.

게다가 사과도 억지로 하고 돌려주지 않겠다며 자신의 행동에 정당성을 부여하고 있습니다. 이것 또한 이유가 있을 것입니다. 자신의 불편한 마음이나 감정을 효과적으로 나타내지 못해서 떼쓰기로 발산될 수 있습니다. 기분이 나쁘고 자신도 표현하고 싶은 상황이 있는데 그렇지 못해서 답답하겠지요. 그래서 울면서 표현했을 것입니다. 스트레스를 받았거나 불안할 때 우는 방법을 방어기제로 사용했을 수 있습니다. 울거나 떼를 쓰면 자신의 감정을 받아 주고 별다른 제재 없이 넘어갔던 것들이 학습되고 강화되었을 수 있습니다. 아이의 감정 상태와 표현법 교육을 통해 이 또한 바로잡아 줄 수 있어야 합니다.

D: 싫어. 내꺼야.

선생님: 이것 봐. 엄마가 어제 찍어 둔 네 필통이야. 이 펜 있어? 없어?

D: 없어.

선생님: 그래. 없네. 그럼 네 것이 아니었구나.

D: 예뻐. 가질 거야.

선생님: 예뻐서 갖고 싶구나. 그런데 네 것이 아니잖아. 친구 거 말고 새로 사면 어때? 더 깨끗한 걸로 살 수 있어.

D: 더 예뻐?

선생님: 더 예쁘지. 새 거라 더 좋아.

D: 새 거 좋아.

선생님: 그럼 친구에게 돌려주고 새로 사자. 네 거 사자.

D: 새 거, 사 주세요.

선생님: 그런데 친구가 돌려줄 때 어떻게 해야 할까. 인형 친구들이 하는 거 보고 따라 하자.

인형 두 개를 준비해서 상황극을 보여 준다. 친구에게 돌려주면서 미안하다고 사과하는 모습을 모델링해 준다.

선생님: 저렇게 하는 거구나. 할 수 있겠어? 저렇게 사과하자.
D: 미안해 해야 되요.
선생님: 그렇지. 미안하다고 돌려주고 용돈으로 다시 사자. 갖고 싶은 건 돈을 내고 사는 거야. 다음엔 예쁜 거 보면 물어봐. 어디에서 살 수 있는지. 알겠지? 네 용돈에서 살 수 있는 거 사면 되잖아.

남의 물건에 손을 대는 습관은 발견했을 때 바로 교정해 주어야 합니다. 예쁜 것을 보면 갖고 싶은 욕망을 자제하지 못하고 남의 물건을 가져가는 학생은 확실하게 대안을 가르쳐 주어야 도덕성을 배울 수 있습니다. 이를 알려 줄 때는 실제로 이런 상황이 발생했을 때 알려 줘야 합니다. 추상적으로 도덕성을 가르치기보다는 실제 경험과 연결해서 교육했을 때 훨씬 효과가 좋습니다. 이런 일이 발생하면 중재할 일이 많아 교사의 일은 많아지지만 학생이 도덕성을 배울 수 있는 좋은 기회라고 생각하세요. 물론 이런 일이 발생하기 전에 반복적인 교육을 통해 내 물건과 남의 물건을 구별하도록 교육하면 더욱 좋겠습니다.

이를 위해서 학생의 기호를 알아야 합니다. 학생이 좋아하는 것이 펜이라면 이를 활용해 긍정적인 행동을 강화하는 피드백 도구로 사용할 수 있습니다. 학기 초가 되면 학생들이 좋아하는 물건을 파악해 둡니다. 학급비를 이용해 구매해 두거나 현장 학습 때 다이소에 들러 준비해 둬도 좋습니다. 아이 손이 닿지 않는 곳에 준비해 두었다가 아이의 긍정적인 행동이 반복될 때 강화물로 사용해 보시면 좋습니다. 학생이 좋아하는 물건만큼 좋은 강화제는 없습니다. 좋아하는 것이 있다는 것은 교육의 기회로 활용할 수 있다는 신호입니다.

소셜 스킬을 가르쳐 주기 위하여 간단하고 명확하게 상황을 만들어 알려 줍니다. 역할극이나 집단 활동, 소셜 스토리 등을 활용하면 좋습니다. D가 유독 아끼는 물건을 생쥐가 나타나 몰래 가져가서 자랑하는 모습을 이야기로 만들어 소개합니다. 자신이 좋아하는 물건이기에 싫다고 분명하게 표현할 겁니다. 친구에게도 그 펜은 그런 물건입니다. 친구 또한 그런 감정을 느낄 수 있음을 역할극을 통해 배울 수 있습니다. 생쥐가 사과하고 물건을 돌려주는 대화를 하는 모습을 구현해 줍니다. D도 고집부리지 않고 친구에게 사과할 수 있도록 알려 주세요. 문장을 짧게 구사하고 길지 않게 만드세요. 한 번에 하나씩만 배울 수 있도록 이야기를 나눠서 제시하는 것도 좋습니다.

반복해서 남의 물건과 나의 물건을 구분하는 법을 알려 줍니다. 물건에 라벨을 부착하여 시각적으로 표시해 두면 좋습니다. 물건에는 주인이 있으며 허락 없이는 물건을 만져서는 안 된다는 것을 실제 상황에서 연습합니다. D가 좋아하는 물건을 두고 연습하면 조금 더 효율적으로 지도할 수 있습니다. 일관성 있게 같은 단어와 문장을 사용해 물건의 주인을 구분하고 남의 물건을 허락 없이 써서는 안 된다는 것을 알려 줍니다. 친구들이 서로의 물건을 어떻게 구분하고 다루는지 보여 주는 것도 좋습니다. 또래의 목소리와 시범으로 알려 주면 선생님의 일방적인 교육보다 훨씬 쉽게 학생에게 지도할 수 있습니다. 반 친구들과 함께 물건 구분하는 것의 필요성에 대해 이야기할 수 있는 시간을 가져 보세요. 반복적이고 명확한 설명을 계속해 주면 좋습니다. 시각적인 카드를 제작하여 쉽게 이해할 수 있도록 마무리해 줍니다. 한 번의 수업으로 끝내지 마시고 한 달에 한 번 정도 반복해서 수업하면 아이가 잃어버릴 때쯤 다시 자극이 되어 더욱 좋습니다. 자신의 용돈에서 좋아하는 물건을 구매하고 표시해 두고 관리하게 합니다. 자신의 물건의 소중함을 알면 친구와 입장 바꿔 생각하는 것을 쉽게 이해할 수 있습니다. 물론 용돈 안에서 혹은 집안일 돕기 등의 과외 활동을 통해서 용돈을 관리하고, 그 안에서만 물건을 구매할 수 있도록 가정과 연계해서 활동하면 더욱 좋습니다.

사회성 향상

■ 통합반에서 한마디도 하지 않아요.

E는 특수학급에서는 자신의 의사를 잘 표현하고 장난도 많이 치는 학생입니다. 책을 읽으라고 하면 목소리를 바꿔 가며 재미있게 읽거나 캐릭터의 특징을 살려 흉내 내는 걸 좋아합니다. 운동도 제법 잘해서 반에서 체육대회 반 대표를 할 정도로 신체 기능도 좋습니다. 그런데 통합반 교실에만 가면 한마디도 하지 않습니다. 무슨 말을 어떻게 해야 할지 모르겠답니다. 소심해져서 친구에게 말 걸 생각을 안 합니다. 수업 시간에 발표를 시켜도 묵묵부답입니다. 친구가 말을 걸어도 대답을 안 하거나 우물거리니 말할 기회를 갖지 못합니다. 남자 아이들이랑 운동하면서 어울리면 충분히 잘 지낼 수 있을 텐데 본인이 너무 부끄러워하니 그것도 어렵습니다. 친구에게 선물을 주거나 할 수 있는 말의 소재를 준비해서 대화해 보라고 격려해도 소용없습니다. 그냥 웃기만 할 뿐 먼저 말을 꺼낼 생각을 못 합니다.

　너무 답답하고 안쓰러워 어머니께 E의 성장 히스토리를 물어봤습니다. E는 너무 어릴 때 장애 판정을 받았답니다. 세 살 때부터 판정을 받고 장애 교육기관만 다니다 보니 일반 친구들과 어울릴 기회가 극히 적었습니다. 또래의 사촌과 어울리긴 하지만, 그 정도로는 자신감을 갖기엔 시간이 너무 적었습니다. 또래들과 운동할 수 있는 센터에 등록해보라고 권했지만 학생이 자신 없다며 거부했습니다. 어떻게든 친구들과 자연스럽게 어울릴 기회를 마련하고 함께하는 경험을 늘려 주고 싶었지만 쉽지 않았습니다. 너는 정말 가능성이 많은 아이고 친구들은 타인에게 큰 관심이 없으니 자신감을 가지라고 거의 매일 이야기했지만 통하지 않았습니다. 졸업을 앞두고 학교 축제 때 반 친구들과 어울려 함께 댄스를 출 정도로 센스가 있는 친구였습니다. 결국 반 친구들과는 거의 말없이 지내는 걸로 학기를 마무리했습니다. 자신감이 없어 통합반에서 친구들에게 어떤 말도 걸지 않는 E를 어떻게 도와줘야 할까요.

E의 예시처럼 특수학급과 통합반에서 모습이 정말 다른 학생들이 꽤 있습니다. 특수학급에서는 완벽한 사회성까지는 아니더라도 또래와의 상호 작용을 시도하는데 통합반에만 가면 가만히 있는 학생들입니다. 조금만 자신감을 가지고 시도하면 얼마든지 친구를 사귈 수도 있고 반에서 잘 적응할 수 있는데요. 그 시도를 못 하고 망설이는 학생들입니다. 이 친구들은 어쩌다 이런 상태에 놓이게 되었을까요.

E의 경우처럼 친구들과 소통할 기회나 사회적 활동을 해 본 경험이 지극히 적었기 때문입니다. 특수 교육적 처치나 치료를 받았다고 해도 1 대 1이거나 소그룹 치료에 지속적으로 참여했을 가능성이 큽니다. 오랜 시간 적은 인원이 같은 공간에 있으면서 친밀감을 형성했기에 어렵지 않게 자신을 보여 줄 수 있었던 겁니다. 하지만 통합반 친구들은 낯섭니다. 다른 성향을 가진 친구들이 자극을 주는 방식도 다양했을 겁니다. 그런 상황에서 아이가 순간의 기지를 발휘해서 대화하고 분위기를 맞추는 게 쉽지 않았을 것입니다. 마치 초등학교 1학년 아이들과 6학년 아이들이 노는 모습이 다른 것처럼 그 경험들

이 쌓일 때 익숙해지고 다양한 방법을 배웁니다. 그 방법에 익숙해지고자 통합 교육을 운영하고 일반 학급에서 친구들과 소통하는 기회를 늘립니다. E는 세 살 때부터 특수교육적 치료와 교육만 받았기에 이런 경험이 적었을 것입니다. 한 번도 친구와 깊이 있는 대화나 관계를 가질 만큼 긴 시간 함께 활동 위주로 어울리지 못했기 때문에 이런 상황이 만들어졌습니다.

용기 내어 이야기를 해 봤지만 친구가 말을 못 알아들었을 수 있습니다. 발음이 부정확하거나 목소리가 너무 작아서 한 번에 알아듣기 쉽지 않았을 것입니다. 그러면 나는 안 되는구나 생각하고 다시 시도할 자신감도 사라집니다. 학생들만 있는 상황에서 "못 알아듣겠어. 뭐래?"라는 등의 말을 통해 더 위축되었을 것입니다. 초등학교 아이들은 감정을 가감 없이 표현하기 때문에 한두 명이 그렇게 말하면 그 분위기가 반 전체에 퍼졌을 것입니다. 이런 분위기에서 용기 내어 자기 목소리를 내는 게 쉽지 않았겠지요. 학습에 어려움이 있으니 발표나 모둠 활동을 통해 자신이 가진 능력마저 내보일 기회도 없었을 것입니다. 이런 경험이 누적되면서 통합반 친구들과 대화를 하려는 시도는 줄고 자신감을 잃었을 가능성이 높아 보입니다.

선생님: 반에서 친구들과 대화하는 게 어렵니?
　　 E: 네.
선생님: 너는 누구보다 운동을 잘하잖아. 체육 시간에 운동을 열심히 해 봐. 그럼 너에게 말시키는 친구가 분명히 생길거야. 너 운동하는 모습이 너무 멋지거든.
　　 E: 친구들이 좋아할까요?

선생님: 그럼. 운동 잘하는 모습이 얼마나 멋진데. 자신감을 가져. 너 체육대회 때 너네 반 모든 종목 대표였잖아. 누구보다 운동 잘하는 거니까 너 자신을 믿어.

E: 체육 시간이 재미있어요.

선생님: 다른 시간엔 가만히 있더라도 체육 시간에 더 열심히 해 봐. 너의 매력을 보여 줘.

E: 친구들이 좋아할까요.

선생님: 물론이지. 너 정말 멋져. 체육 시간에 운동도 열심히 해야 하지만 친구들이 잘한다고 칭찬하면 웃어 줘. 웃으면서 고맙다고 해. 그러면 더 너를 편하게 대할 거야.

E: 웃기만 해도요?

선생님: 그럼. 친구는 함께 웃으면서 친해지는 거야. 그러니까 할 말 없으면 웃어도 돼. 그럼 네가 친구에게 좋은 감정이 있다는 게 전해질 거야. 할 수 있겠지?

E: 네, 체육 열심히 하고 많이 웃어 볼게요.

선생님: 그래 좋았어. 너는 잘할 수 있을 거야.

친구 관계 시작을 망설이는 학생에게 가장 중점적으로 가르칠 것은 자신감입니다. 잘하고 인정받고 싶은 마음은 누구에게나 있습니다. 그러나 그것이 쉽게 충족되지 못하는 것이 바로 장애를 가진 학생들입니다. 잘하고 싶지만 마음대로 잘되는 것이 없어서 속상합니다. 그 마음을 덜어 내고 싶은데 이해해 주는 곳도 없습니다. 지적장애 친구들을 보면서 참 안타까운 마음이 생기는 부분입니다. 자신을 가장 사랑해 주는 부모나 교사조차 지적장애가 되어 본 적이 없습니다. 아무리 이해하려고 해도 이해할 수 없는 부분이 생길 겁니다. 가장 가까운 사람조차 자신을 이해할 수 없다면 마음이 어떨까요. 그러면 얼마나 답답하겠어요. 자신의 입장이 되어 보지도 않고 해 보라고, 괜찮다고 시도만 강요하는 사람들 사이에서 얼마나 외로웠을까 싶습니다. 그런 외로움을 이겨 내고 시도하는 학생들에게 자신감을 심어 주는 방법은 자신만의 강점을 찾아 주는 것입니다.

　잘할 수 있다고 말하기 전에 정말 학생이 잘하는 부분을 찾아 주면 됩니다. 학급에 네 명의 학생이 있으면 잘하는 분야가 다 다릅니다. 계산을 어려워해서 한 자릿수 더하기 한 자릿수도 정확하게 계산을 못해 자신감이 낮아진 학생이 있습니다. 그런데 그 친구가 신기하게도 영어 단어를 따라 말하기를 잘합니다. 그렇다면 그 부분을 찾아서 칭찬해 주는 겁니다. 인사를 잘한다거나 칠판을 잘 지운다는 아주 작은 장점이어도 좋습니다. 그 부분을 찾아내 격려해 주고 어필할 수 있는 기회를 만들어 주면 좋겠습니다. 칠판을 깨끗하게 지우는 학생의 장점을 살려 담임 선생님께 부탁해 그 반의 칠판 도우미 역할을 부여하는 겁니다. 그 역할을 해내면서 칭찬하고 인정해 주면 자신감을 찾는 데 도움이 됩니다. 인사를 잘하는 친구에게는 교과 선생님들께 부탁하여 인사받고 답례로 칭찬을 해 주시거나 반 친구들에게 답 인사를 부탁합니다. 내가 인사했는데 친구가 반갑게 웃으며 인사해 준다면 그것보다 큰 강화는 없을 것입니다. 그런 식으로 학생의 장점을 찾아 통합반 교실에서 그 능력을 발산하고 칭찬받을 수 있도록 계획해 주세요. 학생이 자신감을 갖고 이야기를 시작하는 기점이 되어 줄 겁니다.

거기에 더해서 소통 능력을 높이는 교육도 더해 주면 좋습니다. 우리는 말로만 대화를 나누지는 않습니다. 말이 조금 어눌하고 표현할 수 있는 단어가 많지 않더라도 미소로 대답하기, 눈을 마주치기, 적절한 몸짓이나 표정 사용하기 등의 방법을 활용할 수 있습니다. 친구의 말을 들어 보고 긍정의 메시지일 때 웃음으로 화답하기나 긍정의 뜻으로 고개를 끄덕이는 것부터 시작하게 합니다. 긍정의 대화 스킬이 쌓여 우호적인 분위기를 형성할 수 있습니다. 말이 많은 친구보다는 들어 주는 대상이 더 좋은 친구가 된다는 것을 잊지 마세요. 친구의 말을 듣고 긍정의 끄덕임만 해 줘도 충분히 대화를 시작할 수 있음을 알려 주고 연습시켜 주면 교실에서 조금 더 편안하게 대화를 준비할 수 있습니다.

■ 사사건건 나서서 문제를 만듭니다.

F가 수업 시간에 너무 방해가 된다며 교과 선생님에게 전화가 왔습니다. 발표를 시킨다거나 모둠을 정할 때 무조건 손을 든답니다. 무시하고 안 시키자니 미안하고, 시키면 엉뚱한 소리를 해서 수업 분위기를 깨트립니다. 한 시간에 두 번만 기회를 주시라고 말씀드렸지만 소용없답니다. 두 번만 기회를 줘도 워낙 목소리도 크고 나서는 것을 말릴 수가 없답니다. 그렇게 해서 기회를 주면 엉뚱한 말을 하거나 질문이 뭐냐고 묻는 통에 반 친구들에게 야유를 받는답니다. 처음엔 친구들도 참아 줬는

데 언제까지 참아야 하느냐며 불만이 이만저만이 아니랍니다.

관심받는 것을 좋아하고 자신이 주인공이 되어야 하는 욕심은 특수학급의 수업에서도 마찬가지입니다. 발표 기회도 없고 자신감도 낮아져 안쓰러운 마음에 특수학급에서는 발표 기회를 자주 줍니다. 그때도 발표 기회를 독점하고 무조건 자신이 주인공이 되어야 한다며 욕심을 부립니다. 순서대로 발표해야 한다고 규칙을 알려 줘도 한 번이라도 더 자신이 나서려 하니 중재하기가 쉽지 않습니다.

특수학급에서 이렇게 자신의 욕구를 발산할 기회를 주는데도 통합반에서는 나아질 기미가 보이지 않습니다. 반에서 친구들이 그만 좀 하라고 뭐라고 하면 F가 더 큰소리치며 너나 조용히 하라고 해서 갈등이 생깁니다. 반에서 눈치껏 양보도 하고 역할도 나눠야 친구들과 사이가 좋을 텐데요. 나서기 좋아하고 친구들에게 자기만 봐달라고 욕심을 부리니 친구들도 눈살을 찌푸립니다. 어떻게 해야 아이가 더불어서 함께 살아가는 방법을 배우고 자신의 욕구를 억제할 수 있을까요. 아무리 말로 타이르고 기회를 줄여 봐도 나서는 버릇을 고치기가 쉽지 않습니다.

장애를 가진 학생의 경우 관심받고 인정받고 싶은 욕구가 강한 경우가 많습니다. 그 이유는 자신이 원하는 만큼 성취하지 못한 것이 누적되었기 때문일 가능성이 있습니다. 학습에서뿐 아니라 상호 작용에서 높은 사회적 욕구를 가질 수 있습니다. 실패감이 쌓여 그것을 극복하기 위해 역으로 더 노력하기 때문입니다. 주목을 받거나 관계에 끼어들기를 하면서 안정감을 찾고자 노력합니다. 불안감을 해소하며 자신감을 찾고자 하는 시도일 수 있습니다. 또 자기 가치를 강화하고자 하는 행동일 가능성도 있습니다. 관심은 받고 싶지만 적절한 소통 스킬을 알지 못하기에 아무데서나 관여할 수 있습니다. 상대방의 입장을 이해하는 데 어려움이 있고 사회적인 상호 작용에서 제외되었던 경험들이 쌓여 오히려 참견이나 주목의 방식으로 나타나는 것입니다.

친구나 주변 환경을 이해하지 못하며 자신의 욕구만을 채우려는 행동은 자신에게 맞춤으로 이루어진 양육 조건에 의해 발생하기도 합니다. 행동을 배우는 데 느리고 약하기 때문에 배려받는 것을 일상적으로 수용했을 수 있습니다. 사회적 스킬이 부족한 데다 행동은 오랜 기간의 연습을 통해 배웁니다. 즉 이 부분이 교육이 안 되었다고 볼 수도 있습니다. 위의 사례에서 드러나듯이 특수교사가 특수학급에서 규칙을 지키게 하면서도 허용적인 면이 있음을 알 수 있습니다. 특수학급에서 열심히 참여하면서 칭찬받았던 것들이 오히려 반에서 나서는 행동을 촉진한 것입니다.

이런 학생의 경우 가정에서 허용적인 분위기가 형성되는 경우가 많습니다. 무조건 무섭게 규칙을 적용하는 것도 문제가 있지만, 장애가 있다는 이유로 모든 것이 허용된다면 규칙을 지키는 것을 어려워할 수 있습니다. 가정에서도 되고 안 되고를 분명히 가르쳐 주고 자신의 차례를 기다릴 줄 알아야 합니다. 그러나 조부모나 양육자의 허용적 양육 분위기나 외동이라서 기다릴 필요가 없을 때, 사회에서 장애가 있다는 이유로 배려받는 것이 익숙할 때 학생은 규칙과 기다림을 배울 수 없습니다. 늘 자기 먼저 관심받아야 하고 본인이 해야 하고 인정받아야 하는 태도가 형성된 것입니다. 이것이 자신감 있어 보일지 모르지만 아닙니다. 사회에서는 어느 정도 규칙에 따라 행동해야 한다는 것을 가정과 특수학급에서 연대해서 가르쳐야 합니다. 특수학급과 가정에서 비슷한 규칙으로 교육해야 효과가 있겠지요. 부모님이 이 부분을 인식하고 교육에 참여할 수 있다면 효과적으로 연대할 수 있는 방법을 가르칠 수 있을 것입니다.

(상황극) 친구들이 모두 모여 노래를 부릅니다. F는 노래 부르는 것을 무척 좋아합니다. 그래서 큰 소리로 친구와 함께 노래를 부르고 싶었습니다. 반 친구들이 노래를 부를 때 함께 큰 소리로 노래를 했지요. 그런데 음악 선생님이 F를 보고 잠깐 멈추라고 하였습니다. "F야, 지금은 두 파트로 나눠서 노래를 배웠잖아. 자기 파트에 맞게 노래를 불러야 해. 그런데 F 목소리가 너무 커서 친구들 노랫소리가 들리지 않는데 어떻게 해야 할까?"
F는 두 파트로 나눠서 노래한다는 걸 몰랐습니다. 즐거워서 노래를 부른 것뿐인데요. 선생님이 노래를 부르지 말라니 속상할 뿐입니다.
"F는 소프라노 파트를 연습할 때 따라 하면 돼. 기다렸다가 할 수 있겠어? 그리고 다함께 부를 때는 어울리는 게 중요하니 작은 목소리로 해 보자."
선생님이 F에게 물었습니다. F는 뭐라고 대답했을까요?

선생님: F야, 이거 무슨 이야기야.
     F: 음악 시간에 노래를 불러요.
선생님: 그래. 아아아~ 소프라노 파트와 아아아 알토 파트로 나눠서 노래를 하는구나.

F는 소프라노야 알토야.

F: 소프라노

선생님: 그래. 선생님이 두 가지 규칙을 말씀하셨는데 규칙이 뭐였지?

F: F는 소프라노 파트를 연습할 때 따라 하면 돼. 기다렸다가 할 수 있겠어? 그리고 다 함께 부를 때는 어울리는 게 중요하니 작은 목소리로 해 보자.

선생님: 맞아. 소프라노 연습 때만 노래하기. 함께 노래할 때 작게 부르기.
F는 규칙을 지킬 수 있을까?

F: 규칙 지켜요.

선생님: 그래. 친구들은 규칙을 지키려고 노력할 거 같아. 우리 F처럼.
우리는 모두 규칙을 가지고 생활해. 하루에 이를 세 번 닦고 아침 9시가 되면 1교시가 시작되는 것처럼. 규칙에 맞게 생활해야 학교에서 모두 즐거울 수 있어. F도 그렇게 할 수 있겠어?

F: 네.

선생님: 그럼 우리가 지킬 규칙에는 어떤 게 있을까. 더 생각해서 말해 보자.

상황극을 통해 규칙을 배우는 수업을 예로 살펴보았습니다. 이 밖에도 F가 규칙을 지키지 않아서 곤란했던 수업 상황을 예시로 들면 더욱 좋습니다. 자신의 행동이 어떻게 잘못되었는지를 모르는 경우가 많기에 정확히 짚어 주면 도움이 됩니다. 거기에서 문제가 되고 불편한 지점과 고칠 점을 함께 이야기합니다. 학생도 하나의 상황에서 올바른 행동 방법을 배울 수 있습니다. 물론 이런 상황이 세상엔 너무 많고 일반화가 어려운 우리 학생들의 특성입니다. 문제가 발생한 다음 교육할 수밖에 없는 상황이 자주 일어난다는 것이 아쉽긴 합니다. 평소에 꾸준히 이런 규칙 익히기 수업을 하다 보면 조금은 응용할 수 있을 것입니다.

우선 목표를 정합니다. 얼마나 자주, 어떤 패턴으로 끼어드는지를 확인합니다. 어떤 상황에서 문제가 되는지를 정확하게 파악해야 합니다. 문제 행동의 유형이나 패턴을 알아야 그에 맞는 계획을 세우고 일정한 단계를 따라 행동을 연습할 수 있습니다. 목표 행동을 세웠으면 다음의 여러 가지 방법을 통해 자기 조절 능력을 향상하도록 연습하면 됩니다.

자기 행동을 관찰하고 평가하는 능력을 연습합니다. 특수학급에서 수업 시간의 모습을 녹화한 영상을 보며 관찰합니다. 학생 자신과 친구들의 발표 횟수와 말하는 과정을 모두 적어 봅니다. 이 과정을 통해 자신이 많은 부분을 이야기하고 있으며 공정하게 발표 기회가 주어지지 않음을 인식합니다. 그다음 목표를 정해 다음 수업 시간에 체크하면서 목표를 향해 나아가도록 격려합니다. 본인이 자신의 모습을 보고 체크하면서 자신의 문제를 인식하고 스스로 개선해 나가는 과정입니다.

감정을 인식하고 표현하는 방법을 가르쳐 줍니다. 기쁨이나 놀람,

슬픔, 분노 등의 감정이 어떻게 다른지 알려 주고 실제 상황에서 어떤 감정을 느끼는지 카드나 그림을 활용해서 표현해 봅니다. 그림이나 이야기를 통해 특정 상황에서 감정을 이해하고 표현할 수 있도록 합니다. 그 감정이 어떻게 나쁜 행동으로 연결되는지 생각해 보게 합니다. 내가 기분이 좋을 때 수업을 하다가 갑자기 어떻게 행동을 하는지를 알아보는 겁니다. 미리 수업 시간에 찍어둔 영상을 확인하며 자신의 감정과 행동을 연결하게 합니다. 내가 어떤 기분에서 그런 행동을 하는지 알아챕니다. 그러면 기분이 좋을 때나 불안할 때 더 많이 수업에 참여한다는 것을 인식할 수 있습니다. 인식해야 조절도 가능하니까요. 자신의 감정과 행동 패턴을 관찰할 기회를 주세요.

흥분했을 때 끼어들거나 나서는 행동이 발생한다면 어떻게 해결하면 좋을까요. 흥분했을 때 발표하겠다고 손을 들거나 소리를 지르는 행동 말고 다른 대체 행동을 찾아봅니다. 좋아하는 것 중에서 수업 시간에 할 수 있는 행동을 골라냅니다. 슬라임을 만지거나 부드러운 물건을 만지는 촉감 자극을 통해 흥분을 가라앉힐 수 있습니다. 학생의 특성과 욕구에 따라 기분이 좋아지는 특별한 전략을 함께 검토해 봅니다. 깊이 숨쉬기나 명상을 통해서 안정화 기술을 연습하는 것도 방법입니다. 말하기 이외에도 이야기를 써 본다거나 그림을 그려서 감정을 표현하는 것도 좋습니다. 이처럼 여러 가지 자신의 감정을 발산할 수 있는 방법을 찾아 해결책을 찾아봅니다. 자신의 필요와 선호도에 따라 고른 해결책은 학생에게 그 무엇보다 유용한 도구로 사용될 것입니다.

■ 욕설이나 나쁜 행동을 따라 합니다.

G반 친구에게 민원이 생겼습니다. G가 자신에게 욕설을 사용했다는 겁니다. 평소 가정이나 특수학급에서 욕을 사용하지 않는 학생이었습니다. 친구에게 갑자기 본인이 잘 사용하지도 않는 욕을 했다는 사실이 의아했습니다. 어떻게 된 일인지 G에게 물었습니다. G는 친구가 말해서 똑같이 따라 했다고 합니다. G에게 나쁜 말이라고 말해 주었더니 안 쓰겠다고 약속합니다. 하지만 그 약속을 지킬지는 알 수 없습니다. 안 하겠다고 하고 친구를 따라 하는 일이 자주 발생합니다. 욕설뿐 아니라 친구가 하는 나쁜 행동도 자주 따라 합니다.

특히 친구가 화내지 않고 웃으면서 친절하게 나쁜 행동을 하라고 하면 바로 따라 합니다. 웃는 건 좋은 것이라고 너무 쉽게 판단합니다. 모든 욕을 예로 들어 따라 하지 말라고 알려줄 수도 없습니다. '예쁜 말을 쓰자'라고 말합니다. 민폐인 행동을 구분해 주고 가르쳐 주지만 친구들과 있으면 너무 쉽게 행동을 모방합니다. 교사가 함께 있지 않은 상황에서 아이들과 있다가 모방하게 되면 오해가 쌓이게 되고 잘못하면 학폭까지 이어질 수 있습니다. 어떻게 하면 친구의 욕이나 나쁜 행동을 따라 하지 않게 지도할지 고민입니다.

지적장애 학생이 친구의 욕설이나 나쁜 말을 판단 없이 따라 해 문제가 되는 경우는 비일비재합니다. 지적장애 친구에 대한 이해 없이 나쁜 말이나 욕을 썼다는 이유로 민원이 제기됩니다. 기분이 나쁘다는 이유로 싸움으로 번지기도 합니다. 지적장애가 자신에게 욕을 했다는 것이 그 친구의 특성과는 상관없이 기분이 나쁘다는 것입니다. 왜 지적장애 친구들은 판단하지 않고 친구의 행동을 따라 할까요. 그것은 바로 지적장애가 학습하는 특성에 사회적 모델링이 있기 때문입니다. 그들은 주변 사람들의 행동을 보고 배우는 경향이 있습니다. 다른 친구의 행동을 따라 하면서 행동을 익혀 갑니다. 언어적 의사소통에 어려움이 있는 경우 행동을 따라 하는 성향이 더 늘어납니다. 행동을 모방하면서 정보를 전달하고 전달받습니다. 옆사람의 행동을 따라 하면서 주변 사람과 더 강하게 연결되어 있다고 느낍니다. 자신의 감정이나 생각도 그런 방식으로 표현하는 것에 익숙하지요. 주위 사람의 행동을 따라 하면서 분위기를 맞추는 겁니다. 이렇게 하는 것이 안정감을 준다는 것을 우리 모두 경험으로 알고 있잖아요. 지적장애를 가진 친구들도 마찬가지라는 거지요.

　문제는 좋은 행동이나 말이 아닌 나쁜 행동이나 욕설도 구분하지 않고 따라 한다는 것입니다. 우리는 누구나 주변 사람의 영향을 받습니다. 그래서 주위에 좋은 사람을 곁에 두고 선한 영향력을 받으라고 하는 것입니다. 그런데 학교에서는 그럴 수가 없습니다. 다수의 친구들이 섞여 있어 친구를 구분해서 만날 수가 없습니다. 게다가 나쁜 행동이나 욕설은 강합니다. 강하게 인식되기 때문에 다른 어떤 행동보다 더 빠르게 지적장애 학생이 배우고 모방하는 경향이 많아지게 됩니다. 나쁜 행동은 무엇보다 전파력이 빠른 법입니다. 그렇다면 어떻게 해당 행동의 배경과 의도를 이해하게 교육할 수 있을까요.

　상황 이해 교육이 도움이 됩니다. 특정 상황에서 규칙과 기대치를 이해하는 교육입니다. 특정 상황에서 어떤 행동이 적절하고 부적절한지 예를 들어 알려 주는 겁니다. 교실에서 한 친구가 다른 친구를 때리거나 놀립니다. 이게 과연 맞는 행동일까 생각해 봅니다. 친구가

G에게 그 행동을 그대로 따라 하라고 시킵니다. 그때 행동을 따라 할 건지 말 건지를 알려 주는 겁니다. 어떻게 거절하고 행동을 조절할지를 가르쳐 주면 좋습니다.

선생님: G야. 친구에게 '씨발'이라고 욕했어?

G: 네. ○○이가 해서 따라 했어요.

선생님: 그때 너는 기분이 어땠어.

G: 기분이 좋았어요.

선생님: 왜 기분이 좋았어?

G: 친구들이 옆에 있어서 좋았어요.

선생님: 기분 좋은데 씨발이라고 욕한 거야? 씨발은 좋은 말일까 나쁜 말일까?

G: 욕은 나빠.

선생님: 그래 욕은 나쁘지. 특히 기분이 좋을 때는 욕하지 않아 예쁜 말을 쓰지.

G: 네.

선생님: 기분 나쁠 때는 나쁘다고 말하면 돼. 친구를 좋아하지만 친구의 말을 따라 하는 건 아니야. G의 기분대로 말하는 거야. 그때 너의 기분은 어땠어.

G: 좋았어.

선생님: 기분 좋을 때는 예쁜 말. 나쁠 때는 나쁘다고 말하기. 친구 말고 너의 기분을 말하는 거야.

G: 네.

선생님: 친구가 욕할 때 어떻게 할래. 따라 할 거야?

G: 따라 하지 않아요.

선생님: 그렇지. 네 기분을 말하는 거야.

지적장애 학생이 흔들리는 이유는 판단력이 부족하기 때문입니다. 판단력을 키우기 위해서는 의사소통 교육과 문제 해결 교육, 사회 스킬 교육이 필요합니다. 그중에서 가장 중요한 것이 인지력 향상 교육입니다. 인지 능력을 키워 줌으로써 판단력을 향상시키는 방법입니다. 다양한 인지 게임을 통해서 문제 해결 능력과 기억력을 향상시킵니다. 퍼즐이나 두뇌 게임, 기억력 향상 게임이 도움이 됩니다. 주의 집중력을 높이고 감각을 개발하기 위한 활동도 좋습니다. 색상, 모양, 숫자 등을 활용하여 주의를 집중하고 선택하는 능력을 향상하는 게임이나 활동도 많이 합니다. 다양한 상황에서 올바른 결정을 내리는 능력을 키우기 위해서는 간단한 문제부터 복잡한 문제까지 다양한 난도의 문제를 풀어 보는 것이 도움이 됩니다. 문제의 해결책을 함께 찾아보는 연습을 통해 인지 능력을 향상할 수 있습니다. 정보를 빠르게 이해하고 처리하기 위해서 단어나 이미지, 숫자 등을 활용하여 빠르게 처리하고 이해하는 훈련을 병행합니다. 쇼핑 목록을 만들어 본다거나 일정 세우기, 지도 읽기, 친구와의 문제 상황에서 해결책 찾기 등 일상생활에서 인지 능력을 키우고 판단할 수 있는 기회를 많이 만들어 주세요. 학생의 의견을 존중해서 자신이 스스로 판단하는 재미를 느끼게 해 주면 좋습니다. 그러면 다음 기회에도 자신이 판단해 보고 싶은 동기를 찾을 수 있고 이런 훈련이 쌓이면 판단력 향상에도 도움이 됩니다.

시간을 효과적으로 관리하는 연습을 합니다. 시간에 대한 개념을 알려 주고 예상 시간과 실제 시간의 차이를 이해하도록 합니다. 상호작용과 소통을 향상하는 활동으로 토론이나 그룹 활동, 역할 놀이를 통해 다양한 의견을 이해하고 존중하는 연습이 필요합니다. 감정을 인식하고 그에 적절하게 대처하는 능력도 연습합니다. 얼굴 표정이나 몸의 신호 등을 활용하여 다양한 감정을 이해하고 해석하는 훈련을 반복해 주세요. 이런 과정을 통해 학생들이 다양한 상황에서 판단할 수 있는 기회와 판단력을 늘려 주면 학생들이 일상생활에서 판단할 기회에 어려워하는 것을 줄일 수 있습니다.

친구와 이야기를 하다가 친구의 행동을 무조건 따라 하지 않고 '나는 어떻게 생각하지?' 하고 분리해서 생각할 수 있어야 합니다. 물론 몇 번의 훈련으로 이 능력을 향상하기는 쉽지 않지만 꾸준히 연습하면 나아집니다. 자신감이 생기면 스스로의 판단을 믿고 결정할 수 있습니다. 흔히 장애가 있는 학생의 경우 부모가 대신 판단해 주거나 본인의 의견을 묻지 않고 결정하는 경우가 많습니다. 학생 본인의 의견을 자주 들어 주고 판단에 반영할 때 아이도 자신의 감정을 중요시하고 판단할 자신감을 얻게 됩니다. 혹시 아이가 기준 없이 친구의 행동을 따라 한다면 이런 교육이 잘 이뤄지고 학생의 의견이 충분히 존중되고 있는지부터 살펴보세요. 아주 작은 결정이라도 좋으니 스스로 판단해서 선택해 보는 연습을 통해 판단력을 키울 수 있답니다.

■ 친구들에게 무슨 말을 해야 할지 몰라요.

교실에 친구가 있었으면 좋겠다고 말하는 G는 막상 친구에게 인사라도 하라고 하면 아무 말도 못 합니다. 교실에 도우미 친구를 정하고 그 친구가 G에게 충분히 호의적인데도 말을 시작하지 못합니다. 매번 특수학급에서 오늘은 친구와 인사하고 오라고 미션을 줘도 핑계를 대며 말을 안 하고 옵니다. G가 인사를 해도 잘 받아 주지 않고 먼저 말을 걸어도 시큰둥하고 대답을 안 하니 반에서 친구들도 무슨 말을 할지 몰라 어색해합니다. 친구들을 어려워하니 점점 사이는 멀어지고 함께 어울릴 기회를 찾기가 쉽지 않습니다.

네가 먼저 다가가지 않으면서 친구가 먼저 다가오기만 기다려서는 안 된다고 용기를 줍니다. 이야기할 주제도 함께 나눠 봅니다. 하지만 G는 먼저 다가갈 엄두를 못 냅니다. 복도에서 교사를 만나도 다른 곳을 쳐다보고 지나가는 학생입니다. 통합반 친구들을 만났을 때 눈을 피하거나 어색하게 대할 게 뻔합니다. 그러면 어느 친구도 먼저 다가올 생각을 못 하고 관계가 시작되지 않습니다. 친구를 너무나 간절히 원하지만 자신이 잘하는 게 없어서 친구들에게 말을 걸기가 어렵다는 G. 모든 사람은 다 잘하는 게 다르고 모든 것을 잘하는 사람은 없다고 말해 주며, 실수해도 괜찮으니 시도해 보라고 용기를 줍니다. 하지만 그게 너무 어렵다는 G를 위해 어떤 교육을 해야 할까요. 한 번도 반에서 친구를 사귀어 보지 못하고 대화를 몇 마디 이상 해 본 적이 없습니다. 그런 G에게 반 친구들이 다니는 운동 학원이나 반 친구들과의 현장 학습을 추천해도 주저합니다. 친구들과의 활동이 자신 없다며 피하기만 하니 교육하기가 너무 어렵습니다.

G가 친구들과의 대화를 어려워하는 이유는 아마도 어릴 때부터 쌓인 실패감 때문입니다. 어려서부터 학습이나 대화에서 어려움을 겪으면서 실패감을 경험했을 것입니다. 그것이 쌓이면서 자신에 대한 무력감과 불안을 키웠을 수 있습니다. 해도 안 될 거라거나 해낼 수 없을 거라는 불안감이 시도조차 하지 못하게 막는 것입니다. 또래와의 소통 경험이 적고 소셜 스킬을 사용하는 데 어려움이 있으니 사회적 관계에서의 실패감도 누적될 수밖에 없습니다. 타인과 상호작용에서 어려움을 겪고 자신이 말했는데도 상대방이 알아듣지 못하는 경험은 불편함으로 기억됩니다. 그래서인지 지적장애 학생들은 말을 반복하는 경향이 있습니다. 한 번 말해서 알아듣지 못하는 경험이 자신감을 위축시키거나 말을 뭉개 버리게 만든 것이지요. 적절하게 말할 기회를 가지지 못하고 실패하면서 무력감이 쌓여 시도하지 못하게 만들 가능성이 큽니다. 그래서 현장 학습도 특수학급 친구들과만 가려고 합니다. 서로 말을 조금 어눌하게 해도 이해해 주고 민망하게 하지 않으니까요. 그게 마음 편하고 익숙할 수 있습니다. 하지만 통합반 친구들에게서 분명 배울 점이 있고 교육을 통해 그 효과를 최대한으로 끌어올리는 것이 통합 교육입니다. 우리나라의 특수학급의 교육이 실제적으로 통합 교육의 효과를 그렇게 많이 얻고 있는 것은 아닙니다. 그럼에도 통합 교육으로 배울 수 있는 부분과 달라지는 지점이 분명히 존재합니다. 그렇기에 시도조차 하지 않는 학생을 도와줘야 합니다.

　학생 개인의 능력과 수준에 맞는 목표를 세우는 것이 우선입니다. 학생이 할 수 있는 말과 관심 분야의 말을 먼저 수집합니다. 인사말로 시작하지만 한두 마디라도 더 이어지려면 관심사에 대한 지식이 필요합니다. 또래들이 관심 있는 것을 알아보고 그것을 활용하는 수업을 계획해야 합니다. 통합반 친구들의 관심사는 무엇이며 어떤 말들을 주로 사용하는지, 좋아하는 노래와 가수, 말투 등을 알아두면 좋습니다. 그러면 친구들이 대화할 때 대화의 내용이 조금씩 들리게 될 것입니다. BTS의 노래를 검색해 보고 교실에가서 BTS 이야기를 하는 친구들의 대화를 듣는다면 어떨까요. 아마 모르던 때와는 다르게 다이너마이트라는 노래 제목이라도 말할 수 있을 겁니다. "나 BTS '다이너마이트' 알아. 그 노래 가사가 이거잖아."라고 대화에 자연스럽게 참여할 수 있습니다. 나와는 전혀 공통 관심사가 없다고 생각했던 특수학급 친구에게서 나의 관심사 이야기를 듣게 되면 어떨까요. 조금이라도 대화에 함께하고 싶은 마음이 생길 겁니다. 아는 만큼 보입니다. 친구들의 관심사에 대해 많은 것을 알려 주세요. 그러면 조금이라도 대화에 낄 수 있는 자신감을 얻게 될 것입니다.

> **선생님:** 친구에게 교실에서 할 수 있는 말들을 적어 보자. 가볍게 대화를 시작하기엔 날씨 이야기나 학교생활에 관한 이야기가 좋아. 학교에 관한 이야기 먼저 써 볼까?
>
> **G:** 전학 잘 가. 어서와 안녕, 우리 차 타고 가자. 어느 고등학교 갈 거야? 어느 초등학교 졸업했어? 집에 같이 가자. 짝 바뀌어서 아쉬워. 아침 먹었어? 배 안 고파? 내가 도와줄까? 숙제 다 했어? 급식 뭐야?
>
> **선생님:** 좋다. 또 좋아하는 것에 대해서 물어봐도 괜찮아.
>
> **G:** 좋아하는 아이돌 누구야? 웹툰 뭐 봐? 게임 뭐해? 어떤 음식 좋아해? 네이버로 뭐 검색해? 무슨 차 좋아

해? 인생 드라마가 뭐야?

선생님: 그래. 칭찬을 해 줘도 좋을 거야.

G: 옷 샀어. 예쁘다. 멋지다. 머리 잘랐어? 감기 조심해. 수업 시간에 발표 잘했어.

선생님: 만나거나 헤어질 때 인사만 잘해 줘도 좋지.

G: 날씨 춥다. 우산 가져왔어? 친구야 잘 가. 오늘 덥다. 안 졸려? 뭐 타고 왔어? 축하해. 생일 축하해. 내일 학교에서 보자. 이따가 보자. 주말 잘 보내.

실제 우리 반 학생과 수업 시간에 공부해 본 내용입니다. 아이들이 인사할 거리를 실제로 찾아보면 의외로 많은 대화 시작 말을 알고 있습니다. 이런 부분들을 찾아내어 연습해 보세요. 하루에 한 가지 주제로 대화를 이어 나가는 연습을 해 보거나 미션을 주어 반에서 친구들과 대화를 시작해 보는 것도 좋은 방법입니다. 자신이 없어 한 명의 친구에게 인사를 못 하고 핑계를 대기도 합니다. 그 친구가 다른 아이랑 놀고 있어서 말을 못 했다고 말하는 겁니다. 이럴 때는 좋아하는 몇 명의 친구를 물어봐서 그 친구들 중에 안 바쁜 친구에게 어떤 주제로 이야기할지를 정해 보세요. 여러 명의 친구를 정해 두면 교실에서 친절한 친구들을 파악하고 학생이 이야기를 시작하는 기회를 찾는 데 도움이 된답니다.

대화는 어떻게 시작했다고 하더라도 한마디만 하고 끝이라면 대화라고 할 수 없습니다. 시작은 가볍게 인사나 칭찬으로 시작할 수 있지만 이어지는 대화를 배워야만 친구와 말을 이어 나갈 수 있습니다. 이때 필요한 것이 대화의 틀입니다. 대화의 규칙을 설명해 주고 틀에 맞춰 문장을 말하도록 연습하는 거죠. 대화의 틀에는 어떤 것이 있을까요.

1. 대화의 규칙
- 상대방이 말할 때 주의 깊게 듣습니다.
- 상대방을 바라보고 눈을 맞추며 말을 합니다.
- 비난하거나 화내지 않고 친절하게 말합니다.

2. 문장의 구조
- 문장의 내용을 짧게 말합니다.
- 중요한 아이디어를 강조합니다.
- 질문을 하거나 의견을 말할 때 에티켓을 지킵니다.

3. 정서 표현
- 비난하거나 소리 지르지 않고 말합니다.
- 웅얼거리거나 작은 목소리로 말하지 않고 적절한 소리를 유지합니다.
- 감정 표현을 위한 언어나 공감을 표현을 익힙니다.
- 고마움의 표시나 미안함의 표현을 정확하게 연습합니다.

4. 대화의 맥락
- 대화의 맥락을 이해하고 적절한 타이밍에 말하도록 합니다.
- 표정이나 눈빛, 몸짓 등의 비언어적 소통을 이해하고 활용합니다.

이러한 내용을 연습을 통해 대화의 상황에서 활용할 수 있도록 도와주세요. 역할극을 통해 연습하거나 학생들끼리 역할을 나눠 대화 연습을 할 수 있도록 주제를 주고 이야기를 나눠 봅니다. 자주 표현하고 소통하고 고쳐 나가는 활동을 통해 말하기의 기술을 배울 수 있습니다. 실제 학급에서 일어날 수 있는 상황을 지정하여 함께 대본을 만들어 보고 대화하는 연습해 보세요. 반복 연습해서 익숙해지면 통합반 교실에서 말하는 것을 조금은 더 편안하게 받아들이고 시도할 수 있게 될 것입니다.

담임교사라면 아이와 간단한 구호를 통해 인사하는 것도 좋은 방법입니다. 인사말은 친구들 사이에서 인기있는 아이돌 노래 제목이나 밈으로 정해 보세요. 그러면 친구들과 비슷한 관심사를 공유하게 되어 대화를 시작할 용기를 얻을 수 있답니다.

독립이 목표다!

■ 어떻게 말할까를 가르칩니다.

지하철을 타고 현장 학습을 다녀오는 길입니다. 놀이기구를 타느라 온
종일 걸어 다녀 다리가 많이 아팠습니다. 모두 피곤하고 어디라도 앉
고 싶은 마음입니다. 하지만 퇴근 시간이라 지하철에 사람이 너무 많
아 앉을 자리가 없었습니다. 한참을 서 있어도 자리가 나지 않자 H는
자기 앞에 앉아 있는 여자에게 말을 걸었습니다.

"나 앉게 일어나세요."

여자는 아이의 말을 잘못 알아들었는지 가만히 있었습니다. 다시
한번 H가 말하자 옆에 앉아 있던 남자 친구가 아이를 노려보면서 말
했습니다.

"왜, 일어나라고?"

"나 다리 아파요. 앉고 싶어요. 일어나세요."

"뭐래. 당황스럽네. 우리가 왜 일어나?"

남자는 어이가 없어 H를 쏘아봤습니다. 순식간에 일어난 상황입니
다. 얼른 H를 한쪽으로 데리고 가서 말했습니다.

"모두가 다리 아파. 너만 다리 아픈 게 아니야. 자리가 나면 앉아야
지. 앉아 있는 사람에게 일어나라고 하는 경우는 없어."

아이는 너무 다리가 아파서 앉고 싶다고 했습니다.

"그러면 잘 보고 있다가 자리가 나면 거기 앉아야지. 앉아 있는 사람에게 양보를 강요할 수는 없어. 노약자 자리라면 내가 장애인이니 양보해 달라고 할 수 있지만, 여긴 아니야. 이건 네 자리가 아니잖아."

아이는 다리가 아픈데 앉을 수가 없으니 어떡하냐며 울먹거렸습니다. 한참을 기다려 한 자리가 난 후 우리는 10분씩 돌아가며 자리에 앉았습니다. 교사인 나에게 앉으라고 하는 학생이 한 명도 없어 나는 계속 서서 가야 했지요.

상황에 맞지 않는 말을 하고 판단을 어려워하는 학생을 지도할 때 매번 어디까지 가르쳐 줘야 하는 건가 싶습니다.

장애가 있는 학생의 경우 배려받는 것을 당연하게 생각하는 경우를 종종 봅니다. 지하철이나 버스에서 양보받는 일이 자주 있으니 가끔은 그런 상황을 자연스럽게 여깁니다. 자신의 권리는 아니지만 당연하게 여기고 요구하는 경우 교사는 당황하게 됩니다. 이런 상황이 여러 번 반복되다 보면 어디서부터 어떻게 가르쳐야 할지 난감합니다. 사실 가르쳐야 할 것이 한두 가지가 아닙니다. 학교생활에서 늘 함께할 수 없으니 무리한 요구를 할 때마다 당황해하는 친구나 주변 사람들에게 설명하기도 힘듭니다. 주변인의 이해나 특수교육 대상자의 교육으로 그 틈을 메꿔야 합니다. 그래서 선택한 것이 어떻게 말할까를 가르치는 것입니다. 이미 발생한 상황이나 자주 생겼던 장면을 수업으로 구성하여 알려 주고 연습하는 겁니다.

특히 지적장애나 ADHD의 경우 이런 상황이 자주 발생하는데, 인지 능력의 제한으로 타인의 입장을 이해하는 데 한계가 있기 때문입니다. 그 상황을 이해하고 공감하는 능력이나 추론, 상상, 추상화 등의 능력이 제한되어 어려울 수 있습니다. 타인의 표정이나 감정을 이해하는 게 어렵고 다양한 상황에 맞게 대처하는 경험도 적다 보니 어떻게 반응하는지 알기 어렵습니다. 예절이나 규칙을 지키지 않고 말하기도 합니다. 이런 규칙을 알려 주는 비인지 능력은 어릴 때부터 반복적인 연습을 통해서 몸에 익힐 수 있습니다. 장애를 가진 친구는 생활 범위가 좁고 경험할 수 있는 상황도 많지 않아 어릴 때 익히지 못했을 가능성이 많습니다. 언어가 유창하지 않은 경우는 어른이 대신 아이의 의견을 대변해 주기 때문에 스스로 표현할 기회도 적습니다. 타인의 입장을 이해하려면 여러 관점에서 상황을 바라볼 수 있어야 하는데, 그런 인지적 유연성도 부족합니다. 경험도 적고 기능도 좋지 않다 보니 이런 상황이 자주 발생하게 됩니다.

사회성 향상을 위해 다양한 사회적 상황에서 경험할 수 있는 기회를 늘려야 합니다. 지역사회 이벤트나 활동에 참여하여 새로운 경험을 쌓는 과정에서 이런 스킬을 배울 수 있습니다. 특수학급에서 자주 현장 학습을 나가야 하는 이유도 이것입니다. 매번 상황이 발생할 때마다 대처법을 가르쳐 줘서 정리해 두면 다음번 상황에 도움이 됩니다. 하나씩 하나씩 빈틈을 채워 간다는 생각으로 상황에 따른 대화법을 알려 주세요. 이렇게 기회를 늘려 주고 상황에 따른 대처 방법과 말하는 것을 가르쳐 주다 보면 조금 더 상황에 맞는 말을 할 수 있게 됩니다. 그 자신감으로 다시 사회적 활동에 참여할 수 있습니다.

1. 선생님이 과자 먹으라고 줬는데 먹으면서 목이 마를 때

미운 말: 선생님 목 말라요. 우유도 따뜻하게 데워서 주세요.

예쁜 말: 선생님 과자 주셔서 감사합니다. 목이 마른데 물

은 어디 있나요?

2. 선생님 얼굴이 피곤해 보일 때

미운 말: 선생님 얼굴 못생겼어요.

예쁜 말: 선생님 오늘 힘드세요. 도와드릴까요?

3. 키 작아서 고민인 친구에게

미운 말: 너는 왜 키가 작아?

예쁜 말: 너무 걱정하지마. 지금도 멋져. 키가 클 거야.

4. 살찐 친구에게

미운 말: 너는 뚱뚱해.

예쁜 말: 넌 지금도 예뻐. 그래도 건강을 위해서 운동하자.

5. 친구가 욕했을 때

미운 말: 따라 욕하기

예쁜 말: 예쁘게 말해. 기분 나쁘잖아.

6. 친구가 발표를 못 했을 때

미운 말: 왜 발표를 못 해. 공부를 못하는구나.

예쁜 말: 다음에는 더 잘할 수 있을 거야.

7. 친구의 그림을 보고

미운 말: 나는 잘하는데 너는 왜 못해.

예쁜 말: 이 부분을 참 잘 그렸다.

여러 상황에서 학생들이 흔히 사용하는 미운 말을 예쁜 말로 고쳐서 알려 주는 예시입니다. 솔직하게 자신의 마음을 표현하는 것보다 상황에 맞게 말할 수 있도록 표현을 바꿔서 알려 줄 수 있습니다. 스토리를 활용해서 어떤 대화를 이어 나가면 좋을지 생각해 봐도 좋습니다. 예를 들어, 지하철에서 다리가 아픈데 앉지 못하는 상황을 이야기로 들려주는 겁니다. 이야기의 주인공이 되어 어떻게 행동하고 말하면 좋을지를 생각하고 표현하는 연습을 합니다. 이런 식으로 상황에 맞는 스토리를 찾아보고 대화를 연습하다 보면 실제 그런 상황이 닥쳤을 때 비슷하게라도 구현할 수 있습니다.

모델링을 통해 의사소통을 하는 모범 사례를 알려 주고 따라 하게 합니다. 실제 상황에서 예시를 그대로 따라 말하는 연습을 통해 어떤 말을 사용해야 하는지 보여 주면서 학습합니다. 시뮬레이션 활동을 통해 연습했던 대화를 실제 상황에서 사용할 수 있도록 하는 것이 중요합니다. 자신이 직접 언어를 선택하여 표현할 때 자기 것으로 만들기 쉽습니다. 말할 때 발음이나 억양, 음성의 크기 등도 중요하게 알려 주세요. 기분 좋은 이야기를 너무 크게 말한다거나 끝을 내려서 말하게 되면 오해의 소지가 생길 수 있으니 적절한 톤으로 말할 수 있는 매너를 알려 주는 게 필요합니다.

주제를 선택할 때는 학생에게 의미 있는 상황을 설정해야 합니다. 아이가 자주 접할 수 있는 상황의 대화부터 시작합니다. 자신의 생각의 의견을 충분히 표현하고, 그 가운데에서 가장 적절한 표현을 찾도록 도와주면 좋습니다. 학생이 자주 사용하는 말투와 표현 중에서 골라서 사용할 수 있도록 해 주세요. 알고 있는 단어나 표현이 많지 않다면 그 표현부터 알려 줍니다. 말하기나 듣기, 읽기와 쓰기 활동을 통해 기본 언어 기술을 개발하고 많은 단어를 표현할 수 있도록 다양한 상황을 접하게 합니다. 언어적 표현이 어려운 경우는 비언어적으로 웃음이나 눈빛, 표정, 제스처 등을 통해 동의의 뜻이나 호감을 표현할 수 있음도 가르쳐 줍니다. 반대의 비언어적 도구도 스킬로써 사용할 수 있게 도와주면 아이의 표현이 풍부해져 대화를 하는 데 많은 도움이 됩니다.

사회적 상호 작용을 하는데 필요한 규칙을 상황별로 알려 주는 것도 좋습니다. 모르기 때문에 실수하는 경우도 적지 않습니다. 그러므로 상황에 맞는 의사소통을 하기 위해서는 일상에서 쓰이는 예의와 규칙이 무엇인지 알려 주어야 합니다. 시각적 자료나 학생이 익숙한 카드, 그림, 차트 등을 통해 설명하면 쉽게 알려 줄 수 있습니다.

■ 혼자서 해 보는 연습

신입생 상담을 했습니다. 자폐 스펙트럼을 가진 학생인데 혼자서 학교에 오지 못할까 봐 매일 할아버지나 할머니가 학교에 데려다 주셨다고 합니다. 학생이 길을 잘 모르거나 방향이 익숙하지 않으면 그럴 수도 있는데요. 한 번 익숙해지면 어려움이 없는 것이 자폐 스펙트럼의 특징입니다. 익숙해진 것을 더 잘하고 스트레스 없이 잘 실행하는데 왜 누군가가 매번 아이를 학교에 데려다 줘야 했을까 궁금했습니다. 보호자에게 물어봤더니 아이 혼자서 학교에 가는 게 못미더워서랍니다. 물론 중간에 차가 튀어나올 수도 있고 변수가 생기는 것이 등굣길이긴 합니다. 그런데 할아버지가 사정이 있어 못 데려다준 날 아이 혼자 학교에 잘 왔다고 합니다. 그러면 그날부터는 할아버지가 데려다주는 횟수를 줄이고 아이 혼자 등교하도록 했어야 할 텐데요. 그 조치가 이뤄지지 않은 것입니다.

아이 혼자선 불안하다고 혼자서 할 수 있는 일을 도와주게 되면 아이는 스스로 독립할 수 없습니다. 혼자서 자신의 일상생활을 꾸려 나가지도 진로와 직업 생활을 영위하지도 못합니다. 작은 것 하나부터 시작해 혼자서 해 보는 연습을 해야 합니다. 하지만 그것을 두려워하는 보호자들이 많습니다. 그래서 특수학급에 소속된 아이들이 혼자서 해 본 경험이 많지 않습니다. 주말이면 혼자 나가서 슈퍼에서 물건 사 오는 심부름이나 버스카드를 충전하는 거라도 시키라고 합니다. 하지만 혼자 아이를 세상 밖으로 내놓는 것이 불안하다고 합니다. 그러면 언젠가 부모가 손 놓아야 하는 날 어쩌려고 그러는지 알 수가 없습니다. 이렇게 혼자서 하는 연습을 시키지 않고 보호만 받고 자란 아이는 유약할 수밖에 없는데요. 과보호 속에 자라고 있는 신입생을 어떻게 교육해야 할까요.

장애를 가진 자녀에게 새로운 경험을 시켜 주고 혼자서 해 보는 일을 늘리고자 노력하는 부모는 많지 않습니다. 그만큼 훈련시키고 연습시킬 게 많아서입니다. 안전을 최우선으로 생각하는데, 그 안전을 아이 스스로 지킬 수 없다고 생각하기에 도전하는 걸 두려워하기도 합니다. 일상적인 활동에서도 위험한 상황이 만들어질 수 있습니다. 이런 위험에 대해 안전하게 자녀를 지키기 위해 도움을 주는 경우가 많습니다. 과도하게 보호하고 안전을 추구하다 보니 부모가 먼저 불안해합니다. 부모의 불안은 자녀에게 그대로 투영되어 작은 도전조차 망설이게 합니다. 이는 자녀의 적응력과 능력에 대한 의구심에서 발현되기도 합니다. 과연 아이가 혼자서 해 낼 수 있을지 믿음이 가지 않기 때문입니다. 자녀가 어려서 실패를 많이 겪은 만큼 잘해 낼 수 있을 거라는 성공 경험이 부모 또한 많지 않아 새로운 시도를 꺼립니다. 저걸 할 수 있을까 하는 의심이 시도를 막습니다. 의사소통이 어려워 혼자 해 보는 경험에서 부딪히게 되는 어려움을 걱정하기도 합니다. 상대방이 자녀의 말을 못 알아듣는다거나 아무에게나 말하지 않아야 할 비밀까지 말해 버릴 것 같아 믿고 맡기지 못합니다. 게다가 장애를 가진 자녀가 혼자서 시도를 할 때 사회적 편견이나 부정적인 경험에 노출된 경우가 많다 보니 이것에 대한 두려움도 생깁니다. 이렇듯 자녀의 혼자서의 도전을 막는 부모 때문에 아이는 혼자 하는 일을 스스로도 꺼리게 됩니다.

학교에서 가장 먼저 할 수 있는 것이 아이들의 일과를 스스로 결정해 보는 겁니다. 부모의 지시에 따라 스케줄을 따라가던 아이에게 스스로 결정할 기회를 줍니다. 부모에게 결정권을 넘기기 전에 학생의 의사를 먼저 물어보세요. 이번 시간에 교실에서 행사가 있는데 그 행사에 참여하고 싶은지 아닌지를 자녀에게 묻습니다. 그리고 그 자녀의 의사를 부모에게 알립니다. 아이에게도 설명해 줍니다. 네가 선택해서 이 활동에 참여하게 되었다고 격려합니다. 그런 식으로 학교에서의 결정을 자녀에게 맡기는 연습을 하다 보면 부모도 학생도 배우게 됩니다. 스스로 선택할 수 있다는 결정권을 아이에게 돌려주어야 한다는 것을 느끼면 그때부터는 조금씩 혼자서 할 수 있는 것들을 늘려 나가면 됩니다.

통합반에서도 1인 1역 중 아주 작은 역할이라도 맡겨 줍니다. 일주일에 한 번이라도 친구들과 함께 청소하거나 봉사 활동에 참여할 수 있도록 합니다. 그래야 같은 구성원이라고 느끼고 아이도 책임감을 갖게 됩니다.

특수학급에서 학생이 혼자 할 수 있는 일들에는 어떤 것이 있을까요? 아이들의 수준과 흥미, 능력에 따라 다르겠지만 우리 반에서는 특수학급에서 이동하는 결정권을 아이들에게 선택합니다. 현장 학습을 가는 경우 두 가지 활동 중에서 학생이 고릅니다. 요리를 하러 간다면 여러 가지 반찬 중에서 자신이 만들고 싶은 요리를 선택합니다. 친구들과 왜 그 요리를 택했는지 이야기를 나눠 보고 의견을 모읍니다. 만들고자 하는 음식과 장소가 정해졌다면 스마트폰이나 컴퓨터로 그 장소에 갈 수 있는 방법을 결정하는 겁니다. 버스를 탈 수도 있고 걷거나 지하철을 이용하는 방법도 있습니다. 각각의 방법을 검색해 보고 비교합니다. 시간과 비용 면에서 어떤 방법이 가장 유용한지 찾아보고 각자 선택하게 합니다. 이동 수단이 정해졌다면 이동할 방법을 구체적으로 찾습니다. 버스를 이용하면 버스 중에도 어느 노선의 버스를 이용할 건지 결정합니다. 요금을 교통카드로 지급할지, 현금으로 지급할지에 따라 각자의 준비물도 달라집니다. 이렇게 현장 학습 가는 방법을 선택했으면 학생들이 스스로 논의하여 이동하도록 교사는 뒤로 물러납니다. 버스 중에서도 어떤 버스를 탈지, 어느 정류장에서 내려서 걸어갈지를 학생들 스스로 선택하고 결정하게 하는 것입니다.

이렇게 본인들의 선택과 의지에 따라 현장 학습을 다녀오면 학생들은 무척 자신을 자랑스러워합니다. 교사의 도움 없이 아이들 스스로 선택해서 결정했음을 강조하고 칭찬합니다. 그 자신감은 몇 배나 늘어나게 됩니다. 현장 학습뿐 아니라 특수학급의 모든 교육 활동을 위와 같은 방법으로 스스로 선택하도록 연습해 보세요. 혼자서 결정하는 연습이 늘어날수록 학생들은 자신감을 가지고 자기 삶의 주인이 되어 선택하려고 노력할 것입니다.

혼자서 결정하고 시도해 보는 것은 왜 꼭 연습해야 할까요. 혼자서 다양한 경험을 즐기는 것이 개개인의 자립성과 독립성을 향상시키는 데 도움이 되기 때문입니다. 혼자 다양하게 도전하고 성공해 보면서 자신감이 향상됩니다. 우리 반 친구들의 경우 지하철이나 버스를 타고 집에 돌아오는 연습을 일 년 동안 꾸준히 시켰습니다. 아이들이 정말 몰라보게 자신감이 생겼습니다. 부모님이 느낄 정도로 스스로 하겠다는 일이 가정에서도 많아졌습니다. 진작에 부모님이 아이를 믿고 혼자 하는 경험을 늘리지 못한 것을 후회할 정도입니다. 이렇듯 작은 성공 경험이라도 혼자서 해 보고 완성하는 과정은 아이의 자존감을 키워 주는 정말 큰 동기가 됩니다. 책임감을 갖고 결정하고 시도하는 과정에서 성장하는 모습은 사회적 상호 작용도 늘립니다. 다양한 사회적 상황에서의 혼자 하는 경험을 통해 새로운 사람들과 관계를 형성하는 방법과 소통 능력을 향상시킵니다. 지적, 감성적, 신체적인 측면에서의 성장과 학습을 촉진합니다. 새로운 도전에 부딪히고 극복함으로써 새로운 기술과 통찰력을 얻게 해 줍니다. 이런 경험은 삶을 풍요롭고 만족스럽게 하며 이로 인해 사회의 편견에 대항하는 효과도 얻을 수 있습니다.

이렇듯 혼자서 해 보는 경험이 중요하다는 걸 교사는 알지만, 당사자의 동의와 협조가 필요합니다. 당사자와 부모를 함께 설득할 수 있으려면 혼자서 경험을 늘리는 것의 목표와 그에 따른 효과를 확실하게 알려 줘야 합니다. 어떤 기술과 자기 관리 능력이 향상되는지 사회적 기술이 어떻게 좋아지는지를 강조합니다. 기존에 가르쳤던 친구들의 경험담을 통해 사례를 들어 주면 이해하기 편합니다. 모범 사례를 접하다 보면 자신도 할 수 있을 것 같은 생각이 듭니다. 선배들의 이야기를 들려줍니다. 안전에 대한 대책을 알려 주고 그 경험이 어떻게 앞으로 아이의 안전을 지키기 위해 쓰일지도 설명해 주면 좋습니다. 아이와 부모의 불안을 줄여 안정적으로 시도할 수 있게 도와줍니다. 부모와 함께 협력해서 아이를 경험시키는 일도 계획해 보세요. 방학이나 주말을 이용하여 미션을 제안하고 아이가 도전할 수 있도록 부모가 시도하는 것을 제안하세요. 그것을 통해서 지원하고 참여해 보면 그 활동의 가치를 느낄 수 있습니다. 경험을 통해 달라진 아이의 발전 상황을 토대로 제안한다면 훨씬 더 쉽게 부모와 아이를 설득할 수 있을 것입니다. 새로운 경험과 도전으로 얻은 자신감이 학교나 교과 과정을 진행하는 데도 도움이 됨을 알려 주면 더욱더 격려할 수 있습니다. 이렇게 다방면으로 아이의 발전과 성장 가능성을 보여 준다면 부모나 학생 본인도 큰 거리낌 없이 도전하게 될 것입니다. 그 결과는 분명 학생의 성장으로 이어집니다. 교사가 믿음과 의지를 갖고 꾸준히 제안해 보시기 바랍니다.

■ 오늘은 내가 주인공

오늘은 국어 시간에 돌아가며 발표를 하는 날입니다. 학급에서 한 명도 빠지지 않고 발표를 해야 하는데요. 특수학급 소속인 I 는 늘 예외입니다. 자신의 의견을 발표하는 것을 부끄러워합니다. 발음도 어눌해서 발표 내용을 알아듣기 어렵습니다. 목소리도 작고 여러 번 격려해도 발표를 시작하지를 않습니다. 생각을 발표하는 것은 그렇다 치지만 교과서를 읽거나 간단한 숫자를 말하는 활동, 끝말잇기나 대표로 가위바위보를 하는 활동에서도 적극적이지 않습니다. 할 수 있다고 격려해 보지만 눈치만 보며 시도하려고 안 합니다. 특수학급 선생님께 물어봤더니 간단한 책 읽기나 끝말잇기, 구구단 정도는 외울 수 있다고 하는데 통합반에 돌아와 수업 중에 하는 발표에서는 미온적입니다. 자신은 발표에서 늘 제외되는 대상이라고 생각하는 것 같습니다.

하지만 누구나 어떤 말을 해도 안전한 교실을 만들고 싶습니다. 내 시간만큼은 특수학급 학생도 간단하게라도 발표를 했으면 하는 게 나의 바람입니다. 어차피 이 반 소속이고 통합 교육을 하고 있으면 어떻게든 작은 부분이라도 수업에 참여하는 게 맞으니까요. 언제나 예외로 치부되고 안 해도 된다고 허락하면 안 된다 생각합니다. 하지만 발표 시간을 많이 쓰고 원활하게 발표가 되지 않으니까요. 아이들도 제외하고 넘어가기를 바랍니다. 교사로서 모두를 참여시키고 싶어서 기다려 주지만 진짜 능력이 부족해서 아이가 힘들어하는 거라면 결코 좋은 경험이 아닐 것 같아 고민입니다. 특수학급 아이는 왜 발표를 안 하고 자기 순서에서도 그냥 넘어가려 할까요. 정말 능력이 없어서인지 발표 경험이 없어 긴장해서 그러는 건지 잘 모르겠습니다.

위의 사례에서 국어 선생님은 특수학급 학생에게도 발표의 기회를 주는 참 멋진 교사입니다. 그런데 생각해 보면 어떤 선생님이든 처음엔 사례의 국어 선생님 같았을지 모릅니다. 시간이 지나고 특수학급 아이들이 어떤 이유에서든 발표를 하지 않고 가만히 있으니 넘기게 되었을 겁니다. 오랜 시간이 흘러 그게 관습처럼 몸에 익게 되었을 텐데요. 왜 기회가 주어졌을 때 특수학급 친구인 I는 간단한 발표조차 피하게 되었을까요. 이유를 알아야 해결책을 찾을 수 있습니다.

발음이나 어휘를 이해하고 문장을 구성하는 데 어려움이 있어서였을 겁니다. 간단한 숫자를 이어 말하거나 끝말잇기 게임이라는 것을 특수학급에서처럼 자세하게 설명하지 않고 바로 시작합니다. 게임에 대해 정확하게 이해하지 못했을 수 있습니다. 개별 진도와 수준에 맞춘 수업에 익숙하다 보니 전체 설명에서 교사의 안내를 놓치고 집중하지 않았을 수 있습니다. 특수학급의 수업이 소수를 대상으로 하기에 한 명 한 명이 다 알아들을 때까지 설명해 주는 것에 익숙하잖아요. 그래서 통합반에서 어려운 단어가 섞인 선생님의 설명을 듣지 않았을 가능성이 큽니다. 이런 상황이 반복해서 연출되다 보니 자신은 발표에서 제외된 사람이라는 자신만의 프레임을 가졌을 수 있습니다. 대인관계에 있어 자연스럽지 않으니 모르는 부분을 친구에게 살짝 물어서 설명을 듣기도 어렵습니다. 복잡한 주제나 개념에 대한 부분이 포함되었다면 이해하기 힘들어 참여하지 못했을 겁니다. 기억력이 좋지 않아 핵심 아이디어를 기억하고 정리하는 데 어려움이 있어 발표를 하지 못할 수도 있습니다. 발음이나 몸의 불수의적인 움직임으로 인해 언어를 조음하는 데 시간이 많이 걸려 발표 기회를 얻지 못하는 경우도 생깁니다. 발표 수업은 누구에게나 스트레스를 주는 만큼 발표에 대한 거부감이 강하게 있어 못 하는 것처럼 연기하는 경우도 가능하리라 봅니다. 이와 같은 다양한 경험과 이유 때문에 점점 발표를 멀리하게 되었고, 발표에 대한 두려움을 커졌을 것이라 예상됩니다. 특수학급 학생은 간단한 발표조차 하지 않는 아이로 낙인찍히기 전에 그 인식을 개선할 수 있는 방법을 찾아야 할 것입니다.

발표로 인한 트라우마는 발표로 푸는 수밖에 없습니다. 특수학급 수업에서 발표의 기회를 자주 갖도록 도와주세요. 수업을 하면서 지문을 읽어야 할 때가 되면 선생님이 아니라 학생들이 일어나서 발표하는 방식으로 읽도록 해 보세요. 지문의 내용에 대해서 설명할 때도 앞으로 나와서 자신이 찾은 중심 단어를 발표하도록 하는 겁니다.

수업의 모든 과정을 이렇게 발표 수업으로 진행하면 좋습니다. 중심 내용을 찾아 말하고 내용을 연결해서 요약하기, 주제와 내용에 대한 자신의 생각 말하기 등을 모두 돌아가며 발표하도록 하는 겁니다. 특수학급 아이들을 대상으로 2년 넘게 이렇게 발표 수업을 진행했는데요. 처음에는 떨리고 목소리도 작게 발표하던 아이들이 이제 교사가 주제만 던져 주면 자기들끼리 한 시간 수업을 이어 나갈 정도로 자신감이 붙었습니다. 물론 발표를 하고 나면 누구의 발표가 제일 좋았는지 칭찬하고 어떤 점이 조금 고쳤으면 좋겠는지 피드백하는 시간을 갖습니다. 그 시간이 쌓이면 아이들이 서로에 대한 인정과 칭찬이 자연스러워지고 서로가 장점을 배워 활용합니다. 잘하는 부분이 조금씩 다른 아이들이 함께 수업을 하면서 얻을 수 있는 좋은 효과입니다.

발표를 할 때는 녹음을 하면 더 좋습니다. 발음이 특히 약하거나 자신감이 없어 작게 말하는 학생의 경우 녹음하세요. 자신의 소리를 들려주고 교정하여 다시 녹음하는 것이 큰 도움이 됩니다. 녹음하고 그 결과를 비교하여 칭찬해 주고 발표하는 모습을 영상으로 찍어 뉴스처럼 편집해서 보여 주면 자신감은 몇 배나 상승하지요. 누구나 잘하고 싶어 하고 인정과 칭찬받고 싶은 마음이 존재하잖아요. 칭찬과 인정을 많이 받아보지 못한 아이들은 더욱 그렇습니다. 이런 아이들을 위해 자주 발표의 기회를 주는 것만으로도 충분히 가치가 있습니다. 물론 어눌하게 발표하거나 내용과 전혀 다른 발표를 할 수도 있는데요. 이때가 중요합니다. 그럴 때 조금이라도 좋은 점을 찾아 칭찬해 주세요. 그러면 아이가 그 장점을 살려 다음 발표에 활용할 것이고 더 나은 발표를 만들어 갈 것입니다.

장애 학생에게 발표 경험을 늘려 주고 기술을 가르치는 것은 학생들의 상황에 맞게 유연하게 이뤄져야 합니다. 처음엔 경험이 적고 자신감이 낮아 발표를 꺼려할 수 있으므로 과도하게 밀어붙이지 말고 기다릴 수 있습니다. 옆에서 친구들이 하는 것을 보고 그대로 따라하거나 지문을 그대로 따라 읽더라도 다그치지 말고 칭찬해 주는 것이 중요합니다. 발표할 내용을 잘 모르거나 어려워할 때는 신호를 주거나 힌트로 쉽게 접근할 수 있도록 도와줍니다. 발표를 완벽하게 하는 것이 목표가 아니라 발표에 대한 긍정적인 경험이 중요합니다. 첫 단추가 부드럽게 끼워지면 그다음은 또 도전하고 싶은 마음이 생깁니다. 즐거운 발표 경험을 만들어 주세요.

수준과 능력에 맞는 간단하고 익숙한 주제부터 시작합니다. 발표 주제, 지시 사항, 피드백을 간단하고 명료하게 사용하여 설명합니다. 어려운 용어나 문장은 피하고 중요한 내용은 반복해서 강조합니다. 시각적 자료로 학생이 발표할 내용을 이해하기 쉽게 받아들이고 때로는 그 자료를 활용하여 발표할 수 있도록 합니다. 미리 발표 자료를 공유하거나 토픽을 미리 알려 주는 방법도 좋습니다. 안전하고 심리적으로 안정적인 환경을 제공하여 학생들이 편안한 분위기에서 발표에 참여하도록 합니다. 실수해도 괜찮다고 말해 주시고 주제에서 조금 벗어나더라도 열심히 하는 모습을 격려해 줍니다. 특히 소극적이거나 내성적인 학생, 자신감이 낮은 학생에게는 긍정적인 피드백을 많이 해 주면 용기를 얻는 데 도움이 됩니다. 발표 일정과 주제를 사전에 미리 알려 줘 학생들이 마음의 준비를 할 수 있도록 하고 발표 기술을 가르쳐 주는 것도 좋습니다. 영상이나 사례를 통해 이런 발표가 좋다는 예시를 보여 주면 학생들이 발표할 때 참고할 수 있습니다. 다양한 발표 기술과 이해도 평가를 통해 피드백하고 서로가 칭찬하는 분위기를 만듭니다. 잘하는 분야를 배워 보는 시간을 통해 서로가 가르치는 기회를 준다면 긍정적인 자아 형성과 자기 효능감을 높이는 데 도움이 될 것입니다.

통합반의 수업에서도 간단하게 책을 읽는 부분이나 날짜 말하기 등의 쉬운 발표부터 기회를 주세요. 이러한 과정들을 통해 익히고 연습하다 보면 학생들의 자신감이 나날이 높아집니다. 그렇게 자신감이 쌓이면 교실에서도 어떻게든 발표하고 참여하려는 모습을 보여 줄 수 있습니다. 한 번이라도 수업의 발표 기회가 있을 때 자신 있게 당당하게 발표하는 것을 보여 주면 반 친구들과 선생님의 반응도 달라질 겁니다. 그 피드백이 쌓이면 교실에서도 자신감을 가지고 적응할 수 있습니다.

■ 디지털 기기를 현명하게 다루는 법

요즘 학생들은 스마트폰과 함께 태어나고 자란 세대입니다. 그런 아이들은 스마트폰 사용이 익숙하고 편안합니다. 특히 짧은 영상이나 게임을 주로 즐깁니다. 특수학급 학생들도 예외는 아닙니다. 학생의 안전과 연락을 이유로 어릴 때부터 스마트폰을 사용하는 학생이 늘어나면서 어디서부터 어떻게 관리를 해 줘야 할지 난감합니다. 특히 주말에 따로 밖에 나가서 활동하기 번거로우니 스마트폰으로 게임을 하거나 유튜브 영상을 보며 시간을 보내는 아이들이 많습니다. 모든 아이가 스마트폰의 과다 사용으로 상황이 어렵지만, 특수학급 아이들의 경우는 문제가 더 심각합니다. 스마트폰 사용 시간이 늘어나면서 일방적인 커뮤니케이션에 너무 많은 시간 노출되기 때문입니다. 영상을 자주 시청하면 집중력이 더 짧아질 수밖에 없기에 이것도 문제입니다. 조금이라도 인지 능력을 향상시키고 집중력을 기르고자 학교에서 수업을 합니다. 그러나 가정에서 스마트폰의 과다한 사용과 인지력, 집중력을 개발할 노력을 안 해 교육의 효과가 잘 드러나지 않습니다.

여러 가지 문제점을 가지고 있지만 아이 스스로 조절하거나 노출을 중지시키기 어려운 상황이라면 현명하게 사용하는 방법을 가르쳐줘야 합니다. 가정에서는 관리 없이 아이에게 맡기는 경우가 많아 더욱 걱정입니다. 학교에서라도 현명하게 디지털 기기를 활용하여 집중력을 높이고 인지 능력을 향상시키는 방법이 궁금합니다.

아이들의 스마트폰 사용에 대한 우려에는 누구나 공감할 것입니다. 문제라는 것을 알지만 조절하는 법을 가르치기도 쉽지 않습니다. 특수교육 대상자의 경우는 더욱 심각합니다. 자극적인 앱이나 게임, 소셜미디어의 노출로 학생의 주의를 쉽게 분산시키기 때문입니다. 집중하기를 어려워하는 아이들의 집중력을 낮추고 집중 시간을 줄이니 문제지요. 화면에서 나오는 강렬한 빛과 소리로 시각과 청각적 자극을 늘려 산만함을 늘릴 수 있습니다. 개인정보 관리가 어렵고 사생활 침해 위험이나 앱을 통한 위험한 접근을 차단할 능력이 부족한 경우 위험한 상황에 놓이기도 합니다. 실제 사회적 상호 작용을 줄여 사회적 기술을 사용할 수 없게 하고 대인관계 형성에 어려움을 줍니다. 의존 및 중독의 가능성이 높아 재미를 찾기 쉬운 장애 학생들이 빠져나오지 못하게 만들기도 하니 문제가 될 수 있습니다.

이런 학생들에게 필요한 것이 현명하게 미디어를 사용할 수 있는 미디어 리터러시입니다. 미디어 리터러시란 미디어를 읽고 쓰는 능력입니다. 이는 온라인이나 오프라인에서 만나는 정보를 평가하고 신뢰성을 판단할 수 있게 도와줍니다. 특히 올바른 정보를 판단할 수 있는 기술로 다양한 미디어 콘텐츠의 내용과 형태를 이해하고 비판적으로 이해할 수 있도록 돕습니다. 학생들이 안전하게 온라인에서 활동하고 개인정보를 보호하거나 사이버 안전 및 보안을 지키도록 알려 줍니다. 온라인에서 정보를 공유하고 소통하는 방법을 알려 줘 학생들이 안전하게 지식을 활용할 수 있도록 돕습니다. 물론 조금 더 쉬운 내용으로 재해석해서 알려 줘야 하기에 깊이 있는 미디어 리터러시 능력까지 가르치기는 쉽지 않습니다. 그럼에도 꼭 필요한 미디어 활용 능력을 가르쳐 줌으로써 안전함을 높일 수 있습니다. 이는 정보 사회에 성공적으로 참여하고 사회적으로 참여하는 기회를 부여하는 의미가 있습니다. 또래와 비슷한 정보를 공유하고 취향을 나누면서 함께 살아갈 능력을 길러 준다는 점에서 꼭 해야 할 교육 중의 하나입니다.

특수학급 학생들을 대상으로 교육하고 있는 미디어 리터러시 교육으로 아래와 같은 것이 있습니다.

1. 신문 활용 교육
한 주의 메인을 차지하거나 사람들 입에 많이 오르내리는 주제 뉴스 중에서 자극적이지 않고 학생들 수준에 맞는 뉴스를 선별하여 교육합니다. 한 주의 이슈를 알고 뉴스에 포함된 내용을 공부하며 어려운 단어를 익힙니다. 문장의 내용을 파악하고 중심 내용을 정리하며 그 기사에 대한 자신의 생각을 덧붙입니다. 예를 들어, 이름 정하기 이벤트에 참여하고 지구 온난화 문제의 해결책을 다루는 기사를 보며 우리가 할 수 있을 찾아봅니다. 스몸비 기사를 통해 스마트폰 사용 시 안전하게 사용하는 방법과 내가 할 수 있는 약속을 정합니다. 이렇게 신문의 뉴스를 활용해 아이들이 뉴스와 이슈에 뒤처지지 않는 감각을 길러 줄 수 있습니다.

2. 검색하기 수업

네이버와 구글 검색하기 수업도 좋습니다. 필요한 정보를 검색을 통해 찾아내고 정리하는 활동입니다. 현장 학습을 가게 되면 현장 학습 장소에 가는 방법을 검색창을 활용해 찾아냅니다. 구글의 지도나 티맵 등을 활용해 길을 찾습니다. 현장 학습 장소에서 필요한 에티켓을 검색하여 발표해 보면서 자신이 할 수 있는 것과 자신의 생활 태도를 점검할 수 있도록 합니다. 궁금하고 필요한 것들을 검색하고 많은 정보 가운데 내가 선택할 수 있는 정보를 찾는 방법을 알려 줍니다. 정보에 따라 최신의 자료를 찾아야 하는 수업과 신뢰성이 높은 정보를 골라야 하는 경우를 골라 연습합니다. 검색창을 자유롭게 활용하여 정보를 찾을 수 있는 창구로 활용합니다.

특수학급에서 활용할 수 있는 디지털 기기 사용법은 이외에도 많습니다. 그중에서도 가장 유용한 도구가 있는데 바로 인공지능 챗봇입니다. 챗GPT를 활용해도 좋겠지만 카카오톡을 자유자재로 활용하는 아이들에게는 ASKUP이라는 도구가 유용합니다. 카카오톡에서 검색해서 친구 추가를 통해 바로 사용할 수 있습니다. 인공지능 챗봇을 사용하면 학생의 장점과 선호에 맞게 대화를 이어 나갈 수 있습니다. 학생의 필요에 따라 질문하고 답을 찾을 수 있기에 개별 맞춤 교육을 하는 데 유용합니다. 음성 인식 기능이나 간단한 단어를 통한 질문이 가능해 장애 학생의 수준과 상황에 맞는 활용이 가능합니다. 학생의 언어 수준에 맞는 질문과 대답이 가능하고 학생과의 상호 작용이 활발하고 피드백이 원활해서 좋습니다.

특수학급 친구들의 대화를 이해하지 못하고 대답을 성의 있게 해주는 친구를 찾기 어렵습니다. 하지만 인공지능은 어떠한 경우라도 대답을 해 줍니다. 친절하고 좋은 친구가 되어 줄 가능성이 높습니다. 지속적으로 의사소통하면서 자신의 관심사와 수준에 맞는 대화를 통해 능력을 끌어내 준다는 강점이 있습니다. 학생들에게 소개하고 사용하게 했을 때 친절하고 대답을 잘해 주는 친구가 생겼다며 무척 행복해 합니다. 시각과 청각, 터치 기반의 인터페이스를 활용할 수 있는 다양한 학습 경험을 주는 친구를 잘 활용해 보면 좋겠습니다. 학생들의 감정을 감지하고 상호 작용할 수 있습니다. 학습 중에 발생하는 궁금증과 오류를 수정해 주는 인공지능은 앞으로 장애를 가진 학생에게 좋은 학습 도구이자 친구가 되어 줄 것입니다. 24시간 사용이 가능하며 이 도구를 통해 문제를 해결해 보면서 자기 효능감을 높이는 데도 유익할 것으로 보입니다. 인공지능 기술을 활용하여 텍스트를 음성으로 변환하여 사용할 수 있다면 언어적 어려움이 있는 학생의 의사소통에도 도움이 될 것입니다.

언어 모델뿐 아니라 그림을 그리는 데도 활용할 수 있습니다. 원하는 그림을 간단한 설명만으로 그려 내는 인공지능은 장애 학생에게도 무한한 가능성을 제공합니다. 간단하게 그린 그림을 변환시켜 완성작을 만들어 줌으로써 학생에게 새로운 경험과 자신감을 갖게 해 줍니다. 간단한 개요를 작성하면 소설을 써 주는 기능을 통해 상상력과 창의력을 발휘할 기회도 만들어 줍니다. 이처럼 인공지능과 디지털 기기를 활용한 생활의 변화는 장애를 가진 친구들에게도 많은 가능성을 시사합니다.

Chapter

2

친구가
제일 어렵습니다

01 함께 잘 지내기

■ 특수학급 아이도 혼내 주세요.

교실에 우리 반 아이를 보러 들어갔더니 한 아이가 울먹울먹한 얼굴로 나에게 다가와 말합니다. 평소 친절하게 K를 대하던 은우였습니다.

"특수학급 아이도 혼내 주세요."

이야기를 들어 보니 자신이 미술 시간에 공들여 열심히 만든 작품을 특수학급 아이가 망가뜨렸다는 겁니다. 그것도 싱긋 웃으면서 말이지요. 그래서 너무 화가 나서 미술 선생님에게 말씀드렸더니

"장애가 있는 친구잖니. 네가 이해해." 하고 넘어 갔대요. 자신이 공들여 만든 작품인데 망가뜨려 놓고 사과도 할 줄 모르는 아이를 이해하라는 말에 너무 화가 났답니다.

"왜 그 아이는 잘못했는데 사과도 안 해요. 잘못을 했으면 미안하다고 해야 하는 거 아닌가요. 아무리 장애가 있다고 해도 안 되는 건 알아야 하잖아요. 언제까지 나만 참아 줘야 해요. 몇 년간 저 애랑 같은 반이 됐지만 좋은 게 하나도 없어요. 게다가 오늘 내 작품을 웃으면서 망가뜨리는 걸 보니 용서가 안 돼요. 이건 일부러 망가뜨린 것 같다구요. 왜 특수학급 아이라는 이유로 모든 게 그냥 다 용서가 되냐구요. 선생님이 사과시켜 주세요."

이야기를 들어 보니 아이가 화가 날 만도 합니다. 나는 얼른 특수학

급 아이를 불러서 물어보았습니다. 망가진 작품을 보여 주며 물었더니 정확하게 말하지 않습니다. 분명히 실내화 자국이 났는데 본인이 했다는 말을 안 하더군요. 잘못한 일에 대해서 지적을 받거나 제대로 사과를 해 보지 않은 태도였습니다. 어릴 때부터 이런 일이 없지는 않았을 텐데, 말로 미안하다고는 했지만 진심으로 뉘우치지는 않았나 봅니다. 계속 정확하게 자기 잘못을 말하지 않더군요. 억지 사과를 시키고 내가 미안하다고 사과를 대신 했지만 이건 뭔가 잘못됐다 싶었습니다. 문제를 일으키고 매번 배려와 용서만을 바란다면 누가 특수학급 아이에게 기꺼이 친절을 베풀까 하는 생각이 들었지요. 어떻게 반 친구들을 이해시키고 사과를 하게 하나 고민입니다.

통합 교육을 하다 보면 이런 일은 자주 일어납니다. 판단력의 부족으로 혹은 재미있어서 친구의 물건을 만지거나 작품을 망가뜨리고 제대로 된 사과를 하지 않는 상황입니다. 반 친구는 화가 났지만 담임 선생님도 어떻게 사과시켜야 할지 모릅니다. 사과를 시킨다 한들 미안하다는 말뿐입니다. 그걸로는 진심으로 사과했다는 느낌도 들지 않습니다. 그것만으로 서로에게 배움이 일어나고 변화를 기대하기 힘듭니다. 아무리 장애를 가져서 사회적 기술이 부족하고 감정의 이해가 어렵다고 해도 잘못한 건 알려 줘야 합니다. 잘못에 대해 진심으로 반성하고 사과할 때 다음번 상황에서도 같은 실수를 반복하지 않기 때문입니다.

사례에서 나오는 특수학급 학생의 경우 그런 경험을 못 해 본 듯합니다. 웃으면서 친구의 작품을 망가뜨렸고 제대로 된 사과조차 진심으로 느끼지 않았습니다. 어떻게 하면 진심으로 사과할 수 있는지 방법을 제대로 배우지 못했거나 사과에 대한 이해 능력이 낮아서 그럴 수 있습니다. 사과해야 하는 상황에서 자신이 더 위축되거나 스트레스를 받아 얼렁뚱땅 넘어가고 싶은 마음이 있을지도 모릅니다. 하지만 분명한 것은 이 일이 반복되어서는 안 되고, 잘못에 대한 진심 어린 반성과 사과를 배워야 한다는 것입니다. 특수교사가 대신 사과해서 무마해서는 안 됩니다. 무조건 친구가 이해해 달라는 것도 건강하지 못합니다. 자신이 한 행동에 대하여 그에 합당한 사과의 방법을 가르쳐야 합니다.

가장 쉽게 접근하는 방법은 자신이 소중하게 생각하는 물건이 망가트려지는 경험을 해 보는 겁니다. 자신이 아끼는 물건이 망가지는 상황을 이야기를 통해 알려 주어야 합니다. 그럴 때 기분이 어떨지 물어보는 겁니다. 자신이 좋아하는 물건이 망가졌을 때 화가 나는 마음을 직접 느껴 보게 해 주세요. 그렇다면 상대에게 사과가 필요하다는 것을 배웁니다. 사과의 방법은 간결하고 명확하게 알려 주세요. 어려운 어휘나 복잡한 단어는 사용하지 않지만 미안하다는 한마디로는 부족합니다.

"네 작품을 밟아서 정말 미안해."처럼 감정을 담아서 표현할 수 있도록 연습합니다. 사과할 때는 직접적이고 솔직한 표현이 좋습니다. "속상한데 웃어서 미안해."처럼 자신의 잘못된 감정 표현에 대해서도 사과하도록 알려 줍니다. 언어적 표현이 서툴다면 그림을 간단히 그리거나 제스처를 사용해서 진심을 전달하도록 합니다. 사과의 표현 안에 미안한 진심이 담기도록 해야 합니다. 잘못을 회피하지 말고 정확하게 표현하고 이해와 양해를 구할 때 진심으로 사과하는 법을 배웁니다. 사람은 누구나 실수하니까요. 다음번에도 이런 일이 발생했을 때도 이때의 기억을 살려 사과할 수 있을 것입니다. 장애가 있다는 이유로 사과를 넘겨 버리지 않도록 확실하게 가르쳐 주세요.

선생님: 자, 둘 다 이리 와 보세요. K야. 은우에게 할 말 있다면서 말해 봐.

K: 은우야 네 작품 망가뜨려서 미안해.

은우: 정말 미안한 거 맞아? 너 그때 웃으면서 네 작품 밟았잖아.

K: 진짜야. 거짓말 아니야.

은우: 어떻게 미안한데?

K: 좋아하는 거 없어지면 속상해. 나도 알아.

은우: 너도 그런 적 있어?

K: 선생님이랑 놀다가 망가졌어. 내 장난감.

은우: 그래서 선생님이 사과했어?

K: 응.

선생님: 은우야. K가 자기 물건이 망가져 보니까 왜 사과해야 하는지 안 거 같아. 늦었지만 조금 위로가 되었어?

은우: 네, 조금은요.

선생님: K도 사과 잘했어. 또 그러지 않도록 조심해. 친구 물건은 소중하니까.

K: 네.

선생님: 은우도 이번 일 선생님에게 이야기 잘했어. 부당하다고 느끼고 속상하면 그냥 넘기지 마. 참으면 안 돼. K에게 사과하라고 해. 사과도 안 하고 책임 전가하면

언제든 선생님이든 담임 선생님에게 이야기해.

은우: 네.

선생님: 그래, 서로 속상한 일 없었으면 좋겠다. 둘 다 고생했어.

사과를 받고 싶은 은우에게 본인의 의도가 정당함을 알려 주어야 합니다. 특수교육 대상자를 배려하고 이해할 필요는 있지만, 그것이 너무 한쪽으로 치우친 배려여서는 곤란합니다. 은우도 배려받아야 할 대상이기에 과도한 배려를 요구하지 않도록 해야 합니다. 본인이 원해서 할 수 있는 만큼만 배려하는 것을 원칙으로 하세요. 과도하게 이해를 요구해서 오히려 장애인에 대해서 안 좋은 감정을 가져서는 안 됩니다.

사과를 요구할 때는 친절하고 상대방을 존중하는 언어를 사용하라고 알려 주세요. 인격을 비하하는 발언이나 말투, 공격적인 언어를 피하는 것이 좋습니다. 상대가 공격이라고 생각하면 사과가 아니라 방어를 하게 됩니다. 개인적인 비난을 피하면서 특정 행동이나 상황에 대해 설명할 수 있어야 합니다. '너는 늘 그래'라거나 '너는 항상 그랬어'와 같은 단정적인 표현은 사용하지 않고 자신의 감정에 대해 정확하게 표현하도록 알려 줍니다. 이해하기 쉬운 간단한 말과 문장으로 설명해야 K가 이해할 수 있음을 알려 주면 도움이 됩니다.

실상 이러한 방법으로 K의 사과를 받기는 쉽지 않을지 모릅니다. 이해가 안 되거나 소통의 오류가 생겨 정확하게 사과를 못할 수도 있습니다. 하지만 시도가 중요합니다. 은우의 마음이 상했음을 당사자에게 정확하게 전달하는 대화를 해 보는 것이 좋습니다. 어른의 도움 없이 장애를 가진 친구를 대하고 해결해 보려는 경험이 중요합니다. 이런 교육을 통해 K와 대화하는 방법을 배울 수 있고 다른 친구들에게 모델링 경험을 줄 수 있습니다. 친구 관계에서 발견한 문제는 가급적 스스로 해결해 보는 것이 도움이 됩니다. 혹시라도 학기 초나 중간에 통합반 아이들을 가르칠 기회가 있을 때 제대로 그 방법을 알려 주세요.

담임 선생님이나 교과 선생님에게도 이러한 상황이 발생하면 그냥 넘기지 말고 사과해야지 은우의 마음이 풀린다는 걸 설명해 줄 필요가 있습니다. 선생님도 어쩔 줄 몰라서 그냥 넘어가셨을 테니 은우에게 직접 자신의 마음을 설명할 기회를 주셔야 해요. 그 기회를 주는 것만으로도 은우의 마음에 응어리가 생길 가능성이 줄어듭니다. 이런 불만을 제시했을 때 넘기지 않고 아이 마음을 읽어 주실 필요가 있습니다. 늘 배려만 하는 것은 결국 좋지 않은 인식을 만들게 되니까요.

■ 무슨 말을 하는지 모르겠어요.

L은 통합반에서 친구들과 어울리는 걸 무척 좋아합니다. 친구들이 무슨 이야기를 하는지 다 알아듣지 못하지만 곁에서 이야기에 끼고 싶어합니다. 친구들도 그런 L이 귀여워서 함께 끼워주는데요. 문제는 L이 하는 이야기를 친구들이 제대로 알아듣지 못한다는 겁니다. 발음이 정

확하지 않아서 한 번 말해서는 도저히 알아듣질 못합니다. 그래서 다시 물어보고 여러 번 말하게 하니 L도 그걸 힘들어합니다. 자기가 한 번 말해서 알아듣질 못한다고 생각하고 자신감이 낮아지니 평소에 말할 때도 여러 번 반복해서 말하는 버릇까지 생겼을 정도입니다. 천천히 또박또박 말해 보라는 친구, 못 알아듣겠다며 노트에 쓰라는 친구 등 요구도 다양합니다. 그렇게 L의 언어를 알아들으려는 노력을 하다 보면 모든 초점이 그것에 맞춰져 이야기의 흐름이 깨지고 맙니다. 그러니 아이들은 그걸 어려워합니다. 가끔은 L의 말을 듣고도 해석하지 않고 넘어가기도 해서 L이 속상해합니다. 하지만 언제까지나 L에게만 분위기를 맞춰 줄 수 없으니 서로가 속상한 상황이지요.

또 이야기의 주제도 서로 다릅니다. 친구들이 좋아하는 것보다는 L은 자기가 좋아하는 것 위주로 이야기를 하는데요. 그게 친구들의 취향과 맞지 않습니다. 자신들의 나이보다 훨씬 어린 취향을 가지고 있는 L에게 맞추어 대화를 하자니 동생과 대화하는 것 같아 대화가 이어지질 않습니다. 친구라면 공통의 관심사와 좋아하는 것으로 친해지는 법인데 L과는 그런 교류가 없으니까요. 끼워 주고 싶어도 끼워 주기 힘든 상황인 거죠.

친구들과 놀고 싶어 하는 L과 친구들이 재미있게 이야기하고 놀 수 있는 방법은 없을까요.

장애를 가진 아이들이 원하는 것은 친구입니다. 누구나 그렇듯이 학창 시절에 가장 좋은 것이 바로 친구라는 존재입니다. 함께 대화를 나누고 자신의 관심사를 공유할 수 있는 친구를 참 좋아합니다. 특수학급의 친구나 선후배들과는 대화도 잘 통하고 관심사 공유도 쉽습니다. 하지만 통합반 친구들과는 친구 관계를 맺기가 쉽지 않아서 고민이 많을 겁니다. 나도 친구가 있었으면 좋겠다고 말하는 특수학급 학생들을 보면서 마음 아플 때가 참 많습니다. 친구라는 것이 억지로 맺어 줄 수 있는 것이 아니라 더욱 그렇습니다. 특수학급 초대 활동이나 함께 체험하는 활동을 통해 같은 공간에서 대화를 나눌 수 있는 기회는 만들 수 있지만, 그것이 친구 관계로 이어지기는 쉽지 않습니다.

그중에서도 가장 영향을 미치는 것이 대화의 문제입니다. 어눌한 말투나 두서없이 말하는 경우 반 친구들이 도저히 무슨 말을 하는지 몰라서 대화가 어렵습니다. 특수교사의 경우 아이들에게 익숙하고 주의해서 듣기 때문에 L과 같은 학생들의 발음을 거의 알아듣습니다. 하지만 통합반에서는 L이 용기를 내서 말해도 무슨 이야기를 하는지 못 알아듣는 경우가 많습니다. 발음이 잘 되더라도 이야기의 주제를 어떻게 잡아야 할지 몰라 말을 꺼내기 힘들어하는 L도 많습니다. 이 두 가지 상황으로 나누어 친구들과 대화법을 어떻게 제시해 주면 좋을지 생각해 보겠습니다.

우선 말의 해석이나 발음, 문법, 어휘의 특면에서 어려움이 있어 대화가 힘든 경우입니다. 소리를 제대로 처리하는 능력에 한계가 있어 대화 상황에서 발음이나 억양을 다르게 내는 케이스입니다. 자신 있게 소리 내는 방법을 먼저 가르쳐 줘야 합니다. 자신이 없어 낼 수 있는 발음조차 입안으로 삼키는 경우가 많습니다. 이때는 녹음하기 기법을 사용하면 좋습니다. 자신의 말소리를 녹음해서 들어 보고 연습해서 다시 녹음하는 방법입니다. 모델의 발음을 따라 하며 반복해서 구어체를 연습합니다. 얼굴 근육을 강화하는 입술, 혀, 치아 스트레칭을 통해 발음을 풀어 주어도 좋습니다. 발음 애플리케이션을 통해 발음을 평가하고 모델링, 피드백하는 연습은 가장 손쉽고 효과적입니다.

대화의 맥락을 모르는 경우도 있습니다. 이때는 대화를 적어 보면서 흐름을 익혀 보면 좋습니다. 이 대화 다음에 어떤 대화가 이어질지 생각하며 맥락을 찾아보는 겁니다. 동영상을 보면서 이어지는 대화를 생각해 보고 똑같이 따라 대화에 참여해 보는 것도 방법입니다. 대화를 통해 맥락을 익힐 수 있는 연습을 자주 접해 보면 좋습니다. 지금 이야기하는 주제가 무엇인지 자주 물어서 L이 대화에 집중하고 참여할 수 있도록 유도하면 맥락을 파악하는 데 도움이 됩니다.

친구 1: 어제 뮤직 쇼 봤어? 새로 나온 아이돌 춤 정말 멋있지 않아.

친구 2: 맞아. 안무가 아주 끝내주더라. 너무 멋있어.

친구 3: 나도 연습생 돼서 연습 열심히 하면 아이돌이 될 수 있을까? 아이돌, 아이돌 좋아.

L: 아이돌.

친구 1: 그래. L야. 핸드폰 봐봐. 아이돌 얘기하는 거야.

친구 2: 춤 봐. 멋있지?

L: 좋아.

친구 3: 아이돌 누구 좋아해?

친구 1: 난 새로 나온 걸그룹 좋아해.

친구 2: 나는 남자 아이돌.

L: 나는 남자 아이돌.

친구 3: 남자 아이돌 멋있지. 요즘 유행인 노래 춤 배웠는데 볼래?

친구 1: 우와 잘 춘다. 연습생 꿈꿀 만하네.

친구 2: 진짜. 너무 멋져.

    L: 멋져

친구 3: 고마워. 가르쳐 줄까.

친구들: 좋아.

    L: 좋아.

친구 3: 천천히 해줄게. 따라 해 봐.

언어적 어려움이 있는 장애를 가진 친구와 대화하기 위해서는 인내심이 필요합니다. 빠르게 말하기보다는 느리게 말하는 친구의 속도를 이해해 줘야 합니다. 간단하고 명확한 언어를 통해 소통하며 실수하거나 발음이 부정확하더라도 지적하지 않습니다. 비웃지 않고 대화를 끝까지 들어 주겠다는 의지만 있으면 됩니다. 느리지만 대화는 가능합니다. 한꺼번에 긴 호흡의 대화를 하지 않고 짧게 단답형의 대화를 주고받는 것으로도 충분하다고 말해 주세요. 친구들이 부담을 가지고 대화를 하지 않아도 되니 많이 어려워하지 않을 겁니다. 너를 좋아해서 친구가 되고 싶어 하지만, 정확하게 발음하기 어려운 부분이 있습니다. 조금 참고 기다려 주면 대화가 가능하다고 알려 주세요. 그리고 어렵지만 조그마한 소리를 냈을 때 알아 주는 것이 최고의 칭찬이라는 것을 말해 주면 대화를 조금이라도 시도할 수 있을 것입니다.

궁금한 게 있거나 무슨 뜻인지 모를 때는 질문보다는 다시 말해 달라고 합니다. 질문을 하게 되면 그 질문을 이해하는 것부터 시작해야 하니까요. 맥락을 끊지 않기 위해서 다른 어렵고 긴 말로 설명하지 않습니다. 다시 말해 달라고 해서 그 말을 이해하려고 노력하는 것이 더 괜찮습니다. 긴 대화가 아니라 짧은 대화를 주고받는 게 목표이고 반복해서 중요한 이야기를 짧게 설명해 주면 얼마든지 답할 수 있음을 알려 주면 좋습니다. 종이나 보드를 사용해서 글자를 쓰거나 표현하기도 하게 도와줘도 되고, 시각 도구를 이용해 대화에 활용해도 좋습니다. 상대방의 감정을 읽고 비언어적인 소통을 통해 얼굴 표정이나 몸짓, 손의 제스처를 통해 오가는 감정 교류도 대화의 한 종류임을 안다면 말하는 순간 조금 더 편안해질 것입니다.

맥락을 몰라서 대화에 끼기 어려워하는 친구들의 경우는 시각적인 이미지를 활용해 대화할 수 있습니다. 이해하기 쉽게 짧은 문장으로 말하고 중요한 내용은 여러 번 반복해서 강조합니다. L에게 그것이 중요한 대화의 맥락임을 알려 줄 수 있습니다. 직접적이고 정확한 질문을 통해 말하고자 하는 것이 무엇인지 알려 주세요. 어떤 주제에 대해 말하고 있는지 짧은 단어로 설명해 줍니다. 긍정적인 피드백과 함께 웃으며 대화를 하거나 손으로 엄지척을 해 주면 자신감을 얻어 대화에 참여할 수 있습니다. 이런 방법들을 친구들에게 알려 주면 못 알아듣겠다는 불평 대신 친구들과 L이 조금이라도 편하게 대화할 수 있도록 도와줄 수 있습니다.

■ 네게도 의미 있는 경험이란다.

반별로 현장 학습을 가는 날입니다. 야외 활동 때마다 담임 선생님은
걱정이 된다고 하십니다. M을 어느 모둠에 넣어야 할지 걱정이니까요.
현장 학습의 특성상 친하고 좋아하는 친구들과 모둠을 형성하는 일이
많은데요. M은 반에서 친한 친구가 없습니다. 그래서 함께할 친구를
찾기가 어렵습니다.

모둠 수업을 할 때도 그랬습니다. M을 어느 모둠에 넣어야 할지가
늘 고민이지요. 공부 잘하는 아이 중에는 자신의 점수 획득을 위해서
제대로 역할을 못 하는 친구와 모둠 하는 것을 싫어하는 학생들이 있
습니다. 지난번 국어 시간에도 뽑기로 모둠을 구성했는데 그 친구와
M이 같은 모둠이 되어 반발이 있었습니다. 자신의 역할을 해내지 못
하면서 한 명 자리를 차지하고 있는 M이 마음에 들지 않았던 거지요.
공부 잘하는 리나를 불러 네가 진짜 리더가 되고 싶으면 잘하는 친구,
못하는 친구 가리지 말고 제 역할에 맞는 분배를 통해 모두가 자신의
역할을 할 수 있게 해 보라고 했는데요. 이기적인 성향의 리나는 그럴
생각을 하지 않았습니다. 서로 불만만 가득 남긴 모둠 활동이 되었던
기억이 있는데요. 이번 현장 학습은 또 어떻게 구성해야 할지 고민이
라고 하네요.

다만, 강이와 이준이가 평소에도 M을 배려하고 도와줘서 그 친구
들에게 부탁해 볼까 생각하신답니다. 다행히 두 친구가 흔쾌히 함께하
겠다고 허락해 줍니다. 매번 현장 학습을 갈 때마다 친한 친구가 없
는 특수학급 학생들을 어느 모둠에 함께 보내야 할지, 담임 선생님과
저 모두 고민입니다.

장애인 친구와 함께 모둠 활동을 하거나 현장 학습을 함께하는 일이 결코 쉬운 일은 아닙니다. 각각의 장애에 따른 제약이 다르기 때문에 그 개인의 욕구와 필요에 따라 다른 방법으로 대화하고 배려해야 합니다. 아직 어린 친구들이 그 몫을 해 내면서 배려하기는 쉽지 않습니다. 그래서 함께 모둠 활동하는 것을 꺼립니다. 사회적 상호 작용이 어려워 원활하게 대화가 되지 않고 신체적 장애로 인해 특정 활동에 참여할 때 도움이 필요할 수 있습니다. 자유롭게 자유 자재로 활동할 수 없으니 불편함을 느끼기도 합니다. 지적장애의 경우 특정 활동이나 과제를 수행하는 데 어려움이 있어 함께하기 어렵습니다. 적절한 시설이나 장비가 부족해서 꺼리거나 어떤 돌발 행동을 할지 몰라 망설이기도 합니다.

서로가 서로를 잘 모르는 상태에서 함께하는 것이 어려울 수 있습니다. 그래서 통합반에서 현장 학습이 있더라도 특수학급의 자체 프로그램을 운영하기도 합니다. 특수학급 학생들끼리는 익숙하고 서로 상처도 주고받지 않으니까요. 학생들이 좋아하는 활동에 더 많이 참여할 수 있어 좋기도 하거니와 어려운 과제를 해 내면서 받는 스트레스를 줄일 수도 있습니다. 그럼에도 특수학급 친구들끼리 경험을 지양하고 통합반 친구들과 함께 활동을 하기 위해 노력하는 이유는 있습니다. 더불어 살아가는 법을 배우는 곳이 학교이기 때문입니다. 때로는 장애로 인해 나와 다른 욕구와 상태를 가졌더라도 함께 힘을 모아 무언가를 완성해 보는 경험은 인생에서 값진 재산입니다. 특수교육 대상자에게는 자신감과 행복한 기억과 소속감을 줍니다. 반 친구들에게는 세상의 다름을 체험할 좋은 기회입니다. 세상에 나가 나와 정말 다른 사람들과 협업하며 살아야 하는 학생입니다. 장애를 가진 친구들을 배려하고 그들에게 맞는 과제를 함께 고민하고 이뤄가는 과정을 통해 인간관계 확장의 경험을 할 수 있습니다. 특수교육 대상자뿐 아니라 반 친구들에게도 유익한 점이 있음을 알리고 함께 참여할 수 있도록 도와줘야 합니다. 당장은 힘들고 설득하기 어렵지만 가치 있는 일이니 노력할 필요가 있습니다.

선생님: 반에서 모둠 수업을 할 때 M이 있어서 불편함을 느낄 때도 있을 겁니다. 여러분의 노고를 이해합니다. 그리고 고맙게 생각해요. 애쓰고 있다는 거 압니다. 그런데 말입니다. M이 있어서 불편한 점만 있을까요. 그건 아닐 거예요. 분명히 좋은 점도 있을 텐데 오늘은 그것에 대해서 이야기해 볼까요.

학생 1: M이 귀엽잖아요. 좋아한다는 표현도 잘해 줘서 함께 있으면 기분이 좋아집니다.

학생 2: M이 노래를 잘하고 춤을 좋아하니 우리가 모둠 활동하면서 지칠 때 그게 활력소가 되어 줍니다. 물론 학습적으로 도움이 되는 건 아니지만, 분위기 살리는 데는 한몫하는 것 같아요.

학생 3: 나와 모두 같은 수는 없으니까요. 나와 전혀 다른 욕구를 가진 친구와 모둠이 되어 보는 경험은 신선해요. 내가 너무나 쉽게 하는 것을 그 친구는 어려워하기도 하고 반대의 경우도 있지요. M은 낯을 가리지 않고 누구에게나 친근하게 다가가요. 저같이 처음 친구를 만나서 사귀기 힘든 경우 부담 없이 다가와서 좋아요. 그런 M의 친근함을 배울 수 있어 좋아요.

학생 4: M이 가끔 눈치 없이 굴 때는 저러면 친구들이 싫어하 겠구나 느끼고 배웁니다.

학생 5: 배려해 주고 싶은 마음이 생겨서 좋아요. 물론 어떻게 배려해야 할지 방법을 잘 모르긴 하지만요.

선생님: 다들 아주 좋아요. 생각해 보니 M에게서 배울 점도 있고 함께하는 즐거움이 있네요. 각자 다른 모두가 모 여 있는 학교에서 이런 다양성을 체험하는 것은 우리 모두에게 아주 도움이 되는 활동일 거예요. 그런 의미 에서 M과 함께 모둠 활동하는 것도 나쁘지만은 않을 것 같은데 여러분 생각은 어떤가요?

M이 귀엽고 밝은 친구이기 때문에 많은 장점을 찾을 수 있었습니다. 방해 행동이나 문제 행동이 심한 경우라면 이렇게 M의 강점을 찾기 쉽지 않았을 것입니다. M도 친구들과 잘 지낼 수 있는 사회적 기술을 익히고 배워서 자신의 강점을 확장할 필요가 있습니다. 실제 로 친구들이 M과 모둠 활동이나 현장 체험 학습에 참여하기 어려 워한 이유가 있을 겁니다. 일단은 그 이유를 들어 주세요. 거기서 M 에게 꼭 필요한 교육 목표를 발견할 수 있습니다. 어떤 부분이 어렵 고 무엇이 걱정되는지를 알아야 합니다. 비난이나 강제로 설득하려 는 생각을 버리고 친구들이 열린 분위기에서 자신의 두려움과 걱정 을 표출할 수 있게 도와주세요. 필요하다면 모둠 활동하면서 걱정되 는 부분을 덜어 주는 방법을 제안해도 좋습니다. 초기에는 작은 그 룹에서 시작하거나 모임 전에 잠깐 시간을 가져 걱정되는 부분을 해 결할 실마리를 나누면 좋습니다. 친구들의 우려와 걱정을 충분히 이

해하고 수용할 때 함께할 수 있는 기회도 마련할 수 있습니다.

이러한 경험이 자신에게 도움이 된다는 부분을 강조하여 설명해 주세요. 서로에게 도움을 주고받는 경험을 통해 새로운 아이디어와 해결책을 찾을 수 있습니다. M도 그 아이만이 가진 강점으로 누군가를 도울 수 있다는 것을 배웁니다. 서로 다른 배경과 경험을 나누면서 개인적으로 성장하고 세상을 이해하는 폭을 넓힐 수 있습니다. 다양한 상황에서 M과 활동하는 것은 문제 해결 능력을 기르고 새로운 환경이나 도전 상황에서 대처법을 길러 주는 귀한 경험입니다. 공감하고 배려하는 역량을 키울 수 있으며 인간성이 강화되어 예민하게 느끼던 자신만의 문제를 폭넓게 여유를 가지고 바라볼 수 있습니다. 함께한 경험을 통해 좋은 기억이 하나 늘어날 것이며, 장애인 친구와 함께 성공적인 프로젝트를 완성했던 기억은 자신의 열린 마음과 포용력에 대한 자신감을 키워 줍니다. 자신에 대한 자부심과 긍정적인 사회적 영향력을 줄 수 있다는 믿음은 자신의 성장의 토대가 되어 줄 것입니다. 이처럼 다양한 인간관계를 경험하는 것이 그 순간 힘들 수는 있습니다. 하지만 자신의 인생 전반에서 도움이 된다는 것을 알게 된다면 피하고 싶은 경험만은 아니게 변화할 수 있습니다.

02 갈등 상황 대처하기

>>>>

■ 특수학급 친구에게 나쁜 일을 시킵니다.

"선생님, 연진이가 나보고 꺼지라고 했어요."

J가 화가 잔뜩 난 얼굴로 교실로 들어서며 말합니다. 연진이가 또 그랬나 봅니다. 연진이는 학기 초부터 J에게 못되게 굴었습니다. 옆에서 욕을 가르쳐 주는가 하면 가르쳐 준 욕을 친구에게 해 보라고 시키기도 했습니다. 담임 선생님이 몇 번이나 연진이에게 주의를 주셨고 그건 잘못된 행동이라고 일러 줬지만 연진이의 행동은 달라지지 않았습니다. J로 인해 선생님에게 주의를 받자 연진이의 태도가 달라졌습니다. 그때부터 J에게 나쁜 행동을 시키기만 했지 J를 공격하지는 않았는데요. 이제는 J에게 나쁜 말을 하기 시작했습니다. 수업 시간에 왜 떠드느냐며 나서서 비난했고, 조금만 다른 행동을 하거나 느리게 움직이면 친구들 앞에서 무안을 주었지요. 그런 행동이 계속되면 학교 폭력 사안으로 진행될 수도 있음을 담임 선생님이 알렸지만 연진이는 크게 신경 쓰지 않았습니다. 늘 J에게 문제가 있어서 말한 것뿐인데 선생님은 왜 J편만 드냐며 불만이 많았지요. 담임 선생님이 연진이 부모님께 조심스럽게 말씀을 드렸답니다. 계속 이대로 놔두면 안 될 거 같으니 가정에서 지도를 부탁드렸는데요. 부모님은 연진이가 그럴 리가 없다며 왜 자기 아이를 장애인하고 엮어서 문제를 만드느냐고 하셨답니다. 연

진이와 부모님을 설득하기에 지친 담임 선생님이 특수교사의 중재가 필요하다며 상담을 신청하셨는데요. 저도 연진이에게 어떤 교육을 해야 할지 어렵습니다. 연진이에게 어떻게 대해야 J에게 함부로 대하는 연진이의 태도가 달라지게 할 수 있을까요.

장애를 가진 친구에게 나쁜 행동을 시키거나 직접적으로 비난하는 연진이의 이야기입니다. 장애인이라서 도움이 필요하고 배려해야 한다는 것을 알면서도 저런 행동을 하는 이유가 무엇일까요. 장애를 가진 친구를 이해하지 못하거나 편견을 가지면 그럴 수 있습니다. 장애를 가진 친구가 하는 행동이 일부러 하는 것이 아닌데도 그렇다고 생각하는 것입니다. 부족한 행동을 하고 자기 역할을 해 내지 못하는데 배려받는 모습을 이해하지 못하는 경우입니다. 장애인이라면 왜 무조건 배려해야만 하느냐고 생각할 수 있습니다. 자신에 대한 불안감이 많거나 자존감이 낮은 경우 이렇게 생각하기 쉽습니다. 나도 배려받고 사랑받고 싶은데 그러지 못하는 겁니다. 장애를 가진 친구는 부적절한 행동을 하는데도 늘 도와주니 형평성에 맞지 않다고 느끼는 것입니다. 이는 자신의 감정이나 행동을 적절하게 통제하지 못하는 경우 더 쉽게 나타납니다. 자아 컨트롤이 어려운 사춘기에 유독 이런 현상이 자주 발견됩니다. 자신을 통제할 수 없기에 타인에 대해서 공격적이고 무분별한 행동을 하게 되고, 그것에 대해 정당하다고 느낍니다. 다른 사람을 괴롭힘으로써 자신을 더 우월하게 만들고자 하는 목적도 있습니다. 주변 환경이나 친구들의 영향을 받기도 합니다.

연진이도 처음엔 가볍게 장난삼아 J에게 욕을 시켰을 것입니다. 아무 판단 없이 친절하게 대하면 자신이 하라는 대로 행동하는 J가 재미있었을 겁니다. J도 욕에 대해서 나쁘다는 건 모른 채 친구가 상냥하게 웃으며 해 보라 하니 따라 했을 가능성이 큽니다. 그렇게 재미로 한두 번 하다가 교사의 지적을 받으니 기분이 상했을 겁니다. 욕만 가르친 게 아니라 다른 부분에선 J와 놀아 준 부분도 있는데 그건 인정하지 않고 지적만 하니 화가 났겠지요. 그래서 J를 비난하는 말을 했을 가능성이 큽니다. 자신도 인정받고 사랑받고 싶은데 J로 인해서 지적받는 대상이 되었다고 생각할 수 있습니다. 게다가 아무도 말을 걸어 주지 않는 J에게 그나마 말이라도 걸어 주는 사람은 자신뿐이라는 생각이 들면 자신의 문제를 인정하지 못합니다. 게다가 부모님이 장애인에 대한 편견이 심하시니 이를 바로잡아 주지도 않았겠지요. 처음부터 장애인에 대한 바르지 못한 개념을 가진 연진이가 J와 연결되면서 오히려 피해를 받았다고 생각할 수 있습니다. 본인이 잘못한 행동에 대해서는 반성도 안 할 겁니다. 어쩌면 학교에서 약자는 괴롭힘당하고 무시하는 분위기가 자연스럽게 아이들 사이에 퍼져 있기에 그걸 받아들인 것인지도 모릅니다. 다른 사람과 다르다고 느껴지는 J에게 하는 행동을 통해 자신을 보호하거나 소외감을 줄이는 방편으로 이용될 수 있었겠네요.

> **선생님:** 연진아. 어서 와. 담임 선생님께 말씀 들었어.
> **연진:** 네. 죄송해요.
> **선생님:** 너 혼내려고 부른 거 아니니까 고개 들어. 여기 J교실이라고 눈치 볼 거 없어. 내가 J선생님이긴 하지만 그 아

이 편만 들 생각은 없어. 나 똑바로 쳐다보고 말하렴.
어떻게 된 상황인지 네가 먼저 설명해 줄래.

연진: J랑 놀아 주다가 욕을 했는데 그걸 그 친구가 따라 해
서 혼났어요. 나도 짜증나니까 뭐라고 했더니 담임
선생님이 부모님에게까지 말했어요. 부모님이 왜 장
애인이랑 어울려 놀았느냐며 혼내셨어요.

선생님: 부모님께 혼나서 속상했겠구나. 다른 아이들은 J랑 말
도 안 하는데 말 시켜 주고 놀아 주려다가 그렇게 돼
서 선생님도 마음이 안 좋네.

연진: 그랬어요.

선생님: 그래. 그런데 안타깝게도 J가 좀 그래. 욕을 들었어도
욕은 나쁜 거니 따라 하지 말았어야 했는데 그 판단
이 어려운가 봐. 네가 친절하고 좋으니까 네가 하는
행동이 나쁠 리 없다고 생각한 거지. J도 네가 좋았을
거야. 말도 시켜 주고 놀아 주는 네가 좋았는데 네가
여러 이유로 화가 나서 뭐라고 하니 너무 속상했을
것 같아. 네 생각은 어때?

연진: J가 나를 좋아할 거라고 생각 못 했어요.

선생님: J는 너를 좋아해. 내가 물어봤더니 교실에서 좋아하는
친구가 너라고 이야기하더라. 욕을 따라 해서 혼나긴
했지만 그럼에도 말하고 장난쳐 주는 네가 좋았던 거
야. 좋아하는 네가 가르쳐 준 말은 좋을 거라고 생각
하는 게 J야.

연진: 그럴 수도 있군요.

선생님: 맞아. J는 그럴 수 있어. 그렇게 판단을 어려워해. 물론

네가 J로 인해 혼나서 속상할 수는 있지만, 너를 좋아
해서 그랬다는 걸 이해했으면 좋겠다.

연진: 좋아해서 따라 한 거라면 조금 미안한 걸요.

선생님: 네 이야기를 얼마나 많이 했는지 몰라. 친구 사귀는 게
어려운 J니까. 친구가 생겼다고 좋아했는데 많이 속
상해했어.

연진: 내가 친구가 되어 줄 걸 그랬어요. 나쁜 말 시키지 말고.

선생님: 네가 마음 불편했었는데 그래 줄 수 있겠어? 그럼 너
무 고맙지.

연진: 몰랐으니까 그랬는데 잘해 주면 혼날 일도 없으니까
요. 나를 여전히 좋아한다면 나쁜 말은 시키지 않을
게요.

선생님: 그럼 너무 좋지. 연진이가 불편했을 텐데도 그렇게 결
심해 줘서 너무 고맙다. 속상하고 힘들었을 텐데 그
럼에도 J의 입장을 이해해 주다니 너무 멋지다.

연진: 괜찮아요.

선생님: 그래, 연진이의 고운 마음에 선생님이 너무 감동이다.
고마워.

지적장애를 가진 친구의 특성을 이해하지 못하고 함부로 대하거
나 나쁜 행동을 시키는 학생을 지도하기 위해 일단 장애 학생의 특
징을 정확하게 알려 줘야 합니다. J가 갖고 있는 장애 명과 상태와
특징에 대해 알려 주는 것이 좋습니다. 장애인이 의도적으로 부적절
한 행동을 하는 것이 아니며, 그들의 판단력이 부족한 것을 이용해

서는 안 된다는 것도 정확히 알려 줍니다. 그것이 한 사람의 마음을 무너뜨릴 수 있는 무서운 행동임을 가르쳐 주세요. 누군가 약한 부분을 가졌을 때 그 부분을 이용하고 놀려서는 안 된다는 것을 입장바꿔 생각해 보게 합니다. 연진이가 평소 가지고 있는 자신의 약점을 친구가 놀리거나 이용했을 때 어떤 기분이 들까를 먼저 이야기해 보는 겁니다. 연진이도 아직 어리기 때문에 무턱대고 타인의 입장을 이해하라고 해서는 안 됩니다. 지적장애 친구가 이런 특성을 가지고 있으니 네가 모두 이해하고 도와주고 배려해야 한다는 식의 교육은 정당하지 않습니다. 연진이만 배려할 수는 없는 노릇이니까요. 다만 연진이가 자신의 약점을 이용당한 입장이라면 어떤 마음이 들까를 공략하면 아이의 마음을 열고 대화하는 데 도움이 됩니다. 이런 행동을 하는 학생의 경우 본인도 불안하고 자아가 흔들리는 경우가 많거든요. 연진이도 마찬가지였을 겁니다. 자기는 혼나지만 J는 혼나지 않는 상황이 공정하지 못하다고 생각되었을 겁니다. 그 마음을 먼저 알아 주는 것도 필요합니다.

장애를 가진 친구의 특성을 이용해서 놀림을 당했을 때 기분을 이해하게 합니다. 그렇지만 모든 것을 이해할 수만은 없으며, 공정하게 장애인 친구도 본인의 역할을 해 내야 공정하다는 것을 알려 줍니다. 그 과정을 통해 연진이도 자신의 행동의 문제를 느끼게 될 것입니다. 윽박지르거나 화를 내고, 학생의 양심이나 인격에 호소하기보다는 논리적으로 이해하고 받아들일 수 있도록 차근차근 설명해 줍니다. J를 존중하면서도 공정하게 대하는 방법을 가르쳐 주세요. 되고 안 되고를 확실하게 말해 주라고 하면 좋겠습니다. 같은 반 친구이고 J에게 장애가 있으니 무조건 양보하지는 말되 J의 특성에 맞게 대해 주라고 말입니다. 처음 연진이의 놀리는 듯한 태도는 잘못 되었지만 그건 몰라서 그럴 수 있습니다. 그때 윽박지르거나 인격을 무시하지 않고 J에 대한 이해와 에티켓을 먼저 가르쳐 주었다면 좋았을 것입니다. 첫 시작이 중요합니다. 첫 번째 연진이의 행동에 대해 바른 대처가 있었다면 더 심한 행동으로 이어지지 않았을 것입니다. 그래서 학급 상황을 자주 살피고 담임교사와 긴밀하게 대화하여 이런 갈등이 일어났을 때 초기에 대응하는 것이 사태를 크게 만들지 않는 방법입니다.

■ 욕하고 소리 지르는 친구 때문에 스트레스가 심해요.

K는 자극에 민감합니다. 자극에 대해 과민 반응을 해서 수업 시간을 방해하는 경우가 꽤 있습니다. 자기 감정을 조절하고 관리하는 능력이 제한되어 있어 스트레스 상황이나 감정적인 변화를 어떻게 서리해야 하는지 알지 못하지요. 그래서 소리를 지른다거나 혼자서 욕을 하거나 책상 위 물건을 집어던지기도 합니다. K는 지적장애로 인해 언어적인 한계를 가졌고 표현이 어렵습니다. 그런데 K의 이런 행동을 보고 함께 맞장구를 치거나 욕에 반응하는 친구들이 문제입니다. 민준이는 K의 앞자리에 앉았습니다. 본인도 예민한 기질을 가진 민준이는 큰 소리가 나면 귀를 막습니다. 대인관계도 좋지 않아 친구가 많은 편이 아니라 쉬는 시간에도 자리에 앉아 있는 경우가 많습니다.

그런데 어느 날 소방 사이렌이 교실에서 울렸습니다. 민준이는 두 손으로 귀를 막으며 겨우 버티고 있었는데요. 그때 소리에 민감해진 K가 소리를 지르며 욕을 했습니다. 민준이는 K가 욕을 자신에게 하는 것이라고 느꼈답니다. 이름을 부르고 욕을 한 것도 아닙니다. 대상 없이 내뱉은 말이지만 불쾌했다고 하더군요. K를 노려보며 왜 욕하냐고 조용히 하라고 말하려 했지만, 너무 흥분한 K를 보자 불가능하다고 판단했답니다. 소방 사이렌 소리 때문에 자신도 기분이 좋지 않은데 욕까지 들었습니다. 기분이 급격히 나빠진 민준이는 갑자기 울분을 터트렸습니다. 담임 선생님이 소식을 듣고 찾아가 민준이를 안심시켰지만 민준이의 분노를 잠재우기는 쉽지 않았습니다. K가 있어 너무 힘들다며 우리 반에서 사라졌으면 좋겠다고 울며 호소했습니다. 민준이의 이런 반응에 당황한 선생님은 어떻게 지도해야 할지 모르겠다며 난감해 하십니다.

지적장애를 가진 K가 갑자기 소리를 지르며 분노를 표현합니다. 갑작스러운 분노 발작이나 물건을 파손하는 것, 욕설 등의 행동이 나타날 때 반 친구들과 선생님은 당황할 수밖에 없습니다. 언어 표현의 한계 때문인지 자기 조절 능력이 부족해서인지 알 수는 없지만 갑자기 행동이 나타나고 반복된다면 대처법을 가르쳐 줘야 합니다. 자극에 민감하게 반응하지만 그것의 어려움을 설명하지 못하기에 사회적 상호 작용의 부족으로 친구들과 선생님을 이해시키는 데는 한계가 있습니다. 이를 해결하기 위해서 통제 가능하고 예측 가능한 환경을 만들고 일정한 루틴과 일상적인 패턴을 제공하여 안정성을 유지할 수 있습니다. 갑자기 울리는 소방 사이렌의 경우는 통제할 수가 없습니다. 그 순간 친구들이 전문가처럼 K에게 심호흡을 시키거나 근육 이완, 시각화를 통해 안정감을 찾아줄 여유도 없습니다. 그렇기에 이 부분은 미리 연습시킬 필요가 있습니다. 학교에서 일어날 수 있는 돌발 상황을 미리 알려 주고 부정적인 사고의 패턴을 식별하고 수정하도록 인지 행동 치료를 연습하는 겁니다. 분노 상황에서 자신을 진정시킬 수 있는 훈련을 통해 스스로 안정을 찾을수 있도록 합니다. 그러나 이러한 연습을 한다고 해도 익숙하지 않은 환경에서 K가 스스로 안정을 되찾기는 쉽지 않습니다.

문제는 K의 이런 행동으로 인해 반 친구들이 스트레스를 받는다는 것입니다. 지적장애를 가진 친구가 왜 그런 행동을 하는지를 알 수 없습니다. 의사소통의 어려움으로 이해하기도 어렵습니다. K뿐만 아니라 친구들 중에도 감정이 예민하게 반응하는 학생들은 K의 반응이 자극이 되어 자신을 컨트롤하기 어렵다고 느낄 수도 있습니다. 그래서 어떻게 대처할지 몰라 민준이처럼 반응하기도 합니다. 차라리 K가 교실에 없었으면 하는 마음을 표현하는 것입니다. 하지만 불편하더라도 나와 다른 친구와 함께 지내는 방법을 배우는 곳이 학교입니다. 불편한 마음을 표현할 수는 있지만, 그것이 정당화되서는 안 될 것이며 그에 대한 대처 방법을 우리가 학생에게 가르치고 교육해야 합니다. 일단은 민준이와 그 반 친구들에게 K의 행동에 대한 설명을 해 줄 필요가 있겠습니다. 우리가 어떤 상황을 제대로 인지하지 못한 상태에서 갑자기 두려움이 생기면 어떻게 반응할지 모릅니다. 그것과 비슷한 심리를 K가 느끼고 있음을 알려 주는 것부터 시작하면 됩니다.

선생님: 민준아, 소방 사이렌이 울려서 많이 놀랐지. 소방 사이렌이 갑자기 울리면 민준이는 어떤 기분이 들어?

민준: 불안하고 무서워요. 진짜 불이 난 건지 대피를 해야 하는 건지 정확한 상황을 알 수 없으니 걱정이 되고 심장이 벌컥거려요. 특히 저는 소방 사이렌이 많이 거슬리고 신경을 예민하게 만들어요.

선생님: 그랬구나. 그럴 수 있어. 우리가 잘 모르는 상황에서 맞이하는 어려움은 불안을 일으키지. 민준이도 소방 사이렌이 울리는 순간을 어렵게 느꼈구나.

민준: 네 맞아요. 무서웠어요. 저도 마음이 좋지 않은데 K가 소리 지르고 물건을 던지고 하니 더 정신없고 싫었어요.

선생님: 그랬을 수 있어. 너도 마음이 불안한 상태였을 테니까. 충분히 이해해. 그런데 같은 상황이라도 사람마다 느끼는 불안이 다른 것 같아. 민준이는 조금 불쾌하고 기분이 안 좋았는데 소방 사이렌이 아무렇지 않은 친구도 있었잖아. K는 누구보다 더 싫어하고 불안해했고. 그 차이가 뭘까.

민준: 글쎄요.

선생님: 감각의 차이 아닐까 싶어. 같은 온도에 있어도 누군가는 춥게 느끼고 누군가는 쾌적하게 느끼듯이 말야. 같은 사이렌 소리도 다르게 느끼는 거지. 네 친구와 네가 다르게 느꼈듯이 K에게는 그게 너무나 큰 소리로 느껴진 거야. 그런데 K는 표현을 자유롭게 하지 못하니 너무 무서워서 그걸 물건을 던지면서 표현한 거지. 그게 잘한 행동이라고 할 수는 없지만 서로 느

끼는 무서움의 정도가 다르다는 것은 이해할 수 있을 거야. 그렇지.

민준: 그럴 수도 있겠네요.

선생님: 선생님이 K에게 그 두려움을 표현하는 방법과 자신의 두려움을 컨트롤하는 호흡법과 표현법을 가르치고 있거든. 그런데 아직 연습이 미숙해서 민준이와 친구들을 불편하게 한 것 같아. 그 점은 안타깝지만 더 연습해 볼게.

민준: 네.

선생님: 대신 민준이도 K가 그런 행동을 하는 것이 의도적인 게 아니고 너에게 피해를 주려고 하는 행동이 아님을 이해해 주면 좋겠는데 어때. 그럴 수 있겠어?

민준: 노력해 볼게요.

선생님: 그래 고마워.

갑자기 울리는 소방 사이렌처럼 우리에게 불안을 일으키는 상황이 있습니다. 그럴 때는 그 누구든 어떻게 된 상황인지 알고 싶지만 이해하지 못하는 안타까움을 갖게 됩니다. 환경적인 변화에 대해 두려워하고 사이렌 소리 때문에 옆 사람과 소통하지 못하기에 더욱 상황 판단력이 낮아지는 것도 사실입니다. 이런 상황에서 의연하게 대처하기는 쉽지 않습니다. 그 대처 방법과 상황은 각자의 민감도에 따라 달라질 것입니다. 이런 상황에서 지적장애를 가진 K는 어떨까요. 민감한 자극에 더 쉽게 반응하고 두려움을 느끼며 상황 판단이 어려울 경우 두려움은 커질 수밖에 없습니다. 이러한 상황을 민준이에게 그대로 설명해 주면 됩니다. 민준이는 지적장애를 가져 본 적이 없기에 K를 완벽하게 이해하기는 어렵습니다. 그러나 K가 그 상황에서 민준이나 친구들보다 더 많은 심리적 부담과 불안을 느낄 수 있음을 알려 주는 것은 중요합니다. 그래야 무작정 비난하지 않고 조금이라도 돕고 진정시킬 수 있는 방법을 사용할 수 있습니다. 그 방법의 사용이 궁극적으로는 K에게 안정감을 주어 학급의 분위기를 빠르게 안정시키는 데도 도움이 됩니다.

K가 극도로 예민하게 자극에 반응할 때 친구들이 도울 수 있는 방법으로 어떤 것을 알려 줄 수 있을까요. 일단 학생들에게 K가 자신들과 다른 능력과 한계를 가졌음을 알려 줍니다. K의 특성과 특히 싫어하고 어려워하는 것을 알려 주세요. 그리고 갈등 상황에서 소극적인 대안 행동을 제시하고 권장합니다. 짧고 간단한 단어를 통해 설명하고 눈을 바라보며 이야기하도록 알려 줍니다. 천천히 말하고 정확하게 쉬운 단어를 사용합니다. 그림이나 몸짓, 표정을 통해 설명하면 이해하기 쉽고 한 번에 하나의 이야기만 합니다. 중요한 정보나 지시 사항은 반복해서 강조합니다. 단답형으로 대답할 수 있는 질문을 사용하는 것이 좋습니다. 그럼에도 이해할 수 있는 대화가 한정될 수 있기에 인내심을 가지고 다시 설명할 수 있어야 합니다. 이러한 과정을 통해 대화를 조금 더 쉽게 이어 나갈 수 있음을 알려 주세요. 그래야 K가 불안해할 때 친구의 눈을 보며 '괜찮아'라고 말하거나 귀를 막으라고 알려 줄 수 있을 것입니다. 자극을 줄이고 안전한 표현법을 사용하도록 도와준다면 K가 흥분하는 일도 점차 줄고 서로 믿음이 생길 것입니다. 함께 잘 지내는 법을 익힐 수 있도록 도와주세요. 이것은 위급한 상황에서뿐 아니라 평소에 연습을 통해

익혀 나갈 때 익숙해져서 활용이 쉬워지니 평소에도 자주 환기시켜 주세요. K와 반 친구들의 갈등을 줄이는 데 도움이 될 것입니다.

■ 때로는 기다림도 필요해요.

교실에서 L은 친구들에게 자주 놀림을 받습니다. 정확하게 대답을 안 하거나 얼버무리고 자신의 의사를 정확하게 밝히지 못하기 때문입니다. 특수학급 소속이긴 하지만 그렇다고 무조건 배려만 해서는 안 된다고 생각하는 친구들이 있습니다. 그래서 L을 약 올리거나 선생님 몰래 L에게 가끔 심부름을 시킵니다. 그것도 나쁜 심부름을 골라서 말이지요.

유진이와 하준이는 사이가 무척 좋은 친구였지만 서로 욕을 섞어가며 대화를 했습니다. 그러던 어느 날 하준이 때문에 화가 난 유진이가 L에게 가서 패드립을 하라고 시켰습니다. 웃으면서 유진이가 이야기하자 L은 그 패드립이 좋은 말이라고 생각했습니다. 그래서 하준이에게 전달했습니다. 화가 난 하준이는 L를 때렸습니다. 그래서 학교 폭력 사안으로 발전이 되었지요. 하준이는 L가 자신에게 패드립을 한 게 문제라며 사과하려고 하지 않았습니다. 아무리 장애가 있는 친구라 해도 이건 용납할 수 없다고 했습니다. 유진이는 L에게 나쁜 행동을 시켰지만 그걸 판단하지 못한 L의 잘못이라며 우겼지요. L의 부모님은 답답했지만 어떻게 해결해야 할지 몰랐습니다. 어찌됐든 L이 잘못 판단한 게 맞으니까요.

학교 폭력 사안 결정을 하는 상황에서 위원들은 거의 모두 유진이와 하준이의 편을 들었습니다. 장애가 있는 친구와 함께 공부하면서 겪는 어려움이 많으니 그 부분을 이해해 줘야 한다는 취지였습니다. 하준이와 유진이의 잘못은 그렇게 사과 편지 한 장으로 끝이 났습니다. 사과를 하긴 했지만 진짜 하준이와 유진이가 L에게 미안한 마음이 있는 건지 걱정입니다. 이런 학교폭력위원회의 결정으로 L에게 함부로 대할 수 있을지 모를 상황이 생길까 봐 신경이 쓰입니다.

10대에게 가장 중요하며 어려운 것이 바로 친구 관계입니다. 유독 친구들에게 영향을 많이 갖는 시기여서인지 친구들과의 싸움이나 다툼도 자주 일어나는데요. 특수학급 친구들에게도 마찬가지입니다. 학년에 따라 친구 관계의 양상이 변화하면서 트러블이 발생합니다. 학생들끼리 있는 쉬는 시간이나 점심시간이 문제입니다. 욕설이 난무하면서 부족한 친구들은 장애인이냐고 놀리는 일이 빈번히 일어납니다. 그러면서 자신들과 이해도가 다른 L과 같은 친구들을 놀리거나 나쁜 일을 시키는 학생들이 생깁니다. 특히 자신들의 친구 관계에서 나쁜 행동을 전달하거나 욕을 하는 주체로 L를 중간에 끼워 넣어 문제가 발생하는 사례가 종종 생깁니다. 자신들도 판단이 흔들리는 학생들이라 감정의 기복도 심해 잘못된 판단을 하는 것입니다. 이런 성향은 사춘기가 끝나면서 줄어듭니다. L과 같은 특수학급 친구들을 놀림의 대상이 아니라 돌보고 이해해야 하는 상대로 이해하기 시작하는 겁니다. 하지만 아직 가까이 지내기에는 부담스러워합니다. 그래서 중학교 졸업 때까지는 되도록 관계를 깊이 있게 맺지 않으면서 거리를 두는 학생들이 많습니다. 고등학교에 가서야 조금 이해하거나 동생처럼 돌보고 배려하기 시작합니다. 이런 친구들의 태도 변화에 따라 특히 중학교 때 학교 폭력의 피해자나 가해자로 연루되는 일이 꽤 많이 생깁니다. 특히 자신들의 문제를 해결하기 위해 유진이와 하준이처럼 L를 이용하거나 함께 놀리는 행동들이 나타나게 됩니다. 이럴 때 어떻게 문제를 해결하고 학생들에게 바른 태도를 심어 줄 수 있을까요.

우선 관련된 학생들의 특정한 배경이나 특성을 파악해야 합니다. 가해자가 특정 학생을 지적장애로 인한 취약한 대상으로 선택하는 이유에 대해 이해해야 합니다. 어떤 교육 환경이나 가정에서의 양육 방식, 사회적인 환경의 영향 등으로 L를 잘못된 인식으로 이해하고 있는지를 알아야 지도할 수 있는 방향이 보입니다.

선생님: 두 친구 이리 와서 어떻게 된 상황인지 설명할 수 있겠어?

하준이: L이 저에게 와서 패드립을 했어요.

선생님: L과 평소 사이가 나쁘지 않았던 걸로 알고 있는데 왜 L이 갑자기 그랬다고 생각해? L이 그런 말을 평소에도 사용하니?

하준이: 평소에 그런 말을 사용하시 않지요. 제 생각엔 유진이가 시킨 것 같기도 해요. L이 유진에게 다녀온 이후로 갑자기 그 말을 제게 했으니까요.

선생님: 확실하진 않지만 그럴 가능성이 있다는 거네. 하준이 말에 대해서 유진이 입장은 어때?

유진이: 하준이가 기분 나쁘게 하잖아요. 그래서 L한테 가서 말해 보라고 한 거예요. 진짜 가서 그대로 할 줄은 몰랐어요.

선생님: 유진이가 하라고 한 게 맞네. 그래 잘못을 떠나서 유진아, 하준이에게 기분이 나빴던 건 유진이와 하준이의 문제지. 거기 왜 L이 끼었어야 할까?

유진이: 그때 제 생각이 짧았어요. 그런데 진짜 그렇게 할 줄 몰랐어요.

선생님: 그래. L이 나쁜 말인 줄 모르고 그대로 전한 것에는 문제가 있긴 해. 그 부분은 선생님이 지도할게. 하지만 가끔 L에게는 우리가 너무 쉽게 하는 판단도 어려울 때가 있단다. 특히 너희가 사용한 패드립은 평소 흔히 사용하는 욕이 아니라서 나쁜 말이라고 판단하기 어려웠을 거야. 나도 그 말은 잘 몰랐으니까. 다만 둘 사이의 문제는 둘이 풀었으면 더 좋았을 거 같은데 너희 생각은 어때?

유진이: 그건 생각 못 했어요. 학교 폭력으로 이어질 줄도 몰랐어요. 하준이랑 저랑은 금세 사과하고 오해 풀었거든요.

하준이: 맞아요. 제가 사과하고 오해 풀고 L에게도 미안하게 되었다고 했더니 L이 괜찮다고 했어요. 그런데 이렇게 일이 커질 줄 몰랐어요.

선생님: 한 번 일어난 사건이 금세 사라지는 건 아니야. 아무튼 너희들은 서로 실수를 인정하고 미안하다고 사과했으니 됐다. 그 과정에서 배우는 점이 있었을 것 같아. 친구 간의 일을 처리하면서 제삼자를 끼워 넣는 것은 좋지 않다는 것을 알았지. 그것도 순수하게 너희를 좋아한 L의 마음을 이용해서는 안 된다는 것을 확실

히 배웠을 거라 생각해.

유진, 하준: 네.

선생님: 그래. L 때문에 가끔 어려울 때도 있을 거야. 그러나 그게 L이 억지로 너희를 골탕 먹이기 위해서 하는 게 아니란 거 정도는 알 거야. 다음에는 이런 일이 발생하지 않도록 너희가 L를 위해서 노력해 준다면 미안함을 풀 수 있는 기회가 될 것 같은데 어때.

유진, 하준: 좋아요.

선생님: 그래. 고마워. 너희들을 믿을게.

특수학급 학생들이 학교 폭력 사안에 피해자든 가해자든 관여되는 일이 꽤 많습니다. 대인관계가 서툴고 사회적 상호 작용에서 오해를 불러일으킬 행동을 해서 친구들과 트러블이 생기게 됩니다. 그래서 L처럼 친구들 사이에서 피해를 보았는데도 정당하게 대우를 못 받는 경우도 생깁니다. 분명하게 해를 끼치고 피해를 줄 생각으로 행동했거나 반복되는 경우는 그에 합당한 대처를 해야 합니다. 부모들이 그 사안을 결정하는 것이 아니라 교사들의 의견이 반영되어 학생의 변화 가능성 위주로 판단이 되는 것이 옳습니다. 그러나 어른들이 결정을 내리고 아이들에게 벌이라는 대책을 내리기 전에 잊지 말아야 할 것이 있습니다. 학생들은 얼마든지 변화의 가능성이 있고, 그에 대해서 설득할 수 있어야 합니다. 청소년 사이의 많은 학폭 문제가 발생되지만 담당자들의 의견은 처벌보다는 학생들 스스로 그 과제를 해결할 수 있는 기회를 주어야 합니다.

위 사례에서 유진이와 하준이도 마찬가지입니다. L을 이용해서 친구들 사이의 악한 감정을 표현했다는 것은 분명한 문제입니다. 하지만 그런 과정이 잘못되었고 개선의 여지가 있다는 것을 두 학생이 분명하게 깨닫고 스스로 변화할 기회를 주어야 합니다. 학생들은 친한 사이에서 트러블이 생기는 경우가 많습니다. 하지만 시간이 지나면서 스스로 갈등을 해결해 냅니다. 그런데 그 시간을 기다려 주지 못하고 어른들이 문제를 일으키는 경우가 많습니다. 스스로가 자신의 잘못을 생각하고 변화할 수 있는 기회를 마련해 주어야 합니다. 학부모에게 무조건적인 잘못을 지적해서 벌주기보다는 아이들이 생각할 수 있는 시간을 주도록 꼭 설득해 주세요. 그래야 아이들의 마음 안에서 변화가 오래도록 효과를 낼 수 있습니다.

　아이들에게 진심으로 다가가세요. 진심을 표현하고 신뢰를 잃지 마세요. 하준이와 유진이이게 선생님이 믿고 있다는 것을 알려 주세요. 교실에 들러 L을 살펴볼 때마다 하준이와 유진이에게 L를 잘 대해 주고 있는지 물어보세요. 아이들은 믿는 만큼 자랍니다. 그 믿음을 표현해 주고 기다려 주면 아이들은 스스로 변합니다. 그 변화의 가능성을 스스로 신뢰하고 변화할 기회를 주는 인내심을 가질 때 더 좋은 결과로 아이들은 변할 수 있습니다.

　담임 선생님도 지지를 보여 줄 때 아이들은 한 뼘 더 멋지게 성장할 것입니다.

장애 인식 개선 교육

■ 장애인의 가능성을 알려 주세요.

장애를 극복하고 위대한 업적을 이뤄낸 사람들

1. **조앤 론:** 아카데미 시상식에서 여러 번 수상한 할리우드 배우, 소아 마비로 어린 시절 어려움을 겪었으나 놀라운 연기력과 예술적 업적 으로 국제적으로 인정받음.

2. **템플 그랜딘:** 자폐 스펙트럼을 가진 동물 행동학자로 가축의 복지 와 관련된 혁신적인 아이디어로 유명함. 자신의 경험과 특이점을 활 용하여 동물의 관점에서 설계된 축사 등을 개발하면서 세계적으로 알려짐.

3. **니키 헤일리:** 선천적으로 팔다리가 없는 상태에서 태어난 니키 헤 일리는 국제적인 화자로서 자기 존중감과 긍정적 마인드셋을 전하 는 강연을 통해 많은 이에게 영감을 주고 있음.

4. **마야 그래:** 브라질의 서프 여왕으로 알려진 마야 그래는 극한 스포 츠인이자 빅 웨비브 서퍼임. 높은 파도에서 서핑하면서 다양한 도 전에 직면했지만 자신의 능력과 용기로 여러 차례 기록을 세우며 여성 서퍼로서의 명성을 알림.

5. **프랭클린 루즈벨트:** 미국의 32대 대통령, 소아바미로 인해 하반신 마비. 경제 대공황과 제2차 세계대전 동안 어려운 시기를 지휘하면

서 많은 업적을 이룸.

6. **스티븐 호킹:** 알렉시스 컴퓨터 음성 합성기로 의사소통하는 데 의
존하면서도 신경근계 질환 ALS로부터 발생하는 신체적 제약을 극
복한 물리학자. 우주에 관한 중요한 연구들을 수행하면서 그의 삶
을 과학과 용기로 가득 채움.

이들은 각자의 독특한 능력과 열정을 바탕으로 장애를 극복하며
자신만의 분야에서 성공적으로 활동하고 있습니다. 위의 사례 이외 장
애를 극복한 사람들의 사례를 더 찾아보고 그 사람의 삶의 발자취를
통해 배울 수 있는 점을 적어 보세요.

학교에서 위와 같은 장애 인식 개선 교육을 실시하는데요. 실제적
으로 학생들에게 의미 있는 장애 인식 개선 교육을 어떻게 할 수 있을
까요.

장애인의 성공 사례에 대한 교육 자료는 다양한 형태로 학생에게
제시할 수 있습니다. 요즘은 매년 장애 인식 개선 교육을 위한 아이
돌이 참여하는 드라마를 통해 스토리텔링으로 이해하는 교육을 많
이 합니다. 또한, 영화나 드라마에서도 장애인의 삶을 그려 내는 이
야기를 심심찮게 다룹니다. 이 자료를 활용하는 것도 좋습니다. 정
신분열증을 앓는 수학자 존 니쉬의 이야기를 다룬 〈어둠 속의 빛〉
은 정신 건강 문제를 겪는 주인공을 통해 다양성과 인간적인 이해
를 제시합니다. 휠체어를 사용하는 장애인과 그의 보조원 사이의
특별한 우정을 다루는 프랑스 영화 〈인투 더 와일드〉는 유쾌하면

서도 감동적인 이야기를 통해 장애에 대한 편견을 깨는 메시지를 전해 줍니다. 아일랜드의 작가 크리스티 브라운의 삶을 다룬 〈나의 왼발〉은 전신마비로 움직일 수 없는 그가 발을 이용하여 글을 쓰고 회화를 그릴 수 있는 놀라운 능력을 갖게 된 이야기입니다. 중등 학생인 루비로시가 듣지 못하는 부모님과 함께 살아가며 노래에 대한 열정을 찾아가는 이야기를 다루는 〈코다〉도 있습니다. 동화적이면서 따뜻한 감성을 담은 에니메이션 〈어네스트와 셀레스틴〉은 곰과 쥐라는 서로 다른 종의 캐릭터라 우정을 형성하는 이야기를 통해 다양성과 협력의 중요성을 전합니다. 이처럼 다양한 분야의 장애를 다룬 이야기로 장애 인식 개선 교육을 할 수 있습니다. 이외에도 다양한 방식으로 학생에게 도움이 되는 방식의 교육을 위해 노력하고 있을 것입니다.

학생들이 반복되는 장애 인식 개선 교육을 통해 그 내용을 알고 있습니다. 실상은 몰라서가 아니라 실제로 실현하고 싶은 의지가 약한 것이 문제입니다. 이성적으로는 이해하지만 실제 내 주변에 있는 장애인에게 어떤 대처를 해야 할지 몰라 불편해하기도 합니다. 그런 가운데 스토리로 구성된 이야기는 학생들의 마음을 움직입니다. 실제 내 주변에서 장애인과 관련된 아름다운 장면만이 펼쳐지는 것은 아닙니다. 하지만 실제 상황을 맞닥뜨렸을 때 어떨까 생각해 보는 것은 관점의 변화를 일으키는 시작이 되어 줍니다.

초중고 학생들의 뇌는 가지치기를 합니다. 그동안 경험했던 분야를 중심으로 뇌가 재편성됩니다. 자신의 인생에서 한 번도 경험하지 못한 분야는 과감히 사라집니다. 그렇기에 장애 인식 개선이 중요합니다. 장애인이 신체적 어려움이 있음에도 불구하고 가능성이 있는 존재임을 느끼고 생각할 기회가 필요합니다. 특수교사가 특수학급 소속 학생들의 교육도 중요하지만, 자신이 맡은 학교 학생에게 전반적으로 장애 인식 개선을 시킬 필요가 여기에 있습니다. 학생들이 학교에서 장애에 대해 생각해 보고 표현해 보는 기회를 가질 때 커서 자신이 그런 상황을 실제로 겪을 때 어떻게 행동할지 기억하게 됩니다. 그러므로 학생 때 이런 생각과 경험을 늘려 주는 것을 목표로 인식 개선 교육을 진행하도록 합니다. 지금 내가 가르치고 대하고 있는 학생 한 명의 인식이 변할 때 세상이 변할 수 있다는 것을 잊지 말아야겠습니다.

장애인의 가능성에 대한 다양한 교육 자료

1. 성공 사례 연구

성공적으로 장애를 극복한 사람들의 이야기와 경험을 담은 사례 연구

다양한 분야에서 장애를 가진 인물들이 어떻게 도전을 극복하고 성취했는지를 다루는 자료

2. 평등과 다양성 강조

장애인의 능력을 강조하며 평등과 다양성을 중시하는 교육 자료

모든 학생이 동등한 기회를 가지고 다양성을 존중하는 중요성에 대해 강조하는 내용

3. 장애에 대한 편견 극복

장애에 대한 편견과 오해를 극복하는 방법에 대한 자료

편견을 극복하고 긍정적으로 시각으로 다가가는 데 도움이

되는 콘텐츠

4. 현지화된 자료

특정 교육기관이나 지역에 맞춤화된 장애인의 가능성에 대한 자료

현지 커뮤니티의 성공적인 장애인들의 이야기와 지원 체계를 다루는 내용

5. 교육 프로그램 소개

장애인을 위한 교육 프로그램이나 지원 체계를 소개하는 자료

교육자들이 이러한 프로그램을 활용하여 학생들에게 어떻게 도움을 줄 수 있는지를 다룸.

이러한 장애 인식 개선 교육을 어떤 방식으로 진행할 수 있을까요? 장애를 가진 개인들의 성공적인 경험과 도전을 다루는 실제 이야기나 사례 연구를 통해 현실적인 인식을 제공할 수 있습니다. 장애가 멀리 있는 것이 아니라 가까이 머물며 언제든 우리 주변에서 부딪힐 수 있는 일임을 인식하게 합니다. 이웃의 현실적인 이야기는 학생들의 마음을 진솔하게 움직이는 데 도움이 됩니다. 참가자들이 장애에 관한 체험을 하는 방법도 있습니다. 휠체어를 사용하거나 시각 또는 청각장애 시뮬레이션을 체험하도록 하는 프로그램을 운영합니다. 실제적으로 느끼는 감각적 체험을 통해 장애에 대한 이해를 증진시킬 수 있습니다. 장애의 종류와 각각의 특징에 대한 깊은 이해를 돕는 자료도 좋습니다. 장애인들이 다양한 능력과 역할을 갖고 있음을 강조하며 다양성을 인정하도록 합니다. 적절한 언어 사용

과 긍정적인 태도를 알려 주며 편견이나 오해를 방지하고 존중하고 이해를 증진시키는 에티켓 교육도 포함될 수 있습니다. 근로 장애인들이 일을 하며 성공적인 직업 생활을 하는 모습을 소개합니다. 장애가 직업 활동에 어떻게 영향을 미치는지에 대한 인식을 증진시키며 장애인에 대한 발전 가능성을 살펴보도록 합니다. 장애인의 권리와 보호를 강조하고 법률 및 정책적 측면에서 이들이 공정한 대우를 받을 수 있도록 어떻게 도울 것인지를 교육합니다. 이러한 프로그램의 효과를 증진할 수 있는 방법을 참가자들의 토론과 상호 작용을 통해 서로 의견을 나누며 찾아보도록 합니다. 자신의 시선을 다양한 관점에서 확장시키는 데 도움이 될 것입니다.

특히 장애인의 발전 가능성은 꼭 다루는 것이 좋습니다. 장애를 불편하고 배려해야 하는 존재로만 여기지 않도록 그들의 발전 가능성을 제시해 주세요. 장애인 또한 다양한 능력과 재능을 가지고 있음을 알려 줍니다. 어떤 장애든지 개인의 강점과 특기를 발견하고 발전시킬 수 있는 기회가 있으면 성장 가능하다는 점을 통해 인식을 변화시킬 수 있습니다. 다양한 분야에서 장애를 가진 사람들이 어떻게 도전하고 성취해 냈는지 성공 사례를 소개합니다. 장애인의 발전 가능성을 살펴보면 차별과 편견을 넘어서 장애를 하나의 가능성으로 인식할 수 있습니다. 장애가 있다는 이유로 한 자리에 머무는 것이 아니라 작은 변화일지라도 끊임없이 변화하고 발전한다는 것을 인식할 때 성숙한 장애 인식을 가질 수 있을 것입니다.

■ 스스로 말하고 써 볼 수 있도록 경험을 선물하세요.

매년 장애 인식 개선 교육을 해야 하는데 그게 어렵습니다. 학기 초 통합반 아이들에게 교육 자료를 준비해서 수업을 하려고 하면 집중하는 아이들이 많지 않습니다. 모두 알고 있다는 눈빛입니다. 사실 장애인을 배려하고 더불어 살아야 한다는 것을 이론적으로 모르는 아이들은 없습니다. 다만, 실천하기 어렵고 굳이 실천해야 하는가 하는 생각이 행동을 가로막는 것이 문제이지요. 특수학급 친구와 1년 동안 함께 지내야 하는 통합반 친구들은 그나마 부딪힐 기회가 있으니 고민하거나 생각해 보기라도 하는데요. 자신의 반에 장애인 학생이 없는 경우는 학생들이 무관심한 경우가 많습니다. 장애란 나와 상관없는 세상이며 그것을 왜 알아야 할까 생각하기 때문입니다. 물론 매년 반복되는 장애인을 이해하기 위한 교육이 이뤄지기 때문에 수박 겉핥기 식으로는 알 것입니다. 하지만 그것을 자신의 가치관에 투영하기는 어렵습니다. 그래서 친구들끼리 조금 부족한 친구를 장애인이라고 놀리거나 욕하는 일이 자주 생깁니다. 학생들이 진심으로 장애인에 대해 이해하고 자신이 어떤 상황에서 어떤 행동과 마음가짐으로 장애인을 대해야 하는지 알려줄 수 있는 기회를 만들어 주고 싶은데 어떻게 해야 할지 모르겠습니다. 형식적으로 하는 것이 아니라 학생들의 마음을 움직일 수 있는 장애 인권 교육을 운영하고 싶은데 방법을 알고 싶습니다.

매년 장애 인식 개선 교육을 전교생을 대상으로 운영합니다. 그 교육이 실제적으로 학생들에게 의미 있게 다가가는지에 대해서는 의문이 생기는 게 사실입니다. 지금 당장 장애인 친구가 있는 것은 아니지만 살아가면서 어디서든 장애인을 만날 수 있기에 그에 합당한 에티켓을 알려 주고 싶은데요. 어떻게 해야 실제적으로 도움이 될지 난감하실 겁니다. 이때 생각해 볼 수 있는 것이 직접 체험을 통한 교육입니다. 학생들은 장애인이 어려움을 갖고 있고 도와주면 좋다고 생각은 합니다. 하지만 구체적으로 그런 상황을 경험해 본 적이 없기에 생각에 그칩니다. 그런 학생들의 추상적인 생각을 바꿔 줄 수 있는 것이 바로 체험 행사입니다. 체험을 통해 직접 자신이 경험하고 그에 대한 자신의 감상을 써 보거나 말해 본 학생들에게는 그 경험이 쉽게 잊히지 않습니다. 영상을 보기만 했다거나 교육을 듣기만 한 것보다 어떤 방식으로든 직접 행사에 참여하도록 계획을 세웁니다. 활동적인 아이들에게 맞고 아이들이 재미있게 참여할 수 있는 방식이면 더욱 좋습니다.

체험의 형태로는 시뮬레이션 방식이 있습니다. 특정 장애를 체험하도록 하는 시뮬레이션을 개발하는 것입니다. 예를 들어, 시각장애를 체험하기 위해 안대를 끼고 칠판에 나가 그림을 그려 봅니다. 주제를 주고 그림을 그려 보지만 시각이 제한되기 때문에 그림이 마음대로 그려지지 않는다는 것을 직접 느낄 수 있습니다. 여러 명이 함께 한 가지 주제에 대해 그림을 그리고 비교해 봐도 재미있습니다. 시각이 제한된 상태에서도 서로 표현하는 능력의 차이가 있음을 배우고 시각이 제한되는 불편함도 느낄 수 있습니다. 글자를 아주 작게 프린트해서 제공하는 것도 방법입니다. 초점이 맞지 않는 상태에서 글자를 접하게 되면 시각장애인의 어려움을 간접적으로나 경험할 수 있습니다. 우리가 일상에서 시각을 사용하는 것이 얼마나 편하고 시각장애인에게는 그런 상황이 어려움의 연속임을 이해할 수 있습니다. 시야가 좁아지는 경험을 위해 고깔을 앞에 쓰고 걸어 보는 체험도 해 볼 수 있습니다. 고깔을 눈앞으로 내려쓰면 시야가 좁아져 거리감을 잘 계산할 수 없습니다. 그 상태에서 목표물을 향해 걸어갔다 돌아오는 체험을 통해 아이들은 시야가 좁은 장애를 체험할 수 있습니다. 안대로 눈을 가리고 앞의 친구가 내는 소리만 따라서 목표물을 향해 나아가는 체험도 좋습니다. 점자로 자신의 이름을 넣어 책갈피를 만들어 봅니다. 눈을 감고 점자를 익힌 다음 몇 가지 익힌 글자 중에서 한 글자를 맞춰 보는 체험도 할 수 있습니다. 이처럼 시각장애 하나로도 다양한 체험을 계획하고 실행합니다. 학생들은 체험형 행사를 좋아합니다. 이렇게 몸으로 직접 참여할 수 있는 행사를 계획하고 체험 후 느낌을 반드시 적어 보도록 해 주세요. 느낌을 서로 돌아가며 이야기하거나 후기를 일정 공간에 모아서 전시하면서 친구들의 느낌까지 공유할 수 있다면 더욱 좋습니다. 학생들의 생각의 폭이 넓어지는 아주 좋은 행사가 될 것입니다.

팀워크를 강화하고 소통 능력을 향상시키기 위한 그룹 기반 활동도 좋습니다. 몇몇 친구들이 조를 이루어 한 단어씩 맡아 문장을 완성하는 게임을 하는 겁니다. 이구동성 게임으로 모두 귀를 막고 다 함께 단어를 말합니다. 친구들의 단어를 조합해 문장을 완성해 보는 겁니다. 장애인에 대한 에티켓을 맞추거나 장애의 종류를 맞춰 보는 등 문제 유형은 다양하게 준비할 수 있습니다. 학생 수가 많은 경우는 장애 이해 ox 퀴즈로 진행해도 됩니다. ox 문제로 학생들을 거른 후 주관식 문제로 왕중왕을 뽑아 시상하는 방법도 있습니다. 몸으로 말해요 단체 게임을 통해 학생들이 말하지 않고 단어를 표현해 보는 것은 언어 표현이 서툰 지적장애 친구들을 이해하는 데 도움이 됩니다. 물론 재미도 있기에 학생들과 화기애애한 분위기를 만들며 유쾌한 교육을 진행할 수 있는 장점도 있습니다.

장애를 가진 개인들의 실제 이야기를 공유하거나 관련된 비디오를 시청하도록 돕는 방법도 있습니다. 국립특수교육원에서 드라마 형식으로 매년 제공되는 장애 인식 개선 드라마는 학교생활에서 쉽게 접할 수 있는 친구들의 이야기를 주제로 다뤄 학생들이 흥미 있게 볼 수 있습니다. 그 밖에도 많은 영화나 드라마에서 장애인의 이야기를 소재로 다루고 있는 만큼 학생들에게 도움이 될 만한 영상을 편집하여 스토리텔링 형식으로 제공 후 후기를 적어 보게 하면 좋습니다. 교육 장소를 장애 친화적으로 꾸미고 참여자들이 일상적으로 부딪히는 장애에 대한 인식을 높입니다. 장애를 가진 개인과 비장애인을 짝지어 함께 활동하고 소통하도록 하는 프로그램을 도입하여 상호 이해를 촉진할 수도 있습니다. 영재 문제를 풀어 보면서 지적장애가 있으면 일상의 일들이 이렇듯 어렵게 다가올 수 있음을 알려 주면 학생들이 친구를 이해하는 것이 훨씬 쉽습니다. 이러한 다양한 체험을 통한 장애 인식 개선 교육은 실제 학생들의 참여를 통해 이뤄지기 때문에 보다 현실적이고 감각적인 경험을 통해 장애에 대한 이해를 증진시키는 데 큰 도움이 됩니다.

장애 인식 개선 교육에서 직접 체험하고 말하고 써 보도록 하는 경험이 중요한 이유는 참여자들이 장애인의 일상적인 도전과 경험을 감지하고 공감할 수 있기 때문입니다. 이는 장애인 친구에 대한 이해를 높여 차별이나 편견을 줄이는 데 도움이 됩니다. 직접 경험으로 현실적으로 어떤 어려움이 있는지를 이해하고 성공을 체험하도록 해 친밀감을 높일 수 있습니다. 추상적으로 나와 먼 이야기로 느끼는 것이 아니라, 실제적인 체험이기에 더욱더 오래 기억에 각인됩니다. 자신의 가치관 형성에도 영향을 미칩니다. 직접 체험을 통해 장애에 대한 선입견을 극복하고 포용적인 사고로 전환할 수 있습니다. 장애인들도 동등한 권리와 기회를 가질 수 있으며 사회적 평등에 대한 인식을 높입니다. 이는 장애인이 나와 동떨어진 존재가 아니라 우리와 함께 생활하고 이웃이 될 수 있는 존재임을 알려 주는 좋은 기회입니다. 무엇보다 실제 행동과 체험을 통해 경험하며 그 어떤 배움보다 깊이 있는 학습으로 이어진다는 의미가 있습니다.

　　특히 10대의 경험이 중요합니다. 10대에 들어서면 사춘기를 경험하게 됩니다. 사춘기는 자기 인식이 발전하고 동시에 타인에 대한 태도가 형성되는 시기입니다. 직접 경험한 사춘기 아이들은 장애를 가진 친구들을 이해하고 다양성을 수용하는 태도를 기를 수 있습니다. 이때 그 태도가 길러져야 평생에 걸쳐 영향을 줍니다. 사춘기에 그 경험이 제공되지 못하면 그 사람은 평생 그 인식을 가지치기해 지워 버립니다. 그렇기에 이 시기에 반드시 체험을 통해 장애인에 대한 인식을 가질 수 있도록 도와줘야 합니다. 사춘기는 동료 간의 관계가 중요한 시기입니다. 장애 인권 교육을 통해 서로 능력의 차이를 인식하면서 다름을 인정하고 그에 합당하게 연결되고 협동할 수 있는 방법을 찾아 나갑니다. 상호 존중과 이해는 타인과 더 깊이 있는 관계를 형성하도록 돕습니다. 도전적인 상황에서 이뤄내는 체험을 통해 자기 효능감을 키울 수 있습니다. 어려운 상황에서 협력하고 새로운 해결 방법을 찾아가다 보면 자신의 능력에 대한 신뢰를 키울 수 있습니다. 체험을 통한 장애 인식 개선 교육은 사회의 다양성을 이해하고 사회 활동에 참여하는 토대를 만들어 줍니다. 이는 미래에 더 포용적이고 차별 없이 지내는 사회를 형성하는 데 도움이 됩니다.

학령기는 도덕적 가치와 인간성이 발전하는 시기입니다. 장애 인권 교육을 통해 학생들은 타인에 대한 이해와 서로 돕고 사는 세상에 대한 가치를 알게 되어 자신의 가치관을 정립하게 됩니다. 이런 하나하나의 체험들이 가치관에 새겨져 타인과 더불어 살아가는 기본 자세를 만드는 시기이기 때문에 그 어느 때보다 다양성을 이해하고 존중할 수 있도록 도와줘야 합니다.

■ 아이들의 관심사를 활용하세요.

장애 인식 개선 교육을 위해 교실에 들어갔지만 아이들은 교사인 나를 바라보지 않습니다. 고개를 떨꾼 채 앉아 있거나 멍한 눈빛으로 바닥만 응시하고 있습니다. 엎드려서 자려고 준비하는 학생들도 있습니다. 교과 선생님도 아닌데 무슨 잔소리를 하려고 왔을까 싶어 인상을 찌푸리기도 했습니다. 평소 교과 시간에도 별 흥미 없이 수업에 참여하지 않는 학생들이 많다는 이야기는 들었지만 뭔가 어려웠습니다.

몇 년 동안 이런 상황이 반복되다 보니 안 되겠다 싶어 몇 명의 인식이라도 바꾸고자 일반 동아리를 운영하게 되었습니다. 우리 반 학생들과 관심 있는 친구들을 모아 동아리를 운영하면 학생들의 태도가 달라지리라 믿었습니다. 요즘 학생들이 좋아하는 웹툰 동아리를 만들었습니다. 웹툰을 감상하고 후기를 적거나 나만의 스토리를 만들어 보고 웹툰을 따라 그려 보는 동아리입니다. 학생들이 관심 있어 하는 부분이라 좋아할 거라 생각했습니다. 하지만 진짜 핸드폰으로 하는 활동만 좋아할 뿐 책으로 만나는 웹툰 또한 꺼리는 게 아이들이었습니다. 활동 후기를 작성하라고 해도 한두 줄로 간단하게 적고 학원 숙제를 하거나 내 눈을 피해 게임을 했습니다. 우리 반 친구와 함께하는 동아리지만 우리 반 학생을 배려하는 행동을 찾아보기 힘들었고 실상 관심도 없었습니다. 한 명 한 명에게 관심을 기울이고 말을 붙여 나와는 친밀감이 형성되긴 했지만 함께 공간에 머무는 것만으로 인식 개선 효과가 있을까 의문입니다. 이럴 바에는 차라리 우리 반 아이들만 데리고 꼭 필요한 지역사회 활동 동아리를 운영하는 게 나은 거 아닌가 싶었습니다. 우리 반 아이들과 어울리는 기회를 주고자 진행한 동아리지만 나는 아이들이 어렵습니다. 효과적으로 동아리를 운영하거나 수업하는 노하우가 있을까요.

일반 학생을 대상으로 수업을 하는 것이 부담스러운 것은 경력이 20여 년이 지나도 한결같습니다. 우리 반 학생들을 대상으로 수업을 계획하라면 정말 눈 감고도 필요한 것들을 뽑아낼 수 있을 것 같은데요. 일반 학생들은 어렵습니다. 그 이유가 무엇일까 한참을 궁리해 보았습니다. 그 해답은 예상 외로 쉬운 곳에서 찾아졌습니다. 특수교사가 일반 학생들이 어렵고 힘든 이유는 우리에게 개별 맞춤 수업이 너무나 익숙하기 때문입니다. 특수교육을 먼저 온 미래 교육이라고 할 정도로 우리는 일반 교육에 앞서 개별화 맞춤 교육을 하고 있습니다. 학생들 개인의 욕구에 맞춰 내용과 방법을 다르게 접근해서 수업을 합니다. 이런 수업을 일반 학생들과 함께하려니 어려운 것입니다. 학생들의 욕구와 필요가 무엇인지 파악도 안 된 상태에서 맞춤 수업을 해야 한다는 부담감이 스트레스로 작용한 것입니다.

일반 동아리 수업을 진행할 때 한 명 한 명에게 눈을 맞추고 필요한 수업을 진행하면서 학생을 알아가려는 노력을 하면서 벽에 부딪힌 기분이었습니다. 우리는 내가 담당한 학년의 학생들의 일반적인 관심사를 잘 알지 못합니다. 학생들의 관심사를 알아보려 노력해야 합니다. 그래야 우리가 일반 동아리를 운영할 때 편해지거니와 우리 반 학생들에게도 일반적인 친구들의 관심사를 알려 줄 수 있습니다. 그리고 반 친구들과 트러블이 생겼을 때 그 아이들을 다루는 방법도 더 쉽게 익힐 수 있습니다. 좋아하는 것을 통해 대화를 끌어가다 보면 어느 순간 접점이 생기고 교육도 편해집니다. 관심사를 통해 수업을 진행해야 학생들도 더 적극적으로 참여하고 통합 동아리의 효과도 생깁니다. 웹툰 동아리를 운영한 시도는 좋았지만, 그 학생들이 오로지 핸드폰을 통해서만 웹툰을 보는 특성을 이해하지 못했기에 종이 텍스트를 읽는 동아리를 만들었습니다. 그래서 더 큰 효과를 내지 못했지요. 관심사와 마음을 알아야 통합 교육도 시작할 수 있습니다.

그렇다면 10대의 주요 관심사는 무엇일까요. 10대는 다양한 음악 장르에 관심이 있습니다. 좋아하는 가수나 밴드를 찾는 데 특히 아이돌에 대한 관심과 열망은 대단합니다. 참여형 아이돌이 많아진 만큼 가수들과 의사소통하며 내 가수를 키운다는 개념으로 더 열심히 하는 학생들도 많습니다. 새로운 패션 트렌드에 대한 관심이 많으며 자신만의 스타일을 찾고 표현하는 것을 좋아합니다. 인스타그램이나 틱톡도 빼놓을 수 없는 10대의 놀이터입니다. 친구들과 소셜네트워크를 통해 자신을 표현하고 소통합니다. 다양한 게임에 관심이 있으며 온라인 게임 커뮤니티는 10대들의 휴식 공간입니다. 스포츠나 운동을 통해 에너지를 발산하고 최신 영화나 드라마를 통해 관심사를 드러내기도 합니다. 웹툰이나 웹 소설을 주로 읽으며 그걸 영화화하거나 드라마화하는 것에 관심이 많아 가상 캐스팅을 할 정도입니다. 학업뿐 아니라 친구 관계, 동아리 등 학교생활 이외에도 다양한 엔터테인먼트 콘텐츠를 소비하며 때로는 창작에 관심을 갖고 자신의 에너지를 발산합니다.

10대의 관심사인 웹툰 동아리를 만든 것까지는 좋았습니다. 그 동아리가 웹툰 감상에서 그치지 않고 깊이 있게 장애 인식을 개선하는 데 도움이 되는 활동으로 이어졌다면 어땠을까요. 10대의 관심사를 활용한 동아리 운영의 좋은 예시이고, 학생들 각자에게 의미 있는 활동이 되었겠지요. 어떤 활동을 했었다면 더 좋았을까요. 물론 웹툰 감상이 주요한 활동이 되는 것이 맞습니다. 매시간 장애에 대한 이해를 주제로 삼게 되면 오히려 학생들이 반발심을 가질 수 있습니다. 또 그 내용인가 싶어 깊이 있게 집중하지 못할 수도 있습니다. 그렇기에 자연스럽게 장애인 친구와 함께 활동하고 감상하는 활동을 통해 친밀해지고 수업 안에서 함께해 보는 경험과 함께 장애인에 대한 인식 개선을 반영해 스토리를 이해하는 활동이 동시에 이뤄지면 좋습니다.

특수학급 친구와 함께하는 웹툰 감상 활동으로는 웹툰 감상 후 함께 캐릭터를 그려 보거나 내용을 함께 요약해 보는 활동을 해 볼 수 있습니다. 서로 그리고 싶은 내용이나 주제에 대하여 웹툰 스토리를 계획해 보면서 서로의 욕구와 취향 등을 확인합니다. 서로를 닮은 캐릭터를 만들어 보면서 강점을 이해하고 서로를 알아 갈 수 있는 시간도 가질 수 있지요. 또 장애인 캐릭터가 주인공이 되는 웹툰 스토리를 함께 계획해 볼 수도 있습니다. 장애인이 나오는 웹툰을 찾아 장애인을 어떻게 다루고 있는지 함께 분석해 보거나 장애인 작가나 일러스트레이터의 작품을 감상해 보면서 장애가 작품에 어떻게 반영되고 있는지 살펴보는 것도 재미있겠지요. 장애를 가진 주인공을 캐릭터 디자인을 통해 만들어 보고 함께 내용에 대해 이야기 나누면서 다양성을 공유하고 서로를 이해하는 기회로 삼아도 좋겠습니다. 학생들의 관심사를 주제로 하되 거부감 없이 적절한 비율로 자연스럽게 스며들 수 있는 교육을 계획할 때 조금 더 성공적인 학습으로 이어질 수 있습니다.

10대의 관심사를 활용한 장애 인식 개선 교육을 어떻게 진행할 수 있을까요. 10대의 최대 관심사인 음악을 활용할 수 있습니다. 장애를 가진 음악가들의 이야기를 공유해 보세요. 음악을 통해 감정과 메시지를 전달하는 예술가들의 이야기를 들어 보며 장애를 깊이 있게 이해할 수 있는 기회를 만들어 줍니다. 다양성을 존중하는 패션 브랜드라 디자이너들을 통해 장애인들의 특별한 패션 스타일과 이를 통해 표현되는 그들의 자아를 이해하는 시간을 가져도 좋습니다. 평등을 강조하는 캠페인이나 소셜미디어 챌린지를 계획합니다. 장애 인권을 홍보하는 계획을 세우고 다양한 의견들을 나누고 공감대를 형성해 봐도 좋습니다. 장애인들이 게임 개발자로서 활동하는 경우를 알아보고 장애를 반영한 게임은 어떻게 변형하면 좋을지 아이디어를 나눠 봐도 좋습니다. 손가락이 불편한 사람을 위한 다양한 형태의 마우스나 입력 장치의 예시를 통해 학생들에게 사례를 보여 주고 그들의 창의성을 발산한 기회를 마련합니다. 장애인 배우들의 연기를 보거나 장애인의 삶을 그려 낸 작품들을 감상해 보며 후기를 나눠 봅니다. 연기자들의 감정 연기를 통해 이해하지 못했던 장애인의 다양한 상황과 감정들을 이해하는 계기가 됩니다. 장애를 가진 사람들이 기술을 활용하는 방법과 지속 가능한 환경에 적응해 가는 방법을 찾아보는 것도 좋습니다. 관심사와 장애 인식 개선 교육을 연결해 볼 수 있는 방법입니다.

이러한 교육은 장애를 가진 개인을 동등한 인간으로 존중할 수 있는 토대를 마련합니다. 이는 모든 개인이 인간다움을 갖고 있다는 인식으로 이어집니다. 각자가 다 다를 뿐 틀린 것은 아니라는 가치관을 형성해 줍니다. 장애인들이 다양한 분야에서 활동함을 이해합니다. 그럼에도 어려움이 존재하고 그 어려움을 해결할 방법을 생각해 보게 합니다. 포용적이고 다양성을 인정하는 태도를 자연스럽게 알려 주며 모든 사람이 함께 공존할 수 있는 세상에 대한 가능성을 그리게 합니다. 장애인에 대한 자신의 편견과 차별 의식을 엿볼 수 있습니다. 다양한 분야의 장애인들이 자신의 능력을 펼칠 수 있는 기회를 활용해 자아 실현을 하고 있음을 이해할 수 있게 합니다. 장애인들이 이 사회에 더욱 적극적으로 참여하고 자신의 역량을 반영하면서 다양한 역할을 해 내고 있음을 알려 줍니다. 이는 미래의 리더인 10대에게 굉장히 중요한 교육입니다. 그들이 어떻게 장애인을 대하고 생각하느냐에 따라 미래의 장애인의 입지도 달라질 것입니다. 그렇기에 그들의 관심사와 연결 지어 장애인들의 가능성과 어려움을 이해하는 교육은 조금 더 실질적으로 이뤄져야 할 부분입니다.

부모와의 협업이
중요합니다

수업 안내 대화법

>>>>

■ 매해의 교육 주안점을 공유하세요.

매년 새로운 학생이 입학하면 긴장이 됩니다. 새로운 학생이 어떤 특징을 가지고 있으며 학부모님은 어떤 성향으로 아이를 양육하셨을지 걱정됩니다. 한 번 학생을 맞게 되면 초등은 6년, 중등은 3년을 오롯이 내 학생으로 책임지고 교육해야 합니다. 어떤 학생보다 학부모와 긴밀하게 연락을 취하고 관계를 맺어 나가기 때문에 학부모 또한 여간 신경이 쓰이는 게 아닙니다. 동료 선생님께 매년 어떤 학생을 맞을지 고민하신 적 있느냐고 물었지만, 그런 적이 한 번도 없답니다. 자신이 마음대로 할 수도 없는 노릇이거니와 어떤 학생을 맡아도 크게 다르지 않게 교육할 거랍니다. 그 이야기를 듣고 부러운 마음이 들었습니다. 우리에게 맡겨진 아이의 학령기 시기를 오롯이 책임져야 한다는 부담감과 더불어 학부모와의 관계를 어떻게 이끌어가야 할지 고민스러운 저에게 통합반 담임 선생님의 상황은 너무나도 먼 이야기 같았습니다.

　신입생을 내내 책임져야 한다는 책임감과 부담감이 큽니다. 매년 들어오는 신입생과 학부모님과 어떻게 관계를 시작해야 할지 어렵기만 합니다. 학기 초가 되면 어떤 학생과 신입생이 입학할지 두렵습니다. 그 학생이 나와 맞아서 좋은 시너지 효과를 낸다는 보장도 없으니 더 그렇습니다. 까칠하고 자기주장만 내세우는 학부모님을 어떻게 설득해서 교육에 도움을 주게 만들지도 걱정입니다. 학기 초 학부모와 좋은 관계를 시작할 수 있는 노하우가 궁금합니다.

　학기 초 새로운 시작 앞에서 긴장이 되는 것은 당연합니다. 학기 말과 학기 초가 되면 더 바쁘고 긴장되는 것이 특수교사입니다. 학기 초 누구나 편안하게 받아들이는 신입생 예비 소집일부터 특수교사의 업무는 시작됩니다. 신입생이 불편한 점이 없고 혼자서 예비 소집일 전달 사항은 제대로 받아 가는지부터 파악해야 합니다. 부모님이나 보호자가 함께 온다면 그때부터 상담이 시작됩니다. 첫인상이 중요하기 때문에 일단은 이야기를 들어 주는 것부터 시작합니다. 특수교사는 무엇이든 들어 줄 거라는 생각이 강해선지 보호자의 하소연을 길게 늘어놓는 경우가 많습니다. 어느 정도 들어줄 필요는 있겠지만 참고만 해야 합니다.
　학생의 상태와 기본 정보는 교사가 파악해 나가야 할 부분이므로 적당한 선에서 상담을 마무리해야겠지요. 학교에 적응해 나가면서 알아갈 수 있는 점임을 인지시켜 주시고 학생과 인사한 후 돌려보내시면 됩니다. 신입 교사에 가까울수록 학부모 상담을 어려워하고 상담에서 주도권을 쥐기 힘들어합니다. 나이가 학부모보다 어리거나 경력이 많지 않아 그럴 수 있습니다. 하지만 학생의 교육에 있어서는 교사가 주도권을 갖는 것이 맞습니다. 학부모님과 처음 관계를 시작할 때도 마찬가지입니다. 학기 초 학생의 상황과 특성을 파악한 다음 한 해의 교육 안내 브리핑을 할 때 이점을 강조해 주세요.
　저는 학기 초 학부모님을 대상으로 간담회를 하거나 상담 시 혹은 단체 톡방을 통해 일 년의 교육 방향을 영상으로 만들어 배포하거나 안내합니다. 특수학급에서 중점적으로 가르치고 교육하는 방향에 대해서 안내합니다. 학부모의 의견을 반영하여 한 해의 교육과정을 확정하는 것은 매우 중요한 과정입니다. 이런 방향 제시는 학부모에게 믿음을 줍니다. 학생의 교육 계획을 세우기 위해 학기 초에는 조금 번거롭더라도 학부모와 자주 통화합니다. 학교에 방문하여 인사를 나누고 대화를 나누기도 합니다. 학부모와 친밀한 만큼 학생의 교육에 필요한 요구 사항들도 오해 없이 전달할 수 있습니다. 특히 통합반 담임의 경우 낯선 아이와 부모님의 특성에 많은 어려움을 호소합니다. 하지만 부모가 원하는 것은 사랑과 관심임을 기억하세요. 어려운 부분은 특수교사와 기꺼이 상담하며 풀어 가시면 됩니다.

신입생이 입학하면 학생뿐 아니라 학부모와도 라포를 형성하는 시간을 적어도 6개월 이상 잡습니다. 서로의 성향과 교육 방향에 대한 합의와 이해가 있을 때 믿고 학생에 대해 의논할 수 있습니다. 선생님의 행동에 대해 의심과 오해하지 않을 수 있는 믿음을 주기까지 특수학급의 교육 내용을 공유하세요. 학교생활과 학생의 장단점에 대해 알리셔야 합니다. 교사의 대처와 학교에서의 노력, 학부모와의 소통과 그에 합당한 대응 방법에 대한 논의가 이뤄져야 학부모와 믿음 속에 교육할 수 있습니다.

특히 학기 초에는 학생의 장점에 대해 많이 이야기해 주세요. 특수교육 대상자의 학부모님의 경우 학생에 대한 좋지 않은 피드백을 받는 일이 많은 관계로 학교의 전화를 반가워하지 않습니다. 문제가 발생했다는 전달 사항일까 두려워하는 경우가 많습니다. 이런 학부모의 관점을 바꿔 줄 필요가 있습니다. 자주 전화해서 보호자조차 보지 못했던 학생의 작은 장점 이야기를 자주 들려주세요. 그래야 학부모가 마음의 문을 열기 쉬워집니다. 가식적으로 그런 전화를 많이 걸라는 뜻이 아닙니다. 교사가 먼저 학생의 장점을 많이 봐주려는 노력을 하라는 뜻입니다. 학생이 할 수 있는 것을 찾아서 긍정의 눈으로 바라보고 믿어줄 때 그 믿음만큼 아이는 성장합니다. 그 가능성을 함께 찾아보고 인정해 주는 것으로 새로운 학기를 시작해 주세요. 학생에게도, 학부모에게도 기분 좋은 시작이 될 것입니다. 물론 교사에게도 이 효과는 아주 다른 교육의 시작을 의미합니다. 하루에 한 가지씩 아이의 장점을 찾아보세요. 교육 내용을 작성하는 데도 좋은 시작점이 되어 줄 것입니다.

〈학부모 학기 초 안내 멘트 예시〉

올해 통합 교육 지원실 중점 교육 내용입니다. 살펴보시고 더 필요한 내용 있으면 말씀해 주시면 참고하겠습니다. 수업을 진행하고 교육을 운영하면서 중요하게 생각하는 것을 말씀드립니다.

1. 제가 가르치는 수업보다 아이들의 생각을 꺼내는 교육 위주로 진행합니다. 아이들이 자신감을 갖고 스스로 생각하는 연습을 많이 시키고자 합니다. 수업에서 발표를 한다거나 자신이 조장이 되어 프로젝트를 진행해 본 경험이 적은 관계로 자신감이 낮고 수업에 집중하지 못하는 경우가 많습니다. 제 수업은 무조건 한 시간에 한 번 이상 발표하기,

자신의 생각을 표현하기를 통해 스스로 생각하고 그것을 발표하며 피드백을 주고받는 과정을 늘리겠습니다. 아이들이 나도 할 수 있다는 자신감을 기르고 생각하는 기회를 늘려 나가겠습니다.

2. 아이들이 실제 현장에서 배우며 경험을 늘릴 수 있도록 현장 학습을 매주 진행합니다. 놀이기구 이용하기나 특별한 체험 위주보다는 생활과 지역사회를 활용할 수 있도록 짧은 거리에 있는 기관을 이용하는 현장 학습을 반복해서 운영할 생각입니다. 주민센터나 은행, 빵집, 카페, 대중교통 등 일상에서 자주 만나고 활용할 수 있는 교육을 통해 아이들이 실제로 자신감을 갖고 생활해 나갈 수 있도록 돕겠습니다. 일회성 수업이 아닌 매달 은행 이용하기나 주민센터나 우체국에서 필요한 업무 반복해서 체험하기 등을 통해 스스로 해 볼 수 있을 때까지 반복해서 연습하도록 하겠습니다. 생활에서 독립과 자립을 이루기 위해 가장 중요한 것이 대중교통 이용하기입니다. 아이들이 스스로 이동할 수단을 선택하고 어른의 도움 없이 이동해 보는 경험을 통해 자신감을 갖고 세상 속으로 나아가도록 돕겠습니다. 혼자서 해 볼 때 아이들의 자신감은 이루 말할 수 없이 성장할 것입니다. 이렇게 작은 것이라도 해냈을 때 가정에서도 많이 많이 응원해 주셔야 아이들의 동기가 더 자랄 것입니다.

3. 책 읽는 아이가 가장 중요하다고 생각합니다. 인풋이 되어야 아웃풋도 가능하지요. 짧은 책이라도 읽는 습관을 갖게

하겠습니다. 학교에서도 짧은 글을 읽고 내용 파악하고 주제를 찾으며 중심 단어를 찾는 연습을 꾸준히 수업하겠습니다. 더불어 자주 지역 내의 도서관을 활용하여 좋아하는 분야의 책을 선택하는 연습과 책을 읽고 내용을 추려서 연습하는 수업을 하고자 합니다. 아이들이 책을 읽는 습관을 지식을 늘리는 가장 기초적이고 도움이 되는 방법입니다. 특히 미디어에 많이 노출되어 있는 우리 아이들의 경우 텍스트를 읽어 이해하는 것의 중요성은 더욱 두드러집니다. 이에 책 읽는 교실로 만들겠습니다.

4. 개별 수업보다는 서로 좋은 영향을 주고받을 수 있는 단체 수업을 많이 운영하고자 합니다. 아이들은 각자의 개성과 장점을 가지고 있습니다. 그를 발산할 기회를 많이 만들어 주고 서로 좋은 영향력을 주고받으려면 함께 수업에서 나눠야 합니다. 발표하고 피드백하고 장점을 칭찬하고 잘한 점을 서로 응원해 주는 수업을 통해 아이들이 긍정적인 사고를 나누고 상호 성장할 수 있도록 돕겠습니다.

저 혼자는 어렵습니다. 함께 가야 멀리 가고 오래 갑니다. 가정에서도 이런 교육 방향에 맞춰 아이들과 대화 많이 나눠 주시고 학교생활 이야기를 피드백해 주세요. 가정에서 아이들이 해 주는 이야기를 발판 삼아 더 좋은 수업을 계획하겠습니다.

학기 초가 되면 교사뿐 아니라 학생과 학부모도 긴장하게 됩니다. 새로운 환경에 어떻게 적응하는 게 좋을지 몰라 두렵기도 합니다. 이런 마음을 읽어 주는 것도 필요합니다. 교육 계획을 세우면서 학부모와 학생의 의견을 반영할 수 있도록 이야기를 들어 주고 공감해 주세요. 특히 학기 초에 그런 과정이 필요합니다. 변화된 환경에서 그나마 가장 믿을 수 있는 곳이 특수학급입니다. 여기서 잘 적응을 해 두면 앞으로 학교생활에서 가장 편안한 공간을 갖게 되는 것입니다. 어떻게든 적응하려고 노력한다는 것을 믿어 주시고 이야기를 들어 주세요. 그 내용을 학급 일 년 나기에 반영해 줍니다. 학생의 의견을 먼저 듣고 그것을 학부모와 의논해서 적용하셔야 합니다. 자신들이 좋아하고 하고 싶은 것을 물어보고 의견을 존중해서 실현 가능한 것을 반영합니다. 그런 경험이 아이에게도 자존감을 높여 주고 학부모에게도 좋은 본보기가 됩니다. 모든 학교생활에서 아주 그릇된 판단을 제외하고 흥미나 정서에 대한 부분은 학생의 의견을 반영한다는 원칙을 알려 주세요. 그래야 학생도 스스로 판단하고 그 결정에 책임지는 연습을 할 수 있고, 학부모도 학생의 생활 전반에서 아이의 의견을 반영할 수 있습니다.

이렇게 학부모의 의견을 바탕으로 일 년 나기의 큰 목표와 활동을 알려 주세요. 전체적으로 특수학급의 교육 방향을 알려 주어야 학생도, 학부모도 일 년 나기 교육을 잘 따라올 수 있습니다. 학부모님과 단체 톡방을 만들어 교육 내용을 전체적으로 브리핑하거나 안내하고 간담회에서는 담임 선생님과 상담 시간을 충분히 가질 수 있도록 배려해 줍니다. 특수학급 학생들은 통합반에서도 잘 적응해야 하고 특수학급의 교육에도 적극적으로 참여해야 할 이중고를 겪습니다. 분위기가 전혀 다른 두 곳에서 생활하며 다른 패턴으로 대응하는 친구들이 있을 정도로 쉽지 않은 적응 과정입니다. 통합반에서의 생활과 다르게 조금 더 전문적으로 특수학급 학생들의 욕구와 필요를 채워 주는 알찬 특수학급 교육 과정을 계획하여 학부모와 공유하세요. 학부모님과 교육의 방향을 알 때 더욱 더 협조적으로 교육의 방향에 힘을 보탤 수 있습니다.

담임 선생님과도 자주 소통하고 학습 내용을 공유하며 아이의 장점과 신경 써야 할 부분을 알려 주세요. 학생을 지도하는데 어렵게만 느끼는 통합반 선생님께 도움이 될 것입니다. 물론 담임 선생님도 자주 물어보시고 관심을 두시는 게 필요하겠지요. 특수학급의 교육은 담임과 특수교사, 학생과 학부모가 함께 힘을 합칠 때 좋은 효과를 얻을 수 있으니까요.

■ 특수학급의 수업을 보여 주세요.

특수학급에서 현장 학습을 갈 때마다 사진을 찍어 학생들의 활동을 부모님께 알립니다. 평소 학생들이 통합반 수업 시간에 의자에 앉아 있던 지루한 모습은 찾아보기 힘듭니다. 신나서 활동하는 모습을 보며 현장 학습을 기획한 보람을 느낍니다. 활동 수업을 좋아하는 학생들의 모습에서 생기가 느껴져 참 좋은데요. 이와 반대로 힘든 시간이 있습니다. 바로 특수교사의 수업을 공개하는 학부모 공개 수업 상황입니다. 학부모님께 평소에 보여 드리던 현장 학습 때의 활달한 모습과 다릅니다. 학생들의 활기찬 모습을 보이는 수업을 계획하기가 정말 힘듭니다. 1회 차의 수업에서 그런 모습을 캐치하기도 힘들거니와 학생들은 누군가 수업에 참관하면 흥분하고 주의가 분산되어 산만해집니다. 수업에 집중하는 평소의 모습보다 더 수업 진행이 어렵습니다.

열심히 수업을 준비한다고 해도 학부모님들이 아무도 참관 수업에 오지 않는 경우도 많습니다. 아이들이 가장 잘할 수 있는 주제를 준비하고 학기 중에 발표 수업도 자주해서 학부모님에게 이런 학생들의 발전된 모습을 보여 주고 싶은데요. 아무도 참석하지 않으면 힘이 빠집니다. 학생들도 빠른 성장과 발전으로 성취감을 주지 않습니다. 그건 작은 목표로 나눠 이뤄내는 것으로 대치할 수 있습니다. 하지만 학부모님의 응원과 관심마저 없으면 더 의욕이 안 생기는 게 사실입니다. 현상 악습과는 반응이 전혀 다른 학부모 공개 수업 시간, 특수교사도 활발하게 수업하고 싶습니다.

너무나 다른 욕구와 반응, 학습 태도와 목표를 가진 특수학급 학생들을 가르치면서 학부모 공개 수업을 기다리는 교사라니 정말 대단합니다. 놀랍고 존경스럽습니다. 대부분의 경우는 학생들의 반응이 없어 수업이 어렵고 그래서 수업을 공개할까 봐 두려워하는 케이스가 많을 것입니다.

한편으로는 그런 수업을 통해 발전된 학생들의 모습을 부모님께 보여 드리고 싶은 마음도 존재할 것입니다. 그것이 나의 수업에서 교사로서 노력한 것을 보여 주고 피드백 받을 수 있는 기회니까요. 1인 교과의 경우 같은 동 교과 교사도 없기에 동료 장학도 없고 관리자들도 특수교육에 대한 전문성이 없는 경우가 많습니다. 장학에서 제외되기에 서운한 마음에 학부모 공개 수업을 기다리기도 할 겁니다. 기왕 준비한 수업이니 누군가 우리 학생들이 얼마나 잘해 내는지 지켜봐 주고 응원해 줬으면 싶을 겁니다. 누구나 칭찬과 인정받고 싶은 마음이 존재하니까요. 하지만 학부모의 참여율은 저조하기만 합니다.

한편으론 공개 수업에 오지 못하는 부모님의 마음도 이해가 됩니다. 자신의 자녀가 수업에서 두드러지게 잘하는 모습을 보여 주지 못합니다. 방해가 되거나 문제 행동을 하는 경우도 있을 것입니다. 혹시라도 학급에서 그렇게 공부하는 모습을 보는 것보다 차라리 공개 수업에 안 가는 것이 마음 편하다고 생각할 수 있습니다. 시간이 되고 상황이 가능한데도 수업에 참여할 수 없는 부모님의 상황을 생각하면 짠하고 마음 아프기도 합니다. 그렇다면 이 두 마음을 모두 채워 줄 수 있는 방법 없을까요. 있습니다. 바로 특수학급의 수업을 녹화해서 부모님과 공유하는 것입니다.

공개 수업 일에 수업하는 모습을 영상으로 찍어서 부모님에게 공유해 보세요. 특수학급에서 학생들이 얼마나 열정적으로 수업에 참여하는지 보여 주는 겁니다. 선생님의 긍정적인 피드백에 따라 학생이 스스로 생각하고 발표하는 모습을 담아 보면 좋겠습니다. 한 번도 수업에서 그렇게 열심히 자신의 의견을 제시하는 것을 못 본 학부모도 있을 것입니다. 또한, 특수교육 대상자의 경우 일대일 치료를 받는 상황이 많아 수업에서 학생이 얼마나 재미를 느끼고 친구들과 선후배들과 반응하는지 보는 재미도 쏠쏠합니다. 카메라를 설치하고 수업 상황을 녹화하며 부모님께 보내 드리겠다고 공지하면 학생들은 평소보다 긴장하면서도 노력합니다. 수업 장면을 녹화하는 힘이 있습니다. 부모님이 이 장면을 볼 거라고 생각하면 아이들은 평소보다 더 열심히 수업에 참여합니다. 직접 참관하는 것만큼 주의를 흐트러 트리지도 않습니다. 이런 과정을 통해서 수업을 공개하십시오. 그러 면 학생 학부모에게 전혀 다른 수업의 재미를 알려 줄 수 있을 것입 니다.

오늘은 아이들과 2학기 자신과의 약속을 생각해 보았습니다. 특별히 강조할 내용들에 동그라미 해 가며 약속을 만들어 보 았습니다.

태형: 1. 댄스를 잘한다. 2. 노래를 잘한다. 3. 전화를 잘 받 는다. 4. 이모티콘으로 핸드폰 장난 그만한다. 5. 말 을 예쁘게 한다. 6. 겁을 먹지 않는다. 7. 도둑질을 안 한다. 8. 아프지 않다. 9. 공부를 열심히 한다. 10. 운 동을 열심히 한다.

제니: 1. 수영을 잘한다. 2. 공부도 잘한다. 3. 시간 약속을 잘 지킨다. 4. 칭찬을 받는다. 5. 핸드폰 약속을 지킨 다. 6. 아프지 않는다. 7. 말도 예쁘게 한다. 8. 노래도 잘한다. 9. 지각하지 않는다.

은우: 1. 공부를 잘한다. 2. 농구도 잘한다. 3. 칭찬을 잘한 다. 4. 뛰기를 잘한다. 5. 학원 길을 잘 찾는다. 6. 수 업 시간에 집중을 잘한다. 7. 시간을 약속한다. 8. 엄 마하고 친하게 잘 지낸다. 9. 인사를 잘한다.

지수: 1. 시간을 약속한다. 2. 운동도 잘한다. 3. 배드민턴 잘 한다. 4. 핸드폰 잘 낸다. 5. 지각하지 않는다. 6. 추워

도 열심히 나온다. 7. 친구들과 사이좋게 지낸다. 8. 수업에 집중하고 말을 잘 듣는다. 9. 현장 학습 가서 물건을 잘 산다.

일상에서 아이들이 중요하게 생각하는 것들을 알게 되었습니다. 모두들 1학기에 선생님과 부모님이 강조했던 것들을 잘 기억하고 있었어요. 정말 생각들을 잘 해냈지요. 스스로 잘 지켜보겠다는 약속을 표현해 준 점도 좋았습니다. 친구들이 서로 어떤 약속을 하는지 보고 자신의 약속에도 반영한 점도 멋져요. 아이들이 약속을 써 보고 나와서 발표하면서 정말 자랑스러워했습니다. 가정에서도 약속한 것들을 잘 지키고 있는지 체크해 보시고 약속을 지키려는 아이들의 노력을 칭찬해 주세요.

공개 수업뿐 아니라 일상의 수업 모습도 자주 나누면 좋습니다. 부모님들은 아이의 학교생활이 정말 궁금합니다. 어떤 수업을 어떤 식으로 받고 반응하는지 알고 싶습니다. 하지만 아이들이 제대로 그 상황을 전달하지 못하니 알기가 어렵습니다. 반대의 경우도 있습니다. 아이가 학교에서 어떤 것도 제대로 하지 못하리라고 생각합니다. 기대가 낮아 수업을 굳이 보고 싶어 하지 않습니다. 이런 상황에서도 수업 보여 주기는 필요합니다. 아이들이 어떤 수업에서 어떻게 가능성을 보여 주고 있는지 부모님과 함께 나눠야 합니다. 그래야 가정에서도 필요한 부분을 보충하고 열심히 노력한 아이에게 칭찬을 해 줄 수 있습니다.

학부모 단톡방에 거의 매일 수업의 내용을 공개하고 가끔 동영상도 첨부합니다. 학생들이 칠판에 나와 적은 자신들의 생각을 알려드리며 부모님의 참여를 유도합니다. 아이들의 만 나이를 계산해 보고 부모님의 출생 연도에 맞춘 부모님의 만 나이를 계산해 보는 수업도 했습니다. 학생들이 정확히 자신에 대해 알고 가족의 나이에 대해 관심을 갖게 하는 시간을 주었죠. 가족의 정확한 출생 연도를 모르는 경우에는 집에서 알아올 수 있도록 부모님께 안내를 드렸습니다. 아이들이 스스로 자신의 개인정보를 챙기고 외우기의 필요성에 대해 생각해 보고 자신에 대한 개인정보 몇 가지를 외우도록 알려 주었습니다. 아이 스스로 독립하기 위해서 자신의 정보와 부모님의 관련 정보를 외워 두고 챙겨야 할 필요성을 공유하였습니다. 이렇게 부모님께 수업의 내용을 공유하는 겁니다.

그 과정에서 아이들이 재미있게 반응했던 점과 칭찬할 만한 사례를 예시로 들어 알려 주시고 아이들의 후기를 함께 들려주어도 좋습니다. 부모님이 가정에서 수업에 참여하지는 않지만, 가정에서 필요한 것들을 체크하고 반영할 수 있는 좋은 기회가 됩니다. 주기적으로 시도해 보길 추천합니다. 이렇게 수업 시간의 학생의 반응에 대해 나누고 가끔 개인적으로 부모님께 전화해 수업 내용을 피드백하는 것은 부모에게 믿음을 주고 교사의 수업 준비에도 활력을 불러일으킵니다. 부모님들의 감사 인사와 응원이 교사에게 아주 큰 힘이 되어 준답니다.

■ 학부모와도 밀당이 필요합니다.

학부모님 상담 전화를 받으면 그야말로 식은땀이 납니다. 어떻게 무슨 말을 해야 실수하지 않을지 판단이 어렵습니다. 교사로서 보는 학생과 가정에서 보는 자녀의 모습이 같을 수 없다는 점은 이해합니다. 하지만 학교에서 보는 모습을 그대로 말씀드려도 좋은지 고민이 될 때가 참 많습니다. 특히 부모님이 학생에게 관심이 전혀 없고 문제될 점이 없는데 무슨 걱정이냐는 반응일 때 난감합니다. 가정에서는 익숙한 환경이고 부모님과 어느 정도 합의하에 행동을 합니다. 학생의 문제가 잘 보이지 않을 수도 있습니다. 그런데 학교에서 아이는 자신만의 사회생활을 하기에 부모님이 보는 모습과 전혀 다른 행동을 하기도 합니다. 그런 상황을 말씀드리면 우리 아이가 그럴 리가 없다며 그 사실을 전혀 수용하려 안 하십니다. 교사인 제가 거짓말을 할 리도 없는데 말입니다. 그럴 때 어떻게 부모님을 설득하고 안심시켜야 할지 너무 어렵습니다.

차라리 부모님과 표면적인 연락만 하는 게 나은가 싶은 생각도 가끔 듭니다. 교사가 학생을 바른 방향으로 교육하고자 노력하고 그 길을 위해 필요한 것을 말씀드리는데 수용이 안 됩니다. 부모님을 설득해서 나의 방향에 합류시킬 용기가 나지 않습니다. 포기하고 학교에서 내가 할 수 있는 필요한 교육을 하면 된다고 위안을 해 봅니다. 하지만 가정에서의 태도가 변하지 않고 부모님이 관심 두고 교육에 참여하지 않으면 일관성 있는 교육을 시행하기가 어렵습니다. 부모님과 친밀하게 지내면서도 적절한 교육 방법에 대해 조언을 드릴 수 있는 관계가 가능은 한 걸까요. 특히 장애에 대해 예민한 부모님이 많아 실수할까 봐 대하기가 힘이 듭니다.

신입 교사나 경력이 짧은 교사에게 학생 지도만큼 어려운 것이 학부모를 대하는 일입니다. 교사보다 나이가 많고 장애를 가진 아이를 기른 세월도 깁니다. 학생에 대해 더 많이 알고 있다고 생각하기에 쉽게 교사의 전문성을 인정하지 않습니다. 직접 키워 보지도 않았으면서 아이에 대해 뭘 알겠냐며 교사를 가르치려 하는 부모님도 계십니다. 그래서 교사가 자신의 교육 방향을 학부모에게 보여 주고 합의를 이뤄내는 것이 참 쉽지 않습니다. 경력자 교사에게 물어보면 세월이 해결해 준다고 하는데요. 세월이 지날 때를 기다릴 수만은 없습니다. 어떻게 학부모와 관계를 위해 노력할 수 있을지 자신만의 방법을 찾아보는 게 필요합니다.

학부모와 관계를 시작하기 위해 무엇보다 중요한 것이 교사로서 학부모에게 적절한 신뢰를 주는 것입니다. 교사가 그 누구보다 학생에게 진심이며 아이의 발전을 위해서 노력하고 고민하는 흔적을 공유해 주세요. 관심의 시작은 무엇보다 사랑입니다. 아이를 예뻐하고 장점을 보여 줄 때 학부모도 교사를 믿을 수 있습니다. 학생의 장점을 먼저 발견하고, 그 장점을 통해 교육할 수 있는 방법을 연구해 보세요. 그리고 그 방법을 부모님과 나누는 겁니다.

학부모가 관심이 없다고 원망하기 전에 학부모님이 그만큼 아이의 발전 가능성을 보지 못했기에 관심 없는 척하는 것은 아닌지 생각해 봐야 합니다. 장애를 가진 자녀를 키운다는 것이 결코 쉬운 일은 아닙니다. 문제 행동을 하고 어울리지 못하는 모습을 보며 실망하고 지쳐 있을 수 있습니다. 그런 부모님께 전혀 다른 시각으로 아이의 장점을 먼저 찾아 주세요. 선생님 혼자 판단하지 마시고 아이의 장점을 부모와 공유하세요. 작은 일이라도 괜찮습니다. 학교에서의 에피소드를 자주 들려주고 진심으로 아이를 사랑해 주세요. 그 마음은 누구보다 먼저 부모가 알아챌 수 있을 것입니다.

교사에 대한 믿음이 생기기 시작하면 그때부터 부모에게 쓴소리도 할 수 있습니다. 그러나 이때도 조심해야 합니다. 아이가 바꿀 수 없는 부분이거나 과거에 이미 상처를 받은 행동일 수 있습니다. 그런 부분을 수정하기 전에 도대체 아이와 부모에게 어떤 히스토리가 존재하는지 먼저 알아보려고 노력하세요. 이런 문제 행동과 반응이 나타나서 큰일이라고 말하기 전에 문제 행동이 발생한 상황에 대해 공유하고 이유가 무엇일지 부모님께 물어봅니다. 아이에게 어떤 경험과 배경지식이 있어 그 상황에서 그 행동을 했는지 알려고 노력해야 합니다. 아이를 조금 더 이해할 때 그 문제 행동의 대안도 찾을 수 있습니다. 그러니 부모님께 그 상황이 발생하게 된 이유를 정확하게 물어보시고 대처하면 좋은 방법에 대해서 함께 논의해 보세요.

부모를 다그치는 게 아니라 파트너로 함께할 수 있는 방법은 바로 학부모에게 선택하고 변화할 수 있는 기회를 제안하는 것입니다. 그럴 때 부모의 태도도 바뀝니다. 주도권을 부모에게 넘기는 것이 아니라 중심은 교사가 갖되 부모에게 방향을 잡아 줄 기회를 주세요. 그래야 부모의 마음도 움직입니다. 다른 여느 관계와 마찬가지로 부모님과도 밀당이 필요합니다. 다만 여러 번 칭찬한 다음, 한 번쯤 문제 행동에 대해 논의하는 시간을 가지세요. 이미 아이의 발달 지연으로 상처 입은 부모라는 것을 늘 염두에 두셔야 합니다.

자폐 학생이 흥분하여 저를 때린 일이 있었습니다. 그때는 교권의 중요성에 대한 인식도 약해 학생들 앞에서 맞고도 아무 대처도 못 할 때였습니다. 분명히 잘못된 행동에 대해 아이에게 알려 주고 싶어 부모님께 집으로 데리고 가라고 연락을 드렸습니다. 변화를 싫어하는 자폐 스펙트럼 학생에게 그것만큼 큰 벌은 없으니까요. 하지만 부모님은 제 말을 따르지 않았습니다. 학생이 그럴 수도 있지 교사가 그것도 참아 내지 못하면서 도대체 특수교사로서 자격이 없다며 따지기 시작했습니다. 자신은 교사인 나보다 오랫동안 장애가 있는 아이를 키웠으며, 아이에 대해 누구보다 잘 알고 있다고 말했습니다. 특수교육에 대해 따로 석사학위까지 받으며 공부했는데 아이에 대해 뭘 안다고 벌 운운하냐며 나에게 화를 내셨습니다. 그때 학생들 앞에서 맞았던 수치심과 학생을 교사의 권위로 지도할 수 없다는 무력감에 빠졌던 기억이 있습니다.

그때 제게 부족했던 것은 부모님의 신뢰를 얻지 못했다는 점입니다. 중학교에 입학하고 첫 대면을 하던 날 중학생은 이제 독립해야 한다며 부모님은 손을 놓으셔야 한다고 말했습니다. 그때 부모님은 내가 차갑고 냉정하며 학생에 대한 사랑은 없는 교사라고 판단했다고 합니다. 처음부터 부모님과 친밀감 형성도 없이 너무 강하게 몰아붙인 내 잘못이었습니다.

그날 학교에 오신 부모님의 손을 잡으며 저는 진심으로 사과했습니다. 장애를 가진 자녀를 키우는 부모의 마음을 제가 어떻게 다 이해하겠느냐며, 어머니의 아픔을 진심으로 위로했습니다. 그러자 그날부터 어머님의 태도는 몰라보게 달라졌습니다. 관계의 첫 포문을 부드럽게 열었더라면 학생의 폭력적인 행동 앞에서 부모님은 미안해하셨을 겁니다. 하지만 처음부터 강하게 나가야 된다고 생각했던 경력이 짧은 교사인 나에게 부모님의 신뢰가 쉽사리 생길 리가 없었습니다. 부모님에게 칭찬을 많이 하고 아이의 문제 행동을 지적했다면 달라지지 않았을까 생각합니다.

부모를 다그치기보다는 부모 마음을 알아주려는 노력이 도움이 됩니다. 학생들과 함께 현장 학습을 갔을 때 반복된 교육에도 불구하고 실수하는 학생들을 보면 어떤 생각이 드나요. 그런 학생들의 특성을 알고 있음에도 불구하고 교육이 어렵다는 생각이 드실 겁니다. 그렇다면 부모의 마음은 어떨까요. 아이를 키우면서 그 수많은 시간 좌절을 겪었겠지요. 그 마음을 알기에 조금은 과한 요구를 하더라도 이해하고 교사가 인내하는 면이 있었을 겁니다. 교사가 느끼는 그 속마음을 표현해 주시면 좋습니다. 특히 학생의 생일에 그 표현을 꼭 해 보세요. 생일이라면 누구나 축하받고 환영받는 기쁜 날입니다. 그런 자녀의 생일인데 축하받지 못하는 부모님의 심정을 읽어 주고 기꺼이 축하해 주면 됩니다. 아이의 장점을 찾아 읽어 주고 부모가 잘 키워 낸 부분을 격려해 주세요. 아무리 관심이 없어 보이는 부모라 해도 자녀들에게 긍정적인 영향을 준 부분이 존재할 것입니다. 그 부분에 대해 감사하며 정말 아이 키우느라 고생하셨다고, 잘 키우고 계시다고 격려해 주세요. 누구보다 힘이 나는 응원이 됩니다.

부모가 어려움을 겪고 있는 상황에 대한 이해와 존중을 표현하고 감정과 경험을 나누는 것이 좋습니다. 그래야 서로 믿을 수 있는 동반자로 자리 잡을 수 있습니다. 정기적으로 소통하고 자녀의 상태와 성장, 개발에 대한 업데이트를 나눠 주세요. 꼭 특별한 사안이 발생하지 않더라도 자주 일상적인 경험이나 성취, 어려움에 대해서 공유하면 됩니다. 유용한 정보와 교육 자료, 지원 서비스에 대한 정보를 제공하고 필요한 자원을 찾아 줍니다. 부모가 적절한 지원을 받을 수 있도록 안내합니다. 부모와 교사 간의 협력을 강조하고 자녀의 교육과 발달에 대한 공동의 관심사와 목표를 공유합니다. 교사는 부모의 피드백을 참고하고 학교 및 교육과 관련한 중요한 결정에 부모가 참여할 수 있도록 안내합니다. 부모가 어려움을 겪거나 힘들어할 때 감정적으로 지지하며 스트레스를 받을 수 있음을 인정합니다. 특수교육 및 방법과 전략에 대해 나눔으로써 부모가 자녀를 지원하는 데 필요한 기술과 전문적인 지식을 습득할 수 있도록 합니다.

이러한 과정의 중심에 언제나 아이의 이익과 발전을 최우선으로 둡니다. 학생의 강점과 발전 가능성에 주목하며 부모와 교사가 합심할 때 아이가 최대한 독립적으로 성장할 수 있음을 알려 주세요. 이렇게 부모와 교사가 친밀한 상황에서 부모에게 넌지시 발전 방향을 제시할 때 문제없이 그 부분이 수용되고 변화될 수 있습니다. 학부모와의 관계도 인간관계의 한 부분입니다. 조심스럽게 한 단계씩 믿음을 쌓아나갈 때 흔들리지 않는 관계로 자리 잡을 수 있습니다.

■ 부모의 양육 방식에 따라 대화법도 달라집니다.

학부모들이 아이들을 대하는 방식도 아이들의 개성만큼이나 다양합니다. 교육이 교사만의 교육으로 끝나지 않는 우리 학생들의 특성상 부모와 부딪힐 일이 많으니 그것 또한 스트레스입니다. 학교에서 아무리 규칙을 가르친다고 해도 가정에서 규칙 없는 생활이 이어지다 보면 일관성 없는 교육 방침에 아이는 혼란만 겪게 됩니다. 학생 수만큼 다른 부모들의 양육 방식에 맞춰 부모님을 대하는 것이 쉽지 않습니다. 긴밀하게 연락을 주고받고 아이들의 의사소통을 정확하게 전달하기 위해서 부모님과의 소통이 잦은데 부모와 대화가 안 통한다고 생각하니 그게 더 어렵습니다.

아이들을 규칙에 맞춰 키우는 부모는 제가 그 방식에 개입하는 것을 싫어합니다. 교사라고 해도 가정 교육에까지 관여하는 것을 불쾌하게 생각할 수 있습니다. 그러나 그런 부모에게는 허용적이고 아이의 마음을 보듬어 줄 수 있는 교육이 필요하다고 생각합니다. 그러나 제가 그 교육 방식을 주장하면 할수록 학부모와 갈등은 커지기만 합니다.

반대로 너무 허용적인 부모님도 있습니다. 장애가 있다는 이유로 모든 것을 허용해 주는 식으로 가정 교육이 이뤄지다 보니 학교에서도 안하무인입니다. 나밖에 모르고 그 어느 누구도 배려하지 않습니다. 이런 학생의 태도는 가정에서 교육이 달라지지 않는 한 학교에서만 노력한다고 해서 바뀌지 않는 부분입니다. 이렇게 서로 다른 부모님들을 현명하게 케이스에 맞게 대하는 노하우가 있을까요. 수업이 끝나고 학부모와 연락을 취하고 나면 너무 지칩니다. 때로는 잘못된 방식으로 대화해서 오해가 쌓이게 되면 더더욱 그렇습니다. 주위에 있는 선생님들은 학부모들과 원만하게 잘 지내는 것 같은데 저만 소양이 부족한 건지 학생을 교육하는 것만큼 그 부분이 어렵습니다.

부모와 아이들의 행동 특성과 가정 분위기가 다르듯이 부모의 양육 스타일은 다릅니다. 부모의 스타일에 맞게 대응해야 합니다. 어렵지만 부모의 양육 스타일을 공부하고 대응해 보면 좋겠습니다. 부모의 양육 스타일은 정말 다양하지만, 크게 네 가지로 나눠 구분합니다. 첫 번째 허용적인 부모입니다. 자녀에 대해 감정적으로 지지를 많이 제공하며 자녀의 의견을 존중합니다. 규칙이나 제한을 정하는 데 있어 유연하고 관대합니다. "네 의견을 듣고 싶어. 네 마음대로 해 봐. 나는 너를 믿어. 실수해도 괜찮아. 중요한 거 거기서 뭘 배우느냐."와 같은 말을 많이 사용합니다. 자녀들은 자신이 가진 기량을 소중하게 생각하고 자신에 대한 존중을 배웁니다. 자녀가 자유롭게 행동하지만 때로는 규칙이 제대로 형성되어 있지 않아 혼란스러움을 느낄 수 있습니다.

권위적인 부모는 규칙을 엄격하게 시행하고 자녀에 대해 높은 기대치를 가집니다. 자녀가 하지 못하는 부분에 대해 크게 실망하고 윽박지를 수 있습니다. 자녀에 대한 통제가 강하고 자율성을 인정하지 않습니다. 이런 부모는 자녀에게 "이게 마지막 기회야. 이 규칙을 어겨서는 안 돼. 이것밖에 못 하니, 더 잘할 수 없어?"와 같은 말을 사용합니다. 안전함을 제공하지만 자녀의 독립적인 사고나 문제 해결 능력을 억제할 수 있습니다. 가뜩이나 실패감으로 위축되어 있는 아이에게 도전할 기회조차 제공하지 못할 수 있다는 단점이 있습니다.

헬리콥터 부모는 자녀의 일상적인 활동에 지나치게 개입하며 지속적으로 간섭합니다. "도움이 필요하면 언제든 말해, 너의 안전을 위해 더 신경 써야 해."와 같은 말을 사용하며 자녀의 일에 관여합니다. 친절한 것 같지만 너무 많은 간섭과 관여로 자녀의 독립성을 발휘하지 못하도록 막을 수 있습니다.

균형적 부모는 허용과 권위를 조화롭게 결합하여 자녀에게 안정적으로 지지적인 환경을 제공합니다. 명확한 규칙이 있지만, 자녀의 의견을 존중하고 설명해 주며 합리적인 태도를 취합니다. 이로 인해 자녀는 책임감, 독립성, 사회적 기술을 발전시킬 수 있습니다. "네 생각도 중요해. 규칙도 필요하지만 어떻게 적용할지 같이 고민해 보자. 자유롭게 행동할 수 있지만 책임을 져야 해."와 같은 말로 자녀를 응원하고 기회를 줍니다.

장애를 가진 자녀를 둔 부모의 양육 스타일은 부모 개개인의 성격과 가치관, 상황, 자녀의 장애 정도에 따라 다르게 나타납니다. 특히 많이 나타나는 것이 보호적 양육 스타일입니다. 아이의 장애에 대한 불안과 걱정에서 비롯된 보호적인 양육 스타일은 자녀를 위험에서 보호하고자 하며 책임감과 보호를 강조합니다. 아이에게 도전과 실패의 기회를 주지 않으며 안전하게 보호하는 것에 의미를 두는 경우가 많습니다. 또 권위적인 스타일로 아이의 가능성을 보지 않고 아이를 자신이 규정하는 대로 키우는 부모도 적지 않습니다. 이런 부모에게 교사는 어떤 말을 해 주는 것이 좋을까요.

부모의 양육 스타일에 따라 부모에게 들려줄 수 있는 교사의 말을 예시로 알아보겠습니다.

허용적 부모:
- "자녀가 자유롭게 표현할 수 있도록 학급에서도 그 기회를 주고 있어요. 부모님의 허용적인 스타일이 자녀의 개성과 창의성을 키우고 있어요."

- "자녀의 의견을 존중하고 자유로운 표현을 통한 학습을 중요시하는 부모님과 함께 자녀의 발전을 돕고 싶어요."

권위적 부모:

- "자녀들에게 명확한 기대치를 전달하고 엄격한 규칙을 가르치는 부모님의 스타일이 학급의 질서를 유지하는 데 도움이 되고 있어요."
- "자녀에게 책임과 의무를 가르치는 부모님의 지도 아래에서, 학교에서도 자녀들이 성취할 수 있도록 도와 보려고 노력하고 있어요."

헬리콥터 부모:

- "부모님과 학생 모두에게 열린 소통이 중요하다는 것을 알고 있어요. 부모님의 참여는 학생들이 안전하게 성장하고 있음을 나타내고 있어요."
- "부모님의 지속적인 관심과 참여는 자녀들에게 힘을 주고 있어요. 부모와의 협력을 통해 학생들이 자신의 잠재력을 최대한 발휘할 수 있도록 돕고 싶어요."

균형적 부모:

- "자녀의 감정을 존중하고 동시에 목표를 달성할 수 있는 구조와 규칙을 제공하는 부모님의 스타일은 학급에서도 균형을 이루는 데 도움이 되고 있어요."
- "부모님과 함께 자녀의 발전에 대한 목표와 방향을 고려하고 학급에서도 그 방향을 지원하려고 합니다."

부모와의 열린 소통은 매우 중요합니다. 부모가 걱정하는 것이 무엇이고 중점을 두는 방향이 어떤 것이냐에 따라 대화의 방향을 정해야 합니다. 그래야 부모에게 필요한 말을 해 줄 수 있으며 도움이 됩니다. 물론 한 번에 부모의 욕구를 파악하고 그에 적절한 대화를 이끌어 나가기는 쉽지 않습니다. 경험이 쌓이고 다양한 부모와 대화를 통해 대화의 기술은 늘어날 것이니 너무 조급해 하지 않아도 됩니다. 무엇보다 중요한 것은 부모의 사고방식을 쉽게 고치려 하지 않는 것입니다. 부모에게 오랜 시간 그런 양육 방식이 형성될 수밖에 없었던 이유가 존재할 것입니다. 그 존재의 이유를 생각해 보고 인정해 주며 어려움을 나누겠다는 생각으로 대화를 부드럽게 시작해 보세요. 이야기를 들어주고 공감해 주다 보면 자연스럽게 대화의 흐름이 만들어질 것입니다. 그분들의 어려움을 인식하고 애쓰고 노력하고 있음을 알아주는 대화를 시작해 대화를 이어 나가면 언젠가 편안한 대화를 나눌 수 있습니다.

부모의 유형에 따라 어떤 대화를 강조해야 하는지를 알아 두면 대화의 방향을 결정하는 데 도움이 될 것입니다.

허용적 부모:

- 교사는 부모와의 소통을 강화하고, 자녀의 긍정적인 측면을 강조합니다.
- 부모의 관심과 참여를 존중하며, 자녀의 학교생활에 대한 열린 대화를 촉진합니다.
- 교사는 부모와의 협력을 통해 자녀의 교육 목표를 공유하고 이해할 수 있도록 노력해야 합니다.

권위적 부모:

- 교사는 부모의 높은 기대에 부응하면서도 자녀의 독립성과 책임감을 증진할 수 있는 방법을 모색합니다.
- 부모와 교사 간의 협력을 통해 규칙과 기대에 대한 공통의 이해를 도출합니다.
- 교사는 부모에게 자녀의 긍정적인 면을 강조하고, 발전할 수 있는 강점에 대한 피드백을 제공합니다.

헬리콥터 부모:

- 교사는 부모의 관심과 참여를 환영하면서도, 자녀의 독립성을 증진할 수 있는 기회를 제공합니다.
- 부모와의 명확한 소통을 유지하고, 교육과정에서 부모의 참여를 적절히 조절합니다.
- 교사는 부모에게 자녀가 실패하거나 어려움을 겪을 때 자신들이 도움을 주는 것이 아니라, 자녀가 문제를 스스로 해결할 수 있는 기회를 제공합니다.

균형적 부모:

- 교사는 부모와의 긍정적이고 개방적인 소통을 유지하면서, 교육 목표와 방향에 대한 공동의 이해를 강화합니다.
- 자녀의 발달과 성취를 평가하고 피드백을 제공함으로써 부모와 교사 간의 협력을 향상시킵니다.
- 교사는 자녀의 강점과 발전 가능성에 대한 이해를 부모와 공유하고, 자녀의 교육에 대한 공동의 비전을 형성합니다.

대화에 정답은 없습니다. 이 대화의 기준을 바탕으로 부모님의 특성에 맞게 대화를 변형해서 사용해 보세요. 어렵기만 했던 부모님의 대화가 조금은 더 수월해질 것입니다.

02 특수학급의 중점 수업 과제로 학부모 사로잡기

■ 통합반에서 공부할 수 있는 자료를 주세요.

특수교육 대상자가 일반 학급에서 공부하는 데 효과를 높이기 위해서는 학습 과제를 수정하고 학생의 수준에 맞게 제시하는 것이 무엇보다 중요하다고 생각합니다. 자신의 수준에 맞는 수업 자료를 통해 과제에 참여할 때 학습의 효과가 높아지는 것은 말할 필요도 없습니다. 하지만 실제적으로 수준과 학습 성향이 다른 각 학생에게 개별화해서 과제를 수정하는 것이 결코 쉬운 일은 아닙니다. 교사의 시간과 특별한 프로그램도 필요한데 사실 특수교사의 특수학급 수업을 준비하는 것만도 버거운 것이 사실이니까요. 하지만 교실 수업에 가서 가만히 앉아 있는 학생들을 보면 그 시간의 교육의 효과가 얼마나 될까 의심스럽습니다. 너무 어려워서 알아듣지 못하거나 진도가 어디 나가는지 확인 안 하는 학생도 많으니까요. 통합반에서 그렇게 수업을 진행하다 보니 수업 시간에 집중하는 것도 연습이 안 되어 있습니다. 그래서 특수학급 수업에도 집중하지 못하는 수가 많습니다. 학교에서 시간을 알차게 보내고 수업 시간에 배움이 일어나게 하기 위해서 어떻게 교육 자료를 수정해야 할지 정말 고민입니다. 학생들이 통합반에 있을 때도 도움을 주고 싶은데 교과 교사와 협업하여 자료를 수정하는 것은 거의 불가능합니다. 학급 규모나 교사의 업무 부담으로 인해 시간과 여력이 허락하지 않으니 손도 댈 수 없습니다. 이에 대한 해결책은 없을까요.

통합 학급에서 과제 수정은 반드시 필요하지만 실제적으로는 잘 이뤄지지 않는 부분입니다. 서로 매 시간 수업 내용에 대해 심도 깊게 대화를 나누는 것도 어렵습니다. 학생의 특성에 맞게 교육과정을 수정하고 자료를 제시하려면 특수교사의 수업이 불가능할 정도로 노력이 필요한 작업입니다. 하지만 어떻게든 수업의 공백을 메꿔 줄 수 있는 방법을 찾아야 합니다. 통합반의 수업의 참여도를 높일 수 있게 과제를 수정할 수 있을까요.

일단 수업에 참여하는 목표를 확실하게 해야 합니다. 목표를 아주 작은 것이라도 설정하는 것은 매우 중요한 과정입니다. 통합반에서의 수업은 교과 담당 교사의 몫이라고 남겨 두기엔 교사들의 전문성도 낮거니와 학생들을 챙길 여력도 부족합니다. 우리가 목표를 설정하고 그에 맞게 작은 단계라도 진행해 나가야 할 것입니다. 작업의 양은 너무 많이 잡지 않습니다. 지시 사항도 간결하고 내용도 명확해야 합니다. 교사가 없는 상태에서 아이가 스스로 해결하려면 이해하기 쉽고 간단해야 합니다. 도움이 될 수 있는 간단한 도구를 챙겨서 함께 보내면 좋습니다. 텍스트를 조금 줄여서 학습지를 만들어 준다거나 수학 시간에 계산기를 사용하게 조정할 수도 있습니다. 여러 가지 도구나 내용을 변형해서 수업에 참여할 기회를 만들어 줄 수 있습니다. 수업 시간에 간단하게 풀 수 있도록 한 장 정도의 학습량을 제시하고 잘 모르겠으면 친구에게 물어도 좋다고 알려 주세요. 꼭 답을 맞추는 것이 중요한 게 아닙니다. 수업에 참여하고 그 시간에 친구들과 같은 학습 목표를 이루기 위해 노력하고 있음이 중요합니다. 한 단어라도 좋습니다. 수업 시간에 중요한 것들을 기억할 수 있는 기회를 마련해 준다고 생각하세요. 교과서도 없이 교실에 앉아 있어서는 안 되는 것처럼 수업 시간에 배우고자 하는 마음을 가지고 교실에 갈수 있도록 알려 주세요.

물론 특수교사가 교육과정 수정까지 혼자 해내기는 부담스러운 것이 사실입니다. 하지만 특수학급에 있다 보면 통합반 교실이 편하다고 말하는 학생들이 있습니다. 통합반에서는 아무것도 하지 않아도 선생님이 지적이나 훈계를 하지 않기에 편하답니다. 그게 과연 학생에게 도움이 될까요. 통합반에 다녀와서 멍하고 집중하지 못하는 탓에 특수학급 수업에도 집중하지 못하는 모습을 자주 목격하게 되면서 교실에서도 배움의 중요성을 인식해야 한다고 느낍니다. 그런 부분을 채워 줄 수 있는 너무 부담스럽지 않은 몇 가지 방법을 소개해 보겠습니다.

교육과정 수정의 필요성은 항상 생각하지만 교실에서 활동할 수 있는 활동지를 만들어 보내는 것이 결코 쉬운 일은 아닙니다. 교사도 없는 상태에서 혼자서 그 문제지를 풀 정도로 성실한 학생도 사실 드뭅니다. 하지만 그럼에도 교사가 신경 써서 그 부분을 해결할 수 있다면 그거야말로 학생에게 도움이 되는 교육일 텐데요. 방법이 없지 않습니다. 저는 그때 특수교육 지원 인력을 활용합니다. 지원 인력을 활용하여 교육 자료를 만듭니다. 물론 학생 개개인마다 다른 학습지를 만드는 것은 쉬운 일이 아닙니다. 그래서 가장 기본으로 쓸 수 있으면서 누구에게나 적용될 수 있는 학습지를 만들도록 합니다. 지원 인력의 업무 중의 하나로 학습지 만드는 것을 지정해 줍니다.

학습지는 국영수 외의 인지 과목 위주로 만듭니다. 사회나 역사, 과학, 기술가정, 도덕 과목의 학습지를 만드는데요. 주로 단답형이나 빈칸 넣기 문제를 주로 만들게 합니다. A4 한 장에 교과서 5~8페이지 내용을 넣게 합니다. 과목별로 처음부터 끝까지 문제지를 만들어 프린트해 두었다가 교실에서 친구들에게 진도를 확인한 후 그에 합당한 문제지를 가지고 가서 풀게 합니다. 문제지를 다 풀면 가지고 와서 확인을 받고 칭찬을 하거나 스티커를 부여합니다. 스티커를 모으면 학생이 원하는 선물을 받을 수 있도록 운영합니다. 수업 시간에 아무 준비 없이, 때로는 교과서도 없이 자리에 앉아 있는 학생과 진도에 맞게 학습지를 준비한 학생은 수업 태도부터 달라집니다. 그 문제지를 풀어 왔을 때 학생이 좋아하는 긍정의 피드백을 줘서 그 과정을 더욱더 견고하게 합니다. 과목별로 학습지를 만들어 두면 교육과정이 적용되는 몇 년 동안 사용할 수 있습니다.

교사가 먼저 어떻게 문제를 내면 되는지 샘플을 만들어 보여 주고 지원 인력이 따라 만들게 알려 줍니다. 지원 인력이 있어야 가능한 일이긴 하지만, 한 번 만들어 두면 한 학교에서 근무하는 동안 사용할 수 있기 때문에 유용합니다. 지원 인력이 없으면 제가 짬을 내서 한 과목씩 만들어 둡니다. 새 학교에 발령받으면 그 작업부터 해 두면 도움이 됩니다. 모든 교과목의 내용을 학생에게 맞춰서 자료를 만들 수는 없지만, 그 과목에서 그 수업 시간에 꼭 배워야 하는 핵심 단어를 익히게 합니다. 이로써 수업의 태도를 만들어 주고 효과를 높이는 데 도움이 됩니다.

　위에서 제시한 방법 이외에 교실에서 수업할 수 있는 자료를 줄 수 있는 다른 방법도 있습니다. 텍스트 수업 자료를 어려워하는 학생을 위하여 그림 자료나 사진 등을 활용하는 것입니다. 교실에서 한 주에 한 번씩 이번 주 통합반 교실에서 배울 내용 중에서 가장 중요한 한 가지를 선택해서 제시하고 그림 자료로 만들어 주는 것입니다. 특수교육 대상자에게 꼭 필요한 수업의 태도이기 때문에 수업 시간을 할애해서라도 자료를 함께 찾아보고 만들어 주면 좋습니다. 예습의 개념으로 교과서를 한 번씩 살펴보고 교실에 가면 학생들이 교실 수업에 적용하는 데 도움이 됩니다. 학생의 학습 노트를 만들어 그 시간에 한 가지씩이라도 좋으니 중요하다고 생각하는 단어를 적어 오게 하는 것도 괜찮습니다. 노트를 가지고 가서 날짜와 교시, 과목명을 적고 거기에 선생님이 칠판에 판서해 준 내용이나 강조한 내용 중에서 한 가지라도 적어 오게 하는 것입니다. 수업 태도가 좋았냐고 교과 선생님께 물어보고 선생님이 칭찬을 해 주고 사인을 받아 오면 더욱더 효과적입니다. 이런 과정을 통해 통합반 수업에 본인도 참석해야 하고 집중할 필요가 있음을 알려 줍니다. 문제지를 풀었을때 교과 선생님의 칭찬은 아이에게 큰 자극이 됩니다. 많이 칭찬해주세요.

노트에 써 오는 게 어렵다면 특수학급에 와서 각 수업 시간에 선생님이 가장 중요하게 말한 게 무엇인지 적게 합니다. 1교시 사회 시간에 독도에 관해 배웠다면 '독도'라고 적는 것입니다. 한 낱말이라도 좋으니 꼭 수업 시간에 배운 것을 기억하라고 알려 주면 아이들이 수업에 집중하려고 노력합니다. 이런 작은 노력들이 쌓여서 학생의 성취감도 높이고 수업의 참여도도 높일 수 있습니다.

물론 수업 시간에 집중하는 것도 중요하지만, 그것이 어려운 학생들도 있습니다. 이상한 소리를 내거나 손을 계속해서 움직이는 학생들에게는 촉감이 말랑한 작은 지우개 같은 물건을 가지고 수업에 참여할 수 있도록 합니다. 부드러운 물건을 만지면서 심리적인 안정감도 찾고 수업에 방해되는 행동이나 과잉 행동이 나오는 것을 줄여 줍니다. 자신이 좋아하는 레고블록을 책상 앞에 세워 두는 학생도 있었습니다. 너무 크지 않고 위협적이거나 소리를 내지 않으면서 학생의 행동을 안정시켜 줄 수 있는 물건을 갖고 수업에 참여하면 수업 시간의 방해를 줄일 수 있습니다.

무엇이든 좋으니 수업 시간에 참여하고 집중했다는 것을 증명하도록 시스템을 만들어 주세요. 단어 하나나 그림 한 장이라도 좋습니다. 수업 시간에 바르게 앉아 있었다는 교과 선생님의 한마디라도 괜찮습니다. 통합반에서 학생들이 목적 의식을 갖고 수업에 참여하도록 도와주세요. 그래야 아이들이 수업의 중요성에 대해 인식하고 본인도 집중하려는 노력을 게을리하지 않습니다. 평가 방법을 다양화하고 그룹 협력과 토론 수업, 지원 인력과의 협력과 학부모와의 소통, 디지털 도구의 활용과 다양한 교수법 활용 등 대안이 많이 존재함도 잊지 마세요. 수업에 참여하지 않아도 된다는 생각을 바꾸는 것부터 시작해야 합니다.

수업에 집중하지 않는 자세가 아이들에게 습관이 되면 다른 모든 행동 변화도 어려울 수 있습니다. 학급의 일원으로서 어떤 방법으로든 통합반 수업에 참여할 수 있는 기회와 의지를 만들어 주는 것 또한 통합 교육의 효과적인 운영을 위해 신경 써야 할 부분입니다.

■ 학생의 장점을 키워 줍니다.

지적장애를 가진 학생들을 수업하다 보면 아이들이 수업에서 자신감을 잃고 의욕을 갖지 못하는 순간이 간혹 있습니다. 자신이 이해하기 너무 어려운 지시를 연달아 하거나 반복하여 실수하는 상황이 반복되면 그렇습니다. 생각하는 힘이 약하기도 하지만, 자신감이 낮아서 생각하고자 하는 의지가 사라진 게 아닌가 싶습니다. 분명히 잘하고 있다고 생각하면 본인도 흥이 나서 신나게 이야기할 텐데요. 눈치를 보며 말해도 될까 망설이는 모습을 보면 안타깝습니다. 실패감이 누적되다 보니 자신감도 없어 아주 작은 소리로 들릴락 말락 이야기합니다. 못 알아들으니 똑같은 말을 여러 번 반복하기도 합니다. 한 번에 알아듣지 못한 경험이 많기 때문에 여러 번 설명하는 모습을 보면 학생의 말을 한 번에 알아듣지 못해 미안해질 정도입니다. 하지만 그나마 특수교사인 저는 잘 알아듣는 편입니다. 교실에서 친구들이나 선생님은 한두 번 이야기해서는 대화를 할 수가 없으니 많이 답답해 보이고 안

쓰럽습니다.

특히 수학에 어려움을 가진 친구의 경우는 더욱 그렇습니다. 수없이 사칙연산을 공부했을 텐데도 숫자 개념이 약한 학생은 수학 시간만 되면 주눅이 들고 즐겁지가 않습니다. 할 수 있다는 자신에 대한 믿음이 있을 때 교육의 효과도 늘어날 텐데요. 어떻게 그런 분위기를 만들어 줘야 할까 싶습니다. 그렇다고 사칙연산만 무한 반복할 수는 없고 다른 분야도 고루 다뤄 주면서 잘할 수 있는 부분을 찾아 주려고 하는데요. 전반적으로 인지 능력이 좋지 않은 학생의 경우는 강점을 찾기도 쉽지 않습니다. 자신감 있게 수업에 참여할 수 있는 분위기를 어떻게 만들 수 있을까요. 이 부분을 부모님과 공유하고 더 효과적으로 교육을 진행하고 싶습니다.

수업 시간에 아무 말이나 할 수 있는 안전한 분위기를 먼저 만들어 주세요. 실수하거나 엉뚱한 말을 하더라도 비웃거나 지적하지 않고 존중합니다. 말 바꿔 주기를 통해 다양한 의견을 인정하는 분위기가 중요합니다. 안전하고 존중받는 분위기에서 특수교육 대상자들도 자신을 안전하게 느끼고 긍정적인 인간관계를 형성할 수 있습니다. 실패하거나 실수해도 야유하지 않고 의미 있는 답변으로 바꿔 주다 보면 자신감을 키워 잘할 수 있다고 생각하게 됩니다. 교사가 어떤 답변이라도 수용하고 괜찮다고 말해 줘야 합니다. 답변을 했을 때 친구들이 돌아가며 답변에서 좋았던 점을 칭찬하는 것도 방법입니다. 서로가 아주 간단한 긍정적 피드백이라도 좋으니 인정하다 보면 생각할 수 있는 의지를 기르게 됩니다. 이런 안전한 분위기에서는 자유롭게 자신의 생각을 말하고 감정을 표현할 수 있습니다. 그런 기분 좋은 감정들이 의사소통 능력을 향상시켜 자신의 능력을 발휘할 기회를 만들어 줍니다. 이로써 아이들이 스트레스를 덜 받고 학교생활에 적극적으로 참여할 수 있습니다. 소셜 스킬을 향상시켜 상호 작용이 더 활발하게 일어나고 하고 적응이 쉬운 환경을 만들어 줍니다. 이런 분위기에서 학생이 성장하는 것은 분명한 결과입니다.

특히 칭찬이 중요합니다. 칭찬은 학생의 자아 존중감을 향상해 줍니다. 일상적으로 어려움을 겪고 좌절하는 학생들에게 긍정적인 평가와 칭찬은 자신에 대한 믿음을 키워 줍니다. 학습에 대한 긍정적인 개념을 가지게 되며 협력을 통해 긍정적인 사회관계를 유지하게 합니다. 이렇게 긍정적인 반응이 이어질수록 어떤 상황에서든 노력하려는 자세를 만들어 줍니다. 어려움에 부딪히더라도 다시 일어서고 시도해 볼 수 있는 가능성을 주기에 의미 있습니다.

칭찬 중에서도 자신에게 하는 칭찬은 남다른 의미가 있습니다. 타인의 칭찬은 늘 다른 방식으로 학생에게 영향을 주지만, 자신에 대해서 하는 칭찬은 일관적이고 믿음직합니다. 자신이 스스로에 대한 믿음과 가능성을 가지는 행위는 특수교육 대상자에게 그 어떤 피드백보다 중요합니다. 자아 존중감도 높아지고 자기 성장과 동기 부여 효과가 있습니다. 긍정적인 마인드셋을 갖게 되어 실패에 대한 부정적인 생각을 성취와 도전으로 바꿔 줍니다. 이렇게 자신에 대한 칭찬이 중요하다면 어떤 방식으로 매일 자신을 칭찬할 수 있게 도와줄까요.

> 매일 혹은 일주일 2~3번 자신의 칭찬 일기를 작성하게 해 보세요. 자신의 긍정적인 경험과 성취를 기록해 보면 스스로 만족감을 갖는 데 도움이 됩니다.

칭찬 일기는 처음 날짜를 기록하고 간단한 인사말로 시작합니다. 오늘은 어떤 일이 있었는지 가만히 생각해 보며 어떤 주제로 칭찬을 할지 정합니다. 개인적인 성취나 노력, 긍정적인 경험 중에서 하나를 고를 수 있습니다. 구체적이고 상세한 경험을 써 나가는 것이 좋습니다. '오늘 청소 시간에 빗자루로 바닥을 쓸었다.', '수업 시간에 바르게 앉아 선생님을 바라봤다.', '급식 반찬을 하나도 안 남기고 다 먹었다.'처럼 구체적인 상황을 기록할 수 있도록 도와주세요. 시작을 못 하고 있으면 교사가 먼저 제시해 주어도 좋습니다. 어려워한다면 넌지시 힌트를 주세요.

학생의 하루 생활을 돌아보면 칭찬할 것이 의외로 많습니다. 수업 시간에 맞춰 특수학급에 온 것부터 시작합니다. 수업 시간에 바르게 앉아 칭찬 일기를 쓰려고 노력하는 것까지 무엇 하나 칭찬하지 않을 일이 없지요. 그런 부분을 예시로 알려 주시면 학생들이 써 나가는 데 도움이 됩니다. 이렇게 작고 당연하다고 생각했던 것도 칭찬해도 되는구나 생각하면 부담이 사라지고 더 많은 칭찬을 생각할 수 있습니다. 자신에게 '진짜 잘했어!'라고 당당히 표현할 수 있도록 하세요. 그 칭찬을 받고 나서 어떤 감정이 드는지 써 봐도 좋습니다. '좋다.'라는 단순한 표현만 사용하지 않도록 감정 단어 차트를 준비해서 활용할 수 있도록 해 주시면 됩니다. 특히 학습이나 문제 행동의 변화에 초점을 맞추면 더욱 좋습니다. 학습에서의 성장과 어떤 것을 배우고 느꼈는지 성장 과정을 적다 보면 공부에 대한 동기와 자신감이 생깁니다.

걱정스러운 행동이나 문제가 되는 말에 대해 긍정적으로 피드백하다 보면 문제 행동을 개선하고자 하는 의지도 생길 수 있으니 그것부터 적도록 해 주세요. 긍정적인 칭찬을 바탕으로 미래에 해 보고 싶은 것도 적어 보면 좋습니다. 앞으로 어떤 모습으로 성장하고 변화하고 싶은지 미래상을 그리다 보면 목적이 생겨 더 빠르게 발전할 수 있습니다. 글쓰기가 어려운 학생들은 간단한 그림이나 감정을 나타내는 기호 등을 활용해 칭찬해 줘도 됩니다.

자신에게 하는 칭찬과 칭찬 일기가 쌓일수록 학생의 자아 인식이 강해집니다. 긍정적인 자아 이미지를 만들 수 있게 자신을 따뜻하고 긍정적인 시선으로 바라볼 수 있습니다. 자신의 성취와 노력을 적다 보면 자신에 대한 신뢰를 단단히 하게 됩니다. 자신감을 높이고 도전에 대한 욕구를 만들어 줍니다. 어떤 과제가 주어질 때마다 누구보다 먼저 자신이 하겠다고 손을 드는 모습을 그려 볼 수 있습니다. 이런 자신감은 실패에 주눅 들던 모습과는 너무나도 다르며 학생을 자라게 합니다. 칭찬 일기를 통해 학생은 자신의 목표와 노력을 명확히 알게 됩니다. 내가 가야 할 방향이 어디이고 어떻게 노력하면 좋아질 수 있는지를 스스로 인식하게 되면 변화할 가능성이 높아집니다.

칭찬 일기를 통해 자신의 한계를 극복하고 어려운 과제에도 도전할 용기를 얻습니다. 지속적으로 학습할 의지가 생기며 자신의 능력을 발휘하고 싶은 동기를 갖게 됩니다. 이것은 학생의 강점과 장점으로 발전합니다. 칭찬 일기를 통해 자신의 장점을 찾아 나가다 보면 자신감도 얻게 되고 자기 조절 능력도 생깁니다. 칭찬 일기가 1회성으로 끝나는 것이 아니라 누적되기에 효과는 짐작할 수 없을 정도입니다. 칭찬 일기를 진행한 학생들 사이에서 쉽게 "나 공부 잘하잖

아. 나 운동 잘하잖아. 나 친구랑도 사이좋게 지내잖아."와 같을 말을 듣게 됩니다. 처음에는 수업 시간에 주눅 들어 있고 발표를 미루던 학생들이 자신의 칭찬 일기와 주변의 칭찬으로 인해 자신감을 찾고 긍정적인 마인드로 활동에 참여하는 모습을 보면 다시 한번 칭찬의 위력을 느낍니다.

칭찬할 행동을 해야 칭찬을 한다고 말할지도 모릅니다. 문제 행동만 일으키는 학생이 있는데 어떻게 칭찬하느냐고 반박할 수도 있습니다. 그런 학생일수록 더더욱 칭찬의 힘을 믿어야 합니다. 왜 문제 행동을 하는지 그 행동의 목적이 무엇인지 살피다 보면 대부분 관심과 사랑받고 싶어서인 경우가 많습니다. 그 빈 부분을 채우는 칭찬을 더욱더 잘 활용해야 합니다. 학생이 잘못한 행동이 있을수록 긍정적인 어조로 접근하세요. 부드럽게 대화를 시작하면 안전감을 느끼며 대화에 참여합니다. 사람은 누구나 실수를 통해 배우는 것임을 알려 주세요. 구체적으로 어떤 부분이 잘못되었는지 설명하고 어떻게 개선할 수 있는지 알려 줍니다. 잘못에 대해 피드백을 주면서도 학생이 이미 갖고 있는 강점이나 장점에 대해 꼭 말해 주세요. 긍정적인 면을 강조하고 할 수 있다는 마인드를 찾아서 격려하는 것이 필요합니다. 어떻게 행동을 개선할 수 있는지 구체적으로 목표를 정해 달성할 수 있는 분야로 목표를 정합니다. 이렇듯 문제 행동마저도 칭찬의 마인드로 접근하다 보면 학생이 긍정적인 모습으로 변할 수 있음을 기억하세요. 이제껏 문제 행동과 성취의 어려움으로 주눅 들어 있어 자신의 숨은 능력을 발휘하지 못한 아이들에게 어쩌면 칭찬이 날개가 되어 아이를 변화시킬 수도 있음을 믿어 봤으면 좋겠습니다.

이런 교육이 진행되는 상황을 부모님과 공유하세요. 학생이 어떤 칭찬을 받았고 자신에 대해 어떻게 생각하는지 부모님도 아셔야 합니다. 그래서 그 부분을 학생의 강점으로 키워주도록 부모의 서포트를 부탁하세요. 가정과 연계해서 교육을 진행할 때 효과는 훨씬 더 크고 강력해집니다.

■ 세상을 읽고 함께할 수 있게 도와주세요.

특수학급에서 열심히 학생들에게 필요한 교육 내용을 가르치지만 한계가 올 때가 있습니다. 바로 통합 학급 친구들과 어울릴 때나 지역사회 현장 학습을 나갔을 때가 그렇습니다. 분명히 친구들과 잘 지내는 법이나 배려하는 대화법에 대해 알려 주었는데 친구들과 대화를 시도조차 못하는 학생들을 보면 속상합니다. 내 교육 방법이 효과적인지 진짜 필요한 것을 잘 가르치고 있는지 회의감이 들 때가 있습니다. 물론 장애를 가진 학생들을 반복해서 연습하고 간결하게 가르쳐 주더라도 쉽게 변화하지 않는다는 것은 인지하고 있지만, 그래도 맥이 빠지는게 사실입니다.

지역사회에 나가 적응 활동을 할 때도 마찬가지입니다. 학교에서 여러 번 교육과 연습을 하고 현장 체험 학습을 나가도 완벽하게 해내기가 어렵습니다. 매번 다른 환경과 실전에서 어려워하고 실수하는 해프닝이 벌어집니다. 조금씩 달라지는 상황 모두를 가르쳐 줄 수 없으니 도대체 무엇을 교육의 기준으로 삼아서 어느 만큼 교육해야 하는지 어렵습니다. 게다가 이런 교육을 하는 데 있어 학부모님을 설득해야 하는 상황이 생깁니다. 현장 학습을 나가려면 개인적으로 준비해야 하는 것들이 생깁니다. 그것들을 제대로 준비해서 보내지 않는 학부모님 때문에 진행이 안 되거나 특수교사 개인 경비를 사용해야 하는 경우도 적지 않습니다. 학생들의 미래의 자립 생활을 위해서 시행하는 현장 학습인데도 왜 굳이 학교에서 그런 교육을 실시해야 하느냐는 학부모님의 반응을 접하면 어찌해야 할지 모르겠습니다. 교사가 편하자고 현장 학습을 가는 게 아닙니다. 현장 학습을 가면 교사는 교실 수업보다 훨씬 더 힘이 듭니다. 준비해야 할 것도 많고 상황마다 긴장하고 있어야 해서 쉽지 않습니다. 그럼에도 학생에게 꼭 필요한 활동이라고 생각해서 진행하고 있는데, 그럴 때마다 잘하고 있는 건지 확신이 서지 않습니다.

특수학급 학생들이 반 친구들과 대화를 자연스럽게 하기가 쉬운 일은 아닙니다. 하지만 어떤 주제를 가지고 접근하느냐에 따라서 이야기를 시작하기가 쉽고 어려운지가 달라집니다. 친구들과 쉽게 이야기를 나눌 수 있으려면 세상에 대해 알아야 합니다. 또래들이 주로 대화의 주제로 잡는 대화의 내용에 대해 알고 있으면 대화하기가 쉬워집니다. 그래서 특수학급 수업 시간에 또래의 관심사와 세상의 변화에 대해 다뤄 주는 것이 좋습니다. 그래야 자연스럽게 대화에서 고개라도 끄덕이거나 긍정이나 부정의 짧은 의사라도 표현할 수 있습니다. 한마디 단어라도 관련된 이슈에 대해 이야기하면 대화에 낄 수 있는 기회가 넓어집니다. 학교에서 매주 이슈가 되고 있는 주제에 대해 이야기를 나누고 가정에 공유해 주세요. 아이들과 관련 주제에 대해 이야기 나눌 수 있는 기회를 확대하고 가정에서 연습해 보도록 합니다. 부모님과 그 주제에 대해 이야기를 나눠 본 학생들은 세상에 대해 더 깊이 있게 이해하고 그 경험을 확장해서 또래와도 잘 지낼 수 있습니다.

또래들과 스트레스받지 않고 대립 없이 이야기 나눌 수 있는 간단한 대화의 주제에는 어떤 것들이 있을까요. 위에서 다른 이슈가 되는 뉴스 이야기가 좋습니다. 친구들이 관심 있어 하는 문화에 대한 이야기를 뉴스로 다뤄 주면 친구들이 말문을 틔우기가 쉽습니다. 취미와 관심사에 대한 이야기도 좋습니다. 그림 그리기나 음악 감상, 동물이나 스포츠 이야기를 주제로 대화를 시작합니다. 최근에 경험한 특별한 일이나 이벤트에 대한 이야기도 괜찮습니다. 학교생활에서 경험했던 자신들만이 이야기나 수업 시간에 재미있게 웃었던 일들을 기억해서 이야기하면 됩니다. 수업과 숙제, 친구들과의 활동, 일상생활에서의 경험을 주요 소재로 나누면 이야기가 무겁지 않으면서 대화하기 좋습니다. 미래에 대한 꿈이나 목표가 무엇인지 물어봐도 됩니다. 어떤 직업을 갖고 싶은지 미래의 자신의 모습을 상상하여 이야기해 보고 친구들과 나눕니다. 책이나 영화, 좋아하는 가수나 게임에 대한 이야기를 덧붙이면 취향에 관한 자연스러운 대화가 됩니다. 좋아하는 음식이나, 새로운 음식에 대한 이야기들을 통해 친해지기 쉽습니다. 가벼운 날씨 이야기로 시작해도 됩니다.

이렇듯 자연스러운 대화 주제를 알려 주고 특수학급과 가정에서 이 주제로 대화를 자주 나눠 보도록 합니다. 자신이 할 이야기가 많아야 친구들과 어울려 할 수 있는 말도 많아집니다. 연습하지 않고 친구 앞에서 자유롭게 이야기하는 것은 어렵습니다. 같은 주제를 가지고 다른 방식으로 연습하면서 자연스럽게 대화의 스킬을 늘리면 됩니다. 발음이 부정확하거나 자신 없어 할 때에는 대화하는 상황을 녹음해서 들어 보고 교정하게 합니다. 연습을 통해서 조금씩 명확해지는 발음을 듣게 되면 자신감이 생겨서 더 자신감을 갖습니다. 가정에서도 녹음 파일을 공유하고 집에서도 듣고 연습하면 더욱 좋다는 것을 알려 주세요. 이 경험이 확장되어 더욱 다양한 상황에서 활용할 수 있기 위해서는 가정의 협조가 더욱 필요합니다.

친구와의 대화뿐 아니라 지역사회를 활용해서 소셜 스킬을 향상할 수도 있습니다. 학교뿐 아니라 지역사회로 활동을 확장할 때 교실에서 연습한 스킬을 늘려 나갈 수 있으니까요. 학교에서 지역사회 활동으로 활용할 수 있는 것들은 아래와 같습니다.

대중교통 이용 교육
지역 대중교통을 이용하는 방법을 학습하고 실습합니다. 버스, 지하철, 택시 등을 활용하여 학생들이 독립적으로 이동할 수 있도록 훈련합니다.

상점 및 시장 체험
지역 상점이나 시장을 방문하여 쇼핑, 가격 비교, 돈 다루기 등을 학습합니다. 이를 통해 실생활에서의 거래와 상호 작용에 대한 경험을 쌓습니다.

커뮤니티 서비스 참여
지역 커뮤니티 서비스 봉사 활동에 참여하게 함으로써 사회적 책임감을 갖도록 유도합니다. 공원 정리, 동네 정기 모임 참석, 지역 행사 참가 등을 포함할 수 있습니다.

음식점 및 카페 방문

식당이나 카페에서 주문, 지급, 음식을 주문하는 방법 등을 학습합니다. 이를 통해 외부에서 음식을 구매하거나 모임에 참여하는 데 필요한 소양을 키웁니다.

은행 및 금융 교육

은행 방문 및 금융 서비스 이용을 통해 돈을 관리하는 방법을 학습합니다. 예금, 출금, 통장 관리 등의 기초 금융 스킬을 강화합니다.

소셜 스킬 향상

지역사회에서의 소통 및 인간관계 구축을 위한 소셜 스킬을 강화합니다. 인사, 대화, 갈등 해결 등을 중점적으로 다루어 학생들이 사회적으로 더 잘 적응할 수 있도록 돕습니다.

안전 교육

길 건너기, 안전한 장소 찾기, 비상 상황 대처 등을 학습하여 학생들이 안전하게 지역사회에서 이동하고 활동할 수 있도록 돕습니다.

이런 활동을 통해 지역사회 생활에서 필요한 기술들을 익히고 세상에 나아갈 준비를 반복해서 해 주면 좋습니다.

이 외에도 필요한 세상 교육은 학생 개인마다 다릅니다. 개인의 특성과 요구에 따라 학습 목표를 설정합니다. 학생의 능력과 성취도에 따라 필요한 기술을 선택해서 교육합니다. 특히 학생들이 대화를 원활하게 하는 것이 가장 기본인 만큼 말하기, 듣기, 읽기, 쓰기와 같은 다양한 커뮤니케이션을 강화하는 교육을 평소 수업에서 다루어 주세요. 친구들과 원활하게 소통하는 방법을 알려 주기 위해 팀 프로젝트나 역할놀이, 협력 게임 등을 진행해도 좋습니다. 체육 및 미술 활동을 통해 신체적인 능력과 창의성을 개발합니다.

컴퓨터 및 태블릿 다루는 기술을 활용하여 학생의 개별적인 수준에 맞는 교육 자료를 활용하면 교육을 조금 더 흥미에 맞게 진행할 수 있습니다. 이러한 기술을 통해 학생들이 스스로 진도를 찾아나가고 필요에 따라 부족한 부분을 보완할 수 있게 합니다. 흥미와 능력을 고려하여 진로 탐색 및 직업 교육을 제공합니다. 현장 체험, 직업 체험, 직업 관련 강연 등을 통해 학생이 자신의 가능성을 발견할 수 있도록 돕습니다. 감정을 이해하고 관리하는 능력도 필요합니다. 감정을 표현하는 것이 어려워 문제 행동으로 나타나는 경우가 많으니 감정 표현과 감정 인식, 감정 조절과 같은 감정 지능을 강화하는 프로그램도 다뤄 주는 것이 좋습니다.

감정 카드 게임을 통해 감정의 종류를 알고 감정 일기를 써 보며 자신의 감정을 이해합니다. 감정 플래시 카드로 현재 자신의 감정을 나타내며 감정이 안 좋을 경우 나타나는 자신의 반응에 대하여 관찰합니다. 감정을 행동으로 나타내기 전에 감정을 발산하고 안정화할 수 있는 방법을 알려 주면 도움이 됩니다. 카드를 보고 해당 감정을 표현하고 주변에 이야기하면 감정을 다운시킬 수 있으며 자신의 감정 표현 능력을 키웁니다. 좋아하는 행사나 활동을 통해 감정을 표출하고 역할놀이를 통해 다양한 감정을 이해하고 표현하도록 돕습니다.

지금 다룬 것들만 해도 참 가르쳐야 할 것이 많습니다. 정말 어디부터 시작해서 어느 선까지 다뤄 줘야 할지 가늠이 어려울 정도입니다. 때로는 모든 부분에 교육이 필요한 경우도 있습니다. 하나를 가르쳐서 시너지 효과를 내지 못하는 경우도 많습니다. 목표를 작게 나눠 반복해서 교육해야 하기에 어렵기도 합니다. 하지만 너무 많은 욕심을 내지 마시고 학생에게 가장 필요한 기술이 무엇인지 먼저 결정하세요. 부모님과의 상담과 대화를 통해 학생에게 가장 중요하지만 결핍되어 있는 능력부터 채워 넣어 준다고 생각하고 목표를 잡습니다. 그래야 뒤처지는 부분 없이 전반적으로 발전할 수 있습니다. 학생이 한 번에 많은 것을 흡수할 수 없을지도 모릅니다. 하지만 세상을 독립하여 살아 나가는 데 가장 필요한 스킬부터 하나씩 만들어 나가다 보면 과거와는 다르게 발전한 학생이 모습을 만날 수 있을 것입니다. 그 과정이 꼭 필요함을 부모님께 인지시키고 학습의 주요 과제로 삼아 교육하다 보면 학생의 가능성을 끌어올려 교육의 효과를 얻을 수 있을 것이라 확신합니다.

■ 가정에 특별 과제가 필요합니다.

특수학급에서 학생에게 필요한 것들을 추출해서 수업을 하면서 한계를 느낄 때가 있습니다. 그것은 다름 아닌 일상생활 기술에 대한 부분입니다. 일상생활에서 필요한 기본 기술을 가르치기에 특수학급은 열악합니다. 그런 행동은 가정에서 매일 반복되는 만큼 학교에서보다 가정에서 이뤄지는 것이 효과적입니다. 매일 반복해서 연습할 수 있고 실제 상황에서 쓰이는 기술이기 때문에 가르쳐 주기도 쉽습니다. 그런데 가정에서 그런 연습을 시키지 않아 곤란할 때가 많습니다.

급식실에 가서 보면 젓가락질을 못 해 손이나 숟가락만을 사용해 식사를 하는 학생들이 꽤 많습니다. 손의 기능에 이상이 있는 경우가 아니고서는 연습하면 충분히 젓가락질이 가능한 학생들도 그렇습니다. 지저분한 식사 에티켓 때문에 그 학생 근처에서 식사를 함께하길 원하는 친구들이 없습니다. 특수학급에서 젓가락질을 연습시키고 식사 매너를 연습한다고 해도 매일 할 수는 없습니다. 일상생활 기술 말고도 교육해야 할 내용이 너무 많으니까요. 일회성으로 교육한다고 해서 효과가 있는 것도 아닙니다. 반복해서 꾸준히 연습해야 가능한 기술들입니다. 이밖에 개인위생, 청소나 빨래 등 일상생활에서 필요한 기술들이 있습니다.

교실의 형태를 갖춘 특수학급에서 이런 기술들을 연습시키는 것에는 무리가 있습니다. 그래서 가정과의 연계가 중요한데요. 가정에서는 아이가 장애가 있다는 이유로 자립을 위한 기초 기술인 이런 연습을 소홀히 하는 경우가 많아 안타깝습니다. 물론 부모님이나 어른이 도와줘야 할 만큼 어설플 수 있습니다. 하지만 언제까지나 누구의 도움을 받을 수는 없으므로 가정에서 적극적으로 이 스킬을 연습했으면 하는데 학부모님이 도와주지 않아 진행이 어렵습니다. 해결 방법이 없을까요.

일상생활 기술 훈련은 특수교육 대상자에게 가장 기본적인 교육입니다. 학습적인 부분을 차치하고 친구들과 학급에서 공동체 생활을 하기 위해 필요한 기술입니다. 일상생활 기술은 학생이 자립적으로 살아갈 수 있도록 돕습니다. 자신의 생활을 스스로 관리하고 일상적인 상황에서 대처할 수 있는 능력은 학생이 혼자서도 독립적으로 살아가는 데 반드시 필요한 기술입니다. 이는 가족이나 친구, 이웃, 지역사회에 효과적으로 참여할 수 있는 바탕이 됩니다. 소통이나 협력, 기본적인 상호 작용을 통해 사회적인 관계를 구축하고 유지하는 데 필요합니다. 이러한 기술은 학생이 직업이나 일자리를 갖고 성공적으로 적응하게 돕습니다. 기본적인 책임감이나 시간 관리를 통해 직장에서 필요한 필수 능력을 갖추고 함께 일할 수 있는 환경을 마련합니다. 스스로 일상적인 활동을 해나가면서 독립성을 키우고 성취감을 갖게 되어 자신감을 향상합니다. 올바른 식습관과 개인위생, 적절한 휴식 운동 습관 등은 학생의 전반적인 건강과 웰빙에 긍정적인 영향을 미칩니다. 응급 상황에서 대처할 수 있는 능력과 자신을 보호하는 능력은 안전한 생활을 할 수 있도록 해 줍니다. 특수교육 대상자에게 꼭 필요한 능력인 일상생활 기술은 가정에서 연습하고 익히는 것이 가장 효과적입니다. 기술이 필요한 공간에서 배우기 때문에 효과적이고 반복해서 연습할 수 있어서 좋습니다.

하지만 가정에서 부모님이 그 기술을 연습시키지 않는다면 학교에서 대안이 없어 보이는데요. 그때 이용할 수 있는 것이 방학 과제를 활용하는 것입니다. 방학 과제로 일상생활 기술을 연습하도록 합니다. 자신에게 꼭 필요한 교육이므로 그 어떤 학습보다 중요하다는 것을 우선 학생들에게 알려 주세요. 젓가락질을 못 해서 부끄러웠던 경험이나 지저분한 외모를 갖춘 친구들에 대한 느낌을 이야기하며 필요성에 대해 이해할 수 있습니다. 자신이 그런 경험이 있었다면 필요성에 대해서도 손쉽게 받아들일 것입니다. 그래서 매일의 생활이 이뤄지는 방학 때 가정에서 이 기술 연습이 이뤄지도록 합니다. 물론 학생이 주도해서 기술을 익히고 체크하도록 알려 주세요. 부모님께는 옆에서 챙겨 주고 반드시 학생이 체크할 수 있는 기회를 주시라고 안내하면 됩니다. 모든 과제를 빼놓지 않고 열심히 연습해 오는 학생에게는 선물이 주어질 것임을 알려 주세요. 학생들은 칭찬받는 것을 좋아하고 자신이 좋아하는 선물을 받는다고 하면 시도해 볼 동기를 가지게 됩니다.

방학 중간에 안부를 물을 때 과제가 잘 수행되고 있는지 한 번씩 체크해 주세요. 아이의 능력과 성실성을 믿고 모든 친구들이 다 잘해 내고 있다고 알려 주면 아이들도 더 열심히 해낼 노력을 하게 됩니다. 이렇게 방학을 활용한 가정 학습을 부모의 과제가 아니라 아이들이 주체적으로 시행할 수 있는 과제로 보내 주세요. 그 어떤 학습보다도 가장 중요한 연습이라는 것을 강조합니다. 공부하는 것보다 재미있고 쉬운 일상생활 기술을 익히는 재미로 꾸준히 해나갈 수 있을 것입니다. 물론 인증샷과 함께 과제를 성실하게 한 친구들에게는 선물을 주는 약속도 꼭 지켜 주세요.

다음은 가정에 제시할 수 있는 방학 과제 예시입니다.

영역	활동 내용	O	X
식사 준비 및 정리	▪ 식탁을 행주로 닦는다(식사 전/후)		
	▪ 식사를 하는 가족 수만큼 식탁에 수저를 놓는다.		
	▪ 식사가 끝난 후 빈 그릇을 싱크대에 담는다.		
	▪ 수세미에 세제를 묻혀 그릇을 닦는다.		
	▪ 그릇을 물로 깨끗이 헹군다.		
	▪ 그릇을 식기대나 선반에 종류/크기별로 정리한다.		
청소 하기	▪ 책상 위를 정리하고 물 티슈로 닦는다.		
	▪ 책꽂이에 책을 바르게 꽂는다.		
	▪ 청소기를 사용하여 바닥을 청소한다.		
	▪ 물걸레를 빨아서 바닥을 닦는다.		
	▪ 쓰레기나 음식물 쓰레기를 정해진 장소에 버린다.		
	▪ 쓰레기를 종이, 플라스틱, 병 등으로 분리한다.		
세탁 하기	▪ 세탁물 색깔별(밝은 색과 어두운 색)로 분류한다.		
	▪ 세탁기에 세탁물을 넣고 버튼 조작하여 작동시킨다.		
	▪ 탈수된 빨래를 털어 건조대에 넌다.		
	▪ 건조된 빨래를 걷는다.		
	▪ 빨래를 갠다. (수건, 양말, 속옷, 바지, 셔츠 등)		
	▪ 옷장이나 서랍장에 빨래를 정리하여 넣는다.		
자기 관리	▪ 샤워하기(주 1회 이상)		
	▪ 머리 감기(주 2~3회)		
	▪ 이 닦기(1일 3회)		
	▪ 속옷 갈아 입기(매일)		
	오늘 하루를 정리하는 한마디		

과제를 보내면서 학부모에게 교육 방법을 넌지시 알려 주세요. 교사가 하는 것처럼 완벽하게 교육하지는 못하더라도 교육 방법을 공유하면 조금 더 쉽게 시도할 수 있습니다.

부모님이 일상생활 기술을 가르칠 때 아래와 같은 방법을 사용하시면 좋습니다.

하나, 일상생활 기술을 가르칠 때 모델링을 해 주세요. 원하는 행동을 천천히 시범 보여 주시고 그림이나 차트, 동영상을 통해 반복해서 연습할 수 있도록 도와주시면 효과적입니다.

둘, 일상생활 기술을 작은 단계로 나누어 가르칩니다. 한 번에 한 개의 기술을 익히는 것은 어렵습니다. 학생이 하나의 과제를 처리하다 실패하면 다시 시도하고 싶어하지 않습니다. 그러므로 목표 행동을 잘게 쪼개서 하나씩 단계별로 성공할 수 있도록 해 주세요. 그래야 성공 경험이 쌓여 행동의 효율성이 늘어납니다. 물론 잘해 냈을 때마다 칭찬을 듬뿍해 주세요.

셋, 실제로 체험을 통해 일상생활 기술을 익히고 연습하도록 하세요. 위에 제시된 기술들을 살펴보면 구체적으로 행동해 보면서 익히고 배울 수 있는 기술들입니다. 매일 같은 방법으로 목표 행동을 이뤄 나가는 연습을 반복해서 학생에게 익숙해질 때까지 연습하면 좋습니다. 단순히 가리키거나 말하는 것이 아닌 학생이 직접 참여하면서 실제로 활동할 수 있게 해 주세요.

넷, 행동을 하고 나면 어떤 부분이 잘되었는지, 어떤 부분을 더 개선해야 하는지 피드백을 통해 학습하고 지속적으로 개선할 수 있도록 도와주세요. 규칙적인 시간에 일어나고 씻고 식사하고 공부하고 휴식하고 운동하는 루틴을 지켜 방학을 더욱 알차게 보내며 해당 기술을 연습할 기회를 제공해 주세요. 잘해 냈을 때 인정하고 칭찬하며 성취감을 높여 주시면 아이가 내일은 더 잘하고 싶은 마음이 생길 것입니다.

이런 교육 방법의 공유를 통해 학부모와 학생이 스스로의 의지로 과제를 완성해 나가는 성취감을 느낄 수 있도록 도와주시면 훨씬 효과적인 교육 결과를 얻을 수 있을 것입니다.

문제 상황 중재

>>>>

■ 무조건 내 아이 편이 되어 달라는 부모님

장애를 가진 학생의 경우 문제 행동을 하는 빈도로 학급에서 친구들과 트러블이 곧잘 생깁니다. 욕을 따라 말한다거나 친구를 때린다거나 수업 방해 행동을 해서 친구들을 불편하게 만들기도 합니다. 얼마 전 우리 반 학생 M이 통합 학급 친구가 만든 작품을 파손시켰습니다. 정성껏 만든 미술 작품이 파손된 걸 보고 씽긋 웃는 모습에 반 친구는 화가 많이 났습니다. 친구의 물건을 함부로 만지고 파손시킨 부분에 대하여 M에게 사과를 시켰습니다. 그리고 부모님께도 말씀드렸지요. 친구에게 최대한 미안한 마음을 담아 표현할 수 있도록 했다 전하며 가정에서도 지도해 달라고 부탁드렸습니다.

그랬더니 학부모님이 다짜고짜 화를 내시며 본인 아이가 장애가 있어 실수로 그런 건데 그렇게까지 사과해야 할 일이냐며 따지셨습니다. 교사가 반 친구에게 고의가 아니었음을 설명하고 이해시키는 것이 맞는 거 아니냐며 서운해하셨습니다. 일부러 그런 것도 아닌데 그렇게 화를 내는 친구를 이해할 수 없다고도 하시더군요. 친구의 작품을 파손시킨 것은 모르고 그랬을 수 있습니다. 하지만 친구가 그 망가진 작품을 보며 속상해하는데도 웃고 있는 아이의 모습은 잘못된 겁니다. 반드시 지도가 필요한 부분입니다. 그런데 그런 부분까지 장애가 있으니 이해해 달라는 부모님을 이해하기 어려웠습니다. 어떤 상황이든 매 순간 자신의 아이 편이 되어 의견을 대변해 달라는 부모님의 요구를 들어줄 수 없을 것 같은데 이럴 땐 어떻게 하면 좋을까요.

객관적이고 중립적인 입장에서 자녀를 교육하지만, 그래도 교사로서 특수교육 대상자의 권리와 상처받지 않음을 최선으로 하시는 선생님에게 이런 제안은 상당히 혼란스럽습니다. 특히 특수교사는 자신의 학생이 관여된 일이기에 이미 객관적일 수 없는 상황인데 더 편을 들어 달라고 하니 어렵습니다. 기준도 없이 무조건 편을 들어 달라는 부모의 심리는 무엇일까요. 일단 부모의 속마음을 알아야 합니다. 그래야 그에 합당한 교육을 할 수 있습니다.

학부모는 기본적으로 자녀를 보호하고자 하는 욕구를 가집니다. 당연한 일인데요. 특히 장애를 가진 부모는 자녀에게 발생하는 어려움과 도전을 많이 받게 됩니다. 마음 아프고 속상한 경험이 쌓이면서 어떻게든 자녀를 보호하고 상처받지 않게 해야 한다는 마음이 생기게 됩니다. 부모는 자녀의 문제에 대해 과도한 책임감을 갖게 되며 그에 따른 스트레스를 겪습니다. 이때 부모는 교사 특히 특수교사가 자신들의 특별한 상황을 이해해 주기를 과도하게 희망할 수 있습니다. 특수교사니까 객관성 없더라도 자신들을 지켜 주는 것이 당연하다고 생각합니다. 사회적으로 눈총을 받거나 안 좋은 시선을 느끼는 것에 대해 불안과 부담을 가지며 예민하게 반응할 수 있습니다. 그래도 과도하게 책임감을 느끼고 자녀를 완벽하게 통제하려는 경향이 생길 수 있습니다. 자녀의 실수를 자기가 잘못한 것처럼 연결시키기도 합니다. 그래서 더더욱 그 잘못을 덮으려고 안간힘을 쓰기도 합니다. 이런 이유들 때문에 부모는 객관적으로 자녀의 잘못을 인식하기가 어렵습니다.

이러한 부모의 마음을 이해했다면 공감부터 해 주세요. 이런 이야기를 하게 되어 교사 역시 무척 속상하고 안타깝다는 감정을 먼저 꺼내 놓으면 됩니다. 잘못에 대해서만 먼저 나열하고 해결 방법에 대해 논의하는 것보다 감정적인 유대가 먼저 이뤄져야 합니다. 그래야 부모들이 자신의 어려움을 교사가 이해하고 있다고 생각하여 날카로움을 내려놓을 수 있습니다. 아이가 잘하는 부분을 이야기하고 어쩌다 이런 실수를 하게 되어 안타깝다고 말해 주세요. 그다음 문제에 대해 이야기하고 부모님의 견해를 물어봅니다. 일단 실컷 부모님이 자신의 입장을 이야기할 수 있는 기회를 주세요. 그래야 부모 마음에 앙금이 해결될 것입니다. 부모 마음에 쌓인 것들을 받아 주고 인정해 주면서 대화를 시작하세요. 감정을 다 풀어 놓은 부모는 그나마 건강한 이성을 활용해서 설명하는 교사의 말을 들을 준비가 될 것입니다. 부모가 세게 몰아붙이고 공격적으로 교사에게 퍼붓는다는 것은 그만큼 부모의 감정이 격양되었다는 의미입니다. 컨트롤할 수 없을 감정에 대해 조절하라고 하기는 어렵습니다. 그러니 감정 상태에 대해 충분히 이야기한 후 교사의 입장과 대처 방법에 대해 부드럽게 제안해 주세요. 공격적이지 않은 태도로 부드럽게 이야기합니다. 지금은 학부모도 상처를 받은 상태입니다. 토닥여 주고 기다려 주세요. 그러면 조금 더 부드럽게 대화를 이어 나갈 수 있을 것입니다.

이러한 상황에선 학생의 성장을 위해선 반드시 문제 행동에 대한 경계 설정과 지도가 필요합니다. 그 방법은 아래와 같습니다.

먼저 행동의 동기를 파악해야 합니다. 왜 그런 행동을 했는지를 파악합니다. 행동의 원인을 이해하면 적절한 지도 방법을 결정하는 데 도움이 됩니다. 잘못된 행동을 하고 머쓱해서나 어떻게 할지 몰라서 웃는 학생들이 있습니다. 그런 대처는 잘못된 행동임을 가르쳐 주고 반 친구에게도 그런 이유에서 웃었다는 것을 이해시키는 것이 좋습니다. 결코 작품을 망가뜨리고 나서 희열 때문에 웃었던 것이 아님을 알려 주세요. 그래야 상처받은 지점을 치유할 수 있습니다. 부모님께도 그 부분을 강조해서 말씀해 주세요. 분명히 반 친구가 기분 나쁠 수 있는 지점이며, 이런 오해를 받을 행동이라면 고쳐야 함을 정확하게 인식시키는 것이 필요합니다.

학생이 가진 강점과 어려움, 선호도를 고려하여 효과적인 지도 방법을 생각해 보고 부모와 공유해 주세요. 어느 정도 불편하고 부족한 지점에 대해서는 반 친구들도 이해해 주지만, 기분 나쁠 수 있는 상황이기에 가벼운 사과를 해 주는 것이 필요함을 알려 주세요. 물론 교사가 특수교육 대상자의 교육 효과를 위해 최선을 다해 노력하고 있으며, 그 부분을 강조해서 설명하고 교육함을 알려 주세요. 그래야 객관적이면서도 지극히 자신의 자녀를 위한 개별적인 교육을 하고 있음을 인식하고 이해할 것입니다. 학생의 교육은 교사 혼자 할 수 있는 것이 아닙니다. 가정과 학교에 일관된 교육 방법이 필요함을 알려 주세요. 앞으로도 얼마든지 문제가 되고 오해를 살 수 있는 행동이니만큼 이번 기회로 대안 행동을 가르쳐 주는 것이 아이의 미래를 위해 도움이 된다는 것을 확실하게 말해야 합니다. 이것은 교사에 대한 신뢰가 기본이 되어야 하는 대화입니다. 이 책에서 언급한 노하우를 바탕으로 학부모와 긴밀한 라포를 형성하면 더욱 효과적으로 전달할 수 있습니다.

교사가 기본적으로 특수교육 대상자의 안위와 행복을 위해서 교육의 방향을 잡고 있음을 부모가 신뢰할 수 있어야 그다음 단계의 논의도 이루어집니다. 첫 단계부터 차근차근 관계를 정립하여 믿을 수 있는 서로가 되면 좋겠습니다. 물론 아무리 그래도 안 통한다고 생각하실 수 있는데요. 진심은 통한다는 믿음을 가지시고 대화해 보세요. 여러 번의 시도를 통해 부모님도 이 상황을 이해할 수 있을 것입니다. 끝까지 받아들이지 못하는 부모라면 그것은 나의 역량을 벗어난 부분임을 인정하세요. 상대방이 수용할 수 없는 범위까지 교육을 확장해 갈 수는 없습니다.

이러한 부모를 위하여 평소 자주 부모 교육 프로그램을 운영하세요. 아무 문제도 없고 편안한 상태에서 교육을 해서 부모에게 경계 설정이 필요함을 알려 줘야 합니다. 자주 개별 상담이나 부모 교사 회의를 개최하세요. 학기 초 자주 연락드릴 수 있음을 알려 드리고 좋은 행동 방향에 대한 칭찬을 들려주세요. 부모와 직접 소통을 통해 교사에 대한 신뢰를 형성하는 것이 중요합니다. 개별적인 접근을 통해 부모의 걱정과 요구를 이해할 수 있습니다. 자녀의 학교생활과 행동에 대한 지속적인 피드백을 제공하세요. 어떻게 지속적으로 지원하고 있으며 자녀의 발달과 특별한 상황에 대해서 어떻게 교육하는지 알려 주세요. 특수학급에서 부모들끼리 자주 정보를 교류하고 교육 방향을 공유하면 좋습니다. 건강한 부모의 교육 방법을 칭찬해 주고 공유하다 보면 서로 좋은 영향을 주고받아 발전하게 됩니다.

교사가 부모들을 위한 안내 자료나 관련 프로그램을 안내하여 자녀의 건강한 발달을 위해 지원하는 방법을 알려 주세요. 이를 통해 부모들은 필요한 정보를 얻고 자녀 교육에 참고할 수 있습니다. 학생의 부정적인 행동에 대한 적절한 대응을 알려 주고 사례를 통해 어떻게 대처하면 좋은지 설명해 주세요. 추상적으로 이해하는 것과 실제 생활에서 적용하는 교육 방법은 크게 다를 수 있습니다. 부모도 자녀를 건강하게 교육하는 방법이 무엇인지 몰라 헤매고 있는 중입니다. 지금의 자녀는 어제와는 다른 모습의 새로운 아이인지라 매일이 새롭고 다른 행동과 감정 양상을 보입니다. 어제의 방법으로는 해결할 수 없는 문제가 생길지도 모른다는 막연한 두려움을 알고 방법을 제시해 주세요.

지적장애를 가진 자녀가 있다 한들 부모가 지적장애를 가져 보지 못한 이상 자녀를 완벽하게 이해할 수는 없습니다. 이러한 한계는 물론 교사도 가지고 있지만, 우리는 다양한 케이스의 학생을 다뤄 봤으니, 정답은 아니더라도 조언은 해 줄 수 있습니다. 부모님이 몰라서 고집을 부리고 있는 상황이라면 다른 사례를 통해 실질적으로 어떻게 대처하면 좋을지 알려 주세요. 실제적으로 자녀를 다루고 교육하는 부모에게 도움이 될 것입니다. 아이들은 사랑하지만 정확한 교육 방법을 몰라 헤매고 있는 부모를 도와주세요. 경험이 많고 교육 이론을 장착한 교사가 도와줘야 합니다. 부모의 마음을 안쓰럽게 생각하시고 지원해 줄 수 있는 아량으로 접근한다면 조금 더 부모를 이해하고 학생의 효과적인 교육법을 찾는 데 도움이 될 것입니다.

교사의 역할은 학부모들에게 부정적인 행동에 대한 적절한 대응법을 가르치고, 이를 지속적으로 지원하여 학생의 건강한 발달을 지원하는 것입니다. 교사와 부모의 협력은 학생의 긍정적인 성장과 발달을 위해 중요하다는 점을 학부모가 인식할 수 있도록 알려 주세요.

담임교사라면 부모의 어려움을 이해한다는 표현으로 충분합니다. 객관적인 입장에서 아이를 수용하려는 모습을 보여 주면 부모의 신뢰는 깊어집니다.

■ 특수학급 전일제를 원하신다구요?

문제 행동으로 수업 시간에 방해를 주는 학생이 있습니다. N은 수업 중에 웅얼거리는 소리를 내거나 갑자기 큰 소리로 웃는 행동을 합니다. 입학 당시에는 잠깐씩만 그랬는데 학생이 사춘기가 시작돼서인지 과잉 행동이 심해졌습니다. 교실에서 친구들과 선생님이 너무 방해가 된다며 민원이 빗발쳤습니다. N에게 소리를 내지 못하도록 행동 기법과 긍정적 행동 지원을 해봤지만 학생의 행동은 쉽게 고쳐지지 않았습니다. 잠깐씩도 아니고 주기적으로 방해되는 행동을 하다 보니 통합반 교실에서 수업에 함께 참여하기 어렵다고 했습니다. 특수학급에서 온종일 수업을 해 주면 안 되냐고 요청하셨습니다.

특수학급 수업 시간도 아닌데 제가 학생을 데리고 있는 게 무슨 의미인가 고민이 됩니다. 학생에게 수업권이 있는데 특수학급에서 수업을 전일제로 수업을 하지 않으면 학생의 수업권이 보장이 안 되는 거니까요. 그렇게 말씀을 드려봤지만 통합 학급 선생님은 수업 진도를 도저히 나갈 수 없으니 통합 수업이 어렵다고 하십니다. 수업에 방해가 되는 행동을 하는 것은 문제라고 생각하지만, 그렇다고 모든 수업에서 배제하고 특수학급 전일제를 한다면 통합 교육을 하기 위해 일반 학교에 온 의미가 없게 되지요. 그래서 부모님께 말씀드렸더니 부모님은 상관없다고 하십니다. N이 갑자기 수업에 방해되는 행동을 해서 통합 학급 담임 선생님께 곤란하다는 연락을 받으니 마음이 불편한 거 같았습니다.

다른 학교에 물어보니 종종 그런 학생이 있고 학생에게 특수교사의 수업 시수 이외에 수업을 해 줄 수는 없으니 학생이 혼자 할 수 있는 과외의 활동 과제를 준다고 했습니다. 하지만 잠깐의 문제 상황으로 인한 분리도 아니고 끝이 없습니다. 수업 시간도 아닌데 N이 자율 학습을 하는 모습을 다른 사람이 보게 되면 오해할까 걱정도 됩니다. 학부모님은 저의 이런 어려움은 알지도 못한 채 문제 행동 개선에는 관심도 없고, 학교 관계자들은 저에게만 모든 책임을 떠넘기려 하니 마음이 너무 무겁습니다.

교사는 수업에 방해가 되니 행동이 잦아들 때까지 분리해 달라고 요구할 수 있습니다. 너무 과하게 수업에 방해가 되고 진도를 못 나가면 반 학생들의 민원의 대상이 될 수도 있으니까요. 일시적인 문제 상황에서는 특수학급에 짧은 기간 전일로 머물기도 합니다. 그렇지만 문제 행동의 개선 여지가 없는데 무조건 특수학급에서 전일제를 해 달라는 부모님의 요구까지 더해지면 교사의 부담은 커집니다. 그렇다고 숙려제를 적용해서 학생을 학교에서 분리하는 방법을 사용할 수도 없으니 대안이 정말 없습니다. 이런 때일수록 학부모님이 적극적으로 문제 행동의 개선을 위해 원인을 찾아보고 방법을 논의해야 합니다. 학부모는 태평하고 특수학급에 있으면 되는 거 아니냐고 반문하면 특수교사는 난감해집니다. 학생의 수업권을 보장할 수도 통합 교육의 효과를 기대할 수 없는 분리 교육을 기한도 없이 해나가기는 어렵습니다.

학부모들은 왜 특수학급 전일제에 대해 경각심 없이 받아들이고 문제가 없다고 생각할까요. 물론 개인마다 학생 특성에 따라 차이는 있겠지만, 부모들은 특수학급 전일제를 통해 자녀가 특별한 교육과정과 지원을 받을 수 있다고 생각합니다. 자녀의 학습을 위한 활동은 충분히 이뤄지고 있으니 문제는 아니라고 여기는 겁니다. 또 그 과정에서 교사의 지도에 의해 자연스럽게 사회적 스킬이 좋아지고 문제 행동이 나아지리라 생각합니다. 특수교사에게 주어지는 부담감에 대한 염려까지는 못 하는 경우가 많습니다. 자녀가 안전하고 편안하게 특수학급에 머물고 친구들과 선생님의 비난도 받지 않으니 마음이 편하다고 생각할 수 있습니다.

특수교사는 전혀 그렇지 않습니다. 특수교사에게 주어지는 과도한 부담과 스트레스는 질높은 수업 준비에 방해가 됩니다. 다른 학생들의 추가적인 지원이 힘들고 심적으로 많은 부담이 됩니다. 온종일 학생을 지도하면서 문제 행동에 대한 교정 방법을 논의하다 보면 피로감과 사회적 부담을 느낍니다. 이는 교사가 개별 학생에게 맞는 수준 높고 적절한 지원을 할 수 없게 만듭니다. 수업 준비를 해야 하는 시간에 계속해서 과다한 업무가 주어지고 학생을 지도하는 것도 아닌 상황이 교사에겐 힘든 상황임을 인지 시켜야 합니다. 수업권을 보장할 수 있는 대안을 마련하고 그에 맞게 가정에서도 학습을 준비하고 행동의 변화를 위해 노력해야 한다는 일치점을 찾는 것이 필요합니다. 학부모가 그 필요성을 알고 적극적으로 노력해야 학생도 변화의 의지를 가지게 됩니다.

아무리 노력해도 변하지 않는 학생이라면 환경을 바꿔 주는 것도 대안이 될 수 있습니다. 특수학급에 머물면서 통합 학급의 민원을 피하는 것이 대책이 될 수 없음을 꾸준하게 어필하세요. 그래야 학생도 좀 더 변화 가능하고 긍정적인 방향으로 변할 수 있습니다. 상담을 통해 특수학급 전일제의 문제점과 우려되는 점을 공유합니다. 전문가와 협력하여 학생의 현재 상태와 요구, 변화에 대해 파악할 수 있는 기회를 마련하도록 안내하세요. 전일제의 장단점과 학생에게 주는 영향에 대해 공유하며 변화의 필요성에 공감하도록 돕는 것이 필요합니다.

전일제를 요구하는 학생과 학부모에게 어떤 방법으로 접근해야 할까요. 학생의 욕구를 이해하고 변화를 위한 대안을 준비하는 것이 필요합니다. 학생의 문제 행동의 기능과 목적을 파악하여 대안을 세웁니다. 부득이하게 짧은 기간이라도 전일제를 운영하게 되면 학습 공백을 메꾸기 위하여 교육 방송 시청을 권유해 봐도 좋습니다. 특수학급 수업 이외의 시간에는 EBS로 교과과정에 맞는 수업을 시청하여 수업권을 보장해 줍니다. 그래야 학생이 특수학급에 있어도 제대로 된 학교 수업에서 제외되지 않습니다. 부모님께 연락해서 교재를 준비하도록 안내하시고 학생이 동영상 교육에 참여할 수 있도록 방법을 알려 주세요.

필요하다면 상담교사에게 지원을 요청하여 학생 상담 시간을 확보하는 것도 방법입니다. 학교의 구성원 중에서 학생의 행동 변화를 도울 수 있는 자원을 활용하세요. 혼자서 해결하지 말고 관리자와 상의하여 수업의 다양한 대안을 마련하고 음미체 같은 활동 수업은 통합 학급에서 참여할 수 있도록 기획하는 것도 방법입니다. 학교 내 도서관을 활용하거나 독서할 수 있는 시간을 가져도 좋습니다. 이렇듯 학교 내의 다양한 리소스와 교육 방송을 통해 학생의 모든 활동이 특수학급에서만 이뤄지지 않도록 합니다.

특수교사가 너무 많은 스트레스를 받아 다른 학생의 교육 과정까지 악영향을 줄 수 있습니다. 이를 부모에게 알리고 적극적으로 대안을 마련하는 데 참여하도록 유도하는 것이 필요합니다. 학생의 행동을 정기적으로 평가하고 교육하여 되도록 빠른 시일 내에 안정을 찾아 통합 학급 수업에 참여할 수 있도록 도와주세요. 너무 긴 시간 특수학급에 전일제로 머물지 않도록 대안을 다양한 방면에서 찾아보는 것이 필요합니다.

특수학급 전일제 수업을 진행하면 특수교사만 힘든 것은 아닙니다. 학생들 또한 통합 학급 친구들과 소통하고 어울리고 싶어 합니다. 또한, 재미있는 활동 수업을 하지 않고 혼자 대안 활동을 하는 것의 효과도 미비합니다. 학생이 적절한 휴식 시간과 스트레스 해소를 위한 활동을 포함하여 균형 잡힌 일일 일정을 잡아 나갈 계획이 필요합니다. 전일제로 특수학급에 머물며 친구들과의 사회적 상호 작용이 더 줄어들게 됩니다. 혼자 특수학급에 머물며 대안 활동을 하다 보면 친구들을 통해 배우고 자극받는 부분이 약해지게 됩니다. 그래서 사회적 기술을 향상하기 위한 그룹 활동이나 협력 프로 젝트를 더 많이 수업에 활용하세요. 친구들과 함께하는 수업이 즐겁 다는 것을 알고 참여하고 싶은 의욕이 생길 때 학생의 문제 행동 개 선 의지도 생깁니다. 학교 내에서 도움을 줄 수 있는 재원을 찾아 도 움을 요구하는 것도 필요합니다. 특수교사 혼자서 떠맡기에는 어려 운 상황임을 인지시키고 교육청에도 지원을 요청하세요.

또한, 이러한 과정을 가정에 전달하는 것도 필요합니다. 학부모는 교사가 말하지 않으면 모릅니다. 자녀가 학교에서 필요한 교육을 다 이수하고 왔다고 생각하기 쉽습니다. 그런 상태에서는 개선의 여지 가 생길 수 없습니다. 특수교사가 어떻게 노력하고 있으며, 그럼에도 시스템적으로 미비하고 부족한 부분이 있을 수 있음을 학부모에게 알려 주세요. 혼자서 해결하려고 하지 마세요. 혼자 해결하기에 전 일제는 교사의 부담이 너무 무겁습니다. 학부모가 적극적으로 대안 을 마련하고 가정에서도 문제 행동의 대안을 지도할 수 있어야 합니 다. 학생들이 부모님이 노력하고 지도하면 변화하는 경우가 많습니 다. 정확하게 학생의 문제를 파악하고 그에 따라 가정에서도 지도하 는 것이 왜 중요한지 부모가 알아야 합니다.

가정에서의 자녀는 아마 큰 문제가 없을 것입니다. 익숙한 시스템 에서 큰 변화 없이 매일의 일상이 흘러가니까 스트레스받을 상황이 많지 않습니다. 하지만 학교는 다릅니다. 학생이 신경 써야 할 변화 가 계속 존재하는 학생의 사회생활 공간입니다. 그에 따라 학생이 문제 행동을 하고 변화를 어려워한다는 것을 인지하고 조금 더 부모가 적극적으로 개입하여 학생의 변화를 위해 노력해야 한다는 것을 알려 주세요. 특수교사 혼자 노력한다고 해서 변하지 않으며 가정과의 연계 없이 교육 효과를 높이고 행동 중재를 해내기는 쉽지 않음을 부모가 인식하고 파트너로 참여하게 하세요. 매일의 변화와 일상을 알려 교사와 학생이 노력하고 있음을 보여 주세요. 그래야 학부모의 태도도 변할 수 있고, 학부모가 변하면 학생도 변할 가능성이 커집니다.

담임교사 역시 학생이 통합반에서 짧게라도 어울릴 수 있는 방법을 함께 논의해야 합니다. 이 학생은 특수학급 소속일 뿐 아니라 통합반 학생이기에 함께 방법을 찾아보고 고민해야 할 것입니다.

■ 모든 것을 대신해 주세요.

우리 반 O는 지적장애를 갖고 있습니다. 특히 수 계산을 어려워하고 숫자를 무한 반복해서 가르쳐도 학습해서 자기 것으로 만들어 활용할 줄 모릅니다. 그래서 위축되고 눈치를 많이 보긴 하지만 순응적이고 성실한 편입니다. 학습에 참여해서 잘 해내고 싶고 다른 친구들보다 더 많이 칭찬받고 싶어 하는 동기가 보여 귀엽고 대견합니다. 그런데 문제는 O의 부모님입니다. 특히 어머님은 자녀를 어린아이 다루 듯합니다. 학생에게 물어보니 세수도 엄마가 시켜 준다고 합니다. 아이가 샤워할 때 부끄러워서 엄마보고 나가 있으라고 하는데도 엄마가 자녀 몸을 씻어 준답니다. 아이가 부끄럽다는 의사 표현을 했는데도 여전히 자녀를 어린아이로 인식하고 대응하는 부분이 안타까웠습니다. O가 스스로 할 수 있는 간단한 활동조차 위험하다며 시도하게 하지 않습니다. 아무리 지적장애가 있어도 아이가 스스로 할 수 있는 연습을 제대로 시켰다면 지금보다 훨씬 더 발전된 모습을 보였을 텐데요. 가정에서의 양육이 자립 기술 형성을 방해하는 것 같아 안타깝습니다.

O를 어린이 취급하며 아이의 독립을 돕지 않는 어머니 때문에 자녀도 어머니의 눈치를 많이 봅니다. 혼자서 해결하거나 선택할 수 있는 문제도 혼자 시도하지 않고 무조건 엄마를 부릅니다. 엄마가 도와주는 것이 익숙하고 편한 것 같습니다. 어머니도 마찬가지겠지요. 어설프게 자녀가 해 놓은 것보다는 엄마의 도움을 받아 그럴싸한 결과를 내는 것이 나아 보일 수 있을 겁니다. 하지만 그건 자녀가 한 것이 아니고, 그런 행동이 자녀에게 전혀 도움이 되지 않잖아요. 오히려 아이가 가진 부분을 더 발전시키지 못하고 정체시키는 것 같아 아쉽기만 합니다. 이런 어머니를 보면 학생을 어떻게 지도해야 하는지 그리고 부모 교육까지 내 몫인가 싶어 참 어렵기만 합니다.

자녀가 장애를 갖고 태어나면 부모는 어찌할 줄을 모릅니다. 자녀의 건강과 행복을 위해 특별한 지원과 부모의 도움이 필요하다고 생각합니다. 그래서 무리해서 자신을 희생하고 자녀의 부족한 부분을 자신이 해결하고자 하는 부모들이 있습니다. 물론 선한 의도에서 자녀를 지키고자 하는 마음으로 시작된 행동이지만, 이는 자녀의 정상적인 발달에 도움이 되지 않습니다. 본인도 부담스러우면서 자녀가 할 수 있는 부분까지 대신해 주는 부모의 심리는 무엇일까요. 이는 부모가 자녀를 안전하게 보호하려는 기본적인 본능입니다. 물론 이 것이 과해서 개입하지 않아야 하는 부분까지 선을 넘는 게 문제가 되지만 시작은 너무나 자연스럽습니다. 자녀를 너무나 사랑하고 아 끼기에 자녀가 힘든 모습을 보고 싶지 않은 것이 부모입니다.

그런데 자녀에게 부족한 부분이 있어 위험한 상황이 일어날 수 있 다면 그것을 가만히 보고만 있을 수는 없겠지요. 본인이 힘든 부분 이 있더라도 인내하며 희생하는 것이 장애 자녀를 둔 부모의 도리라 고 생각합니다. 장애를 가진 자녀가 안쓰러운 부분이 있기에 그 마 음을 채우기 위해 부모가 대신해서 행동하는 것입니다. 사회적으로 장애를 가진 자녀에 대한 편견이나 사회적 압력도 부모를 움직이게 합니다. 이런 불안이 쌓여 언제든 자신의 자녀가 공격받을 수 있다 는 생각이 들면 보호적인 태도를 취할 수밖에 없습니다. 부모는 평 생 자녀에게 객관적일 수 없는 존재입니다. 자녀의 객관적인 장단점 을 파악하고 발전 방향을 정확하게 인식하기 어렵습니다. 그저 부모 가 도와서 조금이라도 덜 불편한 상황을 만들어 주는 것으로 위안 을 삼기도 합니다. 정보가 부족하여 어떻게 도와야 할지 몰라서 그 러는 경우도 있습니다. 자녀가 의지할 곳은 자신뿐이라 생각하여 더 책임감이 생기는 것도 사실입니다. 장애를 가진 자녀에 대한 사회적 인 지원 체계가 부족하고 성숙한 시민 의식이 자리 잡지 못한 상황 에서 부모가 편안해질 수는 없는 법입니다. 자신은 장애를 가져 본 적도 없고 그래서 어떤 감정과 필요를 느끼는지 알지 못하는 상황에 서 부모가 생각할 때 필요해 보이는 도움을 주고자 최선을 다하는 것입니다. 이런 부분은 교사도 마찬가지입니다. 장애를 가진 당사자가 되어 보지 않은 상태에서 미루어 짐작하여 도움을 주기 때문에 정확한 도움을 주기가 어려울 때도 있습니다. 전문성을 가진 교사도 이러한데 부모는 어떨까요. 감정적으로 객관적이지 못한 부모는 더 아이를 보호하고자 하는 마음이 클 수밖에 없습니다. 그러면 이런 부모에게 조금이나마 객관적인 시선을 주어 변화를 만들려면 어떤 방법을 활용해야 할까요.

자녀의 능력과 필요를 객관적으로 바라볼 수 있게 도와줘야 합니다. 몰라서 그럴 수 있습니다. 하지만 장애를 가진 자녀라 해도 양육의 원칙은 다르지 않습니다. 자녀가 자신의 삶을 주도적으로 결정하고 살아가며 독립할 수 있는 것이 최후의 목표가 되어야 합니다. 부모가 먼저 손을 놓고 실패하고 실수하더라도 혼자서 해낼 수 있는 기회를 주어야 합니다. 그런 감정을 느끼게 하는 데는 자녀를 객관적인 시선에서 볼 수 있는 경험이 필요합니다. 자신이 낳아 어려서부터 힘들어하는 모습을 보여 온 자녀의 모습을 객관화해서 보기는 어렵습니다. 가정에서 그것이 어렵다면 자녀가 학교에 왔을 때 그 경험을 직접적으로 느낄 수 있도록 도와주세요.

자녀가 잘 해내고 있다는 것을 자주 알려 주세요. 일상의 수업에서 자녀가 했던 말이나 성과를 부모님께 자주 보여 주세요. 부모님이 기대하는 것 이상으로 아이가 잘 해내고 있음을 알려 주는 겁니다. 자신 없이도 아이가 이렇게 잘 해내고 있으며 잘 해낼 수 있는 아이라는 것을 알려주세요. 장애를 가져 부분적으로 어려움이 있을 수는 있지만, 분명한 강점을 가졌으며 그 부분을 스스로 키워 인정받고 싶어 하는 욕구가 있음을 알려 주세요. 그래야 부모가 조금 더 자녀를 성숙한 시선으로 대할 수 있습니다.

자녀가 자주 결정하고 선택할 수 있는 기회를 가져야 함을 학교생활에서 시범 보여 주세요. 학교에서 결정해야 할 것들을 부모에게 묻기 전에 아이의 의사를 먼저 물어보고 결정하겠다 안내하세요. 학교에서 필요한 결정을 아이에게 묻고 그 결과를 가정에서 부모에게 전달할 수 있도록 연습시키는 겁니다. 어리고 자신이 돌봐 줘야만 하는 줄 알았던 자녀가 스스로 선택하고 결정에 책임을 질 수 있는 한명의 독립적인 인간으로 성장하고 있음을 느끼면 부모도 달라질 것입니다. 아이가 얼마나 한 사람의 인격으로 독립적으로 대우받고 싶어하는지 자주 들려주시면 좋습니다. 학생들을 가르치다 보면 인정받고 칭찬받고 싶어 하는 모습을 흔하게 볼 수 있습니다. 그 부분을 소통을 통해 부모에게 전달하세요. 아이에게도 욕구가 있고 그 부분을 존중해 주어야 함을 배울 수 있을 것입니다.

특수학급에서 학생 교육만큼 중요한 것이 부모 교육입니다. 따로 부모 교육 날짜를 잡아 교육하지 않더라도 수시로 부모에게 자녀의 교육 방법을 공유하고 방향을 잡아 주는 것이 필요합니다. 부모들이 자녀의 강점과 어려움을 파악하면 효과적인 지원 및 교육 계획을 수립하는데 도움을 받을 수 있습니다. 학교에서의 교육 방법을 일관적으로 가정에서 적용하여 효과적인 협력을 강화할 수 있습니다. 가정에서 제공되는 지원이 학교와 맞물려 진행되면 학업 성과와 행동 변화에 도움을 받게 됩니다. 학교나 교육기관에서 어떤 서비스와 지원이 이뤄지는지 정확히 알면 교육적인 방향을 정하기가 쉬워집니다. 자녀의 일상이나 학업의 과정에서 어떤 도움을 정확한 기준으로 주면 자녀가 자립성을 갖는 데도 도움이 됩니다. 부모 교육은 효과적인 소통 습관을 만들어 줍니다. 부모와 교사의 적절한 거리를 가진 객관적인 대화는 학생의 발전에 많은 도움을 주기에 반드시 필요합니다.

부모에게 이야기할 때는 자녀의 장애에 대한 이해를 도울 수 있는 자료를 많이 알려 주세요. 장애의 특성과 자녀만의 특별한 요구 사항을 부모가 아는 것이 중요합니다. 부모에게 자녀가 가진 장점을 강조하고 존중하며 인정해야 합니다. 자녀의 긍정적인 면을 강조하면 부모가 열린 마음으로 대화할 토대가 만들어집니다. 부모는 자녀에게 적절한 나이와 능력에 맞게 자립성을 기울 기회를 부여해야 함을 알려 주세요. 간단한 일상활동부터 자기 관리와 결정을 할 수 있도록 유도하여 자녀의 책임감을 키워야 합니다. 예를 들어 위생, 옷입기, 식사 등은 스스로 할수 있도록 하며 필요한 경우에만 도움을 줍니다. 이것이 가능하면 다른 일상의 활동도 스스로 결정하고 해낼 수 있도록 반복적으로 연습시키면 됩니다. 언제까지나 자녀가 부모의 그늘 아래 머무를 수는 없으며 귀하고 안타까운 생각이 들수록 손을 놓아주고 혼자서 행동할 수 있게 해 줘야 바르게 성장할 수 있음을 알려 주면 좋습니다.

부모는 다양한 상황에서 자녀가 사회적 상호 작용을 할 수 있도록 촉진하고 친구들과의 교류나 사회 행사 참여 등을 통해 자녀의 소셜 스킬을 발전시켜야 합니다. 학교와 지역사회 자원을 적극적으로 활용합니다. 장애인 서비스나 교육 프로그램을 통해 자립심을 기를 수 있는 대외적인 활동을 늘려가며 경험할 수 있음을 안내해 주세요. 부모가 홀로서기를 연습시키겠다는 의지가 있어야 자녀가 홀로 설 수 있음을 알려 주세요. 조심스럽고 유연하게 반복적으로 방법을 제시하면 부모도 조금씩 달라지는 모습을 보여 줄 겁니다. 그럼에도 불구하고 변화하지 않는 부모라면 적당한 거리를 두고 교사의 역할을 해 나가며 응원만 해 주세요. 본인이 변할 의지가 생길 때까지 교사의 교육 모습을 보며 시간을 가지는 것도 좋은 방법 중 하나입니다.

■ 댁 아이만 사춘기는 아니랍니다.

P가 사춘기가 시작되려는지 문제 행동이 도드라지게 나타납니다. 전에 없던 문제 행동이 한참 동안 진행되다가 그 행동을 지도하면 다른 문제 행동이 나타납니다. 원활한 의사소통도 어렵고 시각적인 자료를 통해 교육해도 받아들이기 힘들어했습니다. 그런데 그 문제 행동 때문에 통합 학급에서 친구와 다툼이 있었습니다. 옆 친구가 하는 대로 따라서 내뱉은 욕 때문에 앞에 있던 친구가 너무 화가 난 겁니다. 거칠고 나쁜 말을 자주 사용하는 친구였는데 P에게 대놓고 욕을 했습니다. P가 집에 가서 그 욕을 그대로 따라 했고, 부모님이 너무 놀라서 전화를 하였습니다. 자신의 자녀 앞에서 욕을 하는 친구를 혼내 주고 싶다고 하셨습니다. 친구를 불러 대화를 해 보니 누군가에서 배웠는지 모르겠지만 우리 반 P가 먼저 욕을 했다는 겁니다. 다짜고짜 욕을 하니 자신도 참

을 수 없어 욕으로 맞받았다는 것입니다. 본인은 장애가 있는 친구에게는 대놓고 욕을 하지 않는데 자신을 도발한 것은 P라며 씩씩거렸습니다.

학생과 상담한 내용을 부모님께 전달하니 그럴 수는 없다며 반발하셨습니다. 자신의 아들이 먼저 욕을 했지만 그래도 친구는 참았어야 하는 거 아니냐는 겁니다. 요즘 아이들의 욕 사용이 얼마나 일반적으로 많이 사용되는지 양상을 말씀드렸습니다. 친구 또한 사춘기라서 감정을 통제하기 어렵다고 설명을 드렸지만 소용없었습니다. 의미 없이 내뱉은 말에 반응해서 일을 키운 친구를 학교 폭력으로 신고하겠다고 하셨습니다. 하지만 친구 또한 먼저 도발한 것은 P이기에 절대 양보할 수 없답니다. 이대로 두면 서로 상처만 받을 거 같은데 이런 경우 어떻게 중재를 해야 할까요.

장애 학생이 가진 문제 행동에는 여러 유형이 있습니다. 그중에 주의를 끌거나 즐거움을 얻기 위한 고성과 고집 등의 공격적인 행동이 있습니다. 부담을 피하거나 불안을 해소하기 위한 회피나 피해, 무응답이나 감각적 자극을 위한 반복적인 소리나 행동도 합니다. 자신의 의견이나 욕구를 표현하기 위하여 반항적인 행동을 하거나 자극을 위한 일상적인 동작 반복이 있습니다. 이런 문제 행동 중에서도 위의 사례의 경우 욕을 따라 했습니다. 특수학급 아이들이 이상하게도 다른 긍정적인 행동이나 언어 표현보다도 욕을 잘 따라 합니다. 긍정적인 행동보다 부정적인 행동이 막강한 영향력을 행사합니다.

언어적인 한계를 가졌거나 의사소통에 어려움을 겪고 있는 학생들의 경우 친구들의 부적절한 언어의 영향을 더 받습니다. 그 언어가 강렬한 기억을 남기기 때문입니다. 자신의 감정이나 의사를 표현하는 데 한계를 느끼고 주변 친구들의 언어를 따라 모델링하는 데 강력한 언어가 들린다면 어떨까요. 더 쉽게 따라 하게 될 것입니다. 그러나 부모는 자녀가 욕을 사용하는 모습을 보면 당황합니다. 욕의 뜻도 모르는 자녀가 친구들에게 욕을 배웠다고 생각하면 화가 납니다. 그 욕을 배워서 집에서 사용하면 더욱더 황당할 것입니다. 그래서 친구에게 이유를 돌리며 책임을 물으려 합니다. 내 자녀에게 조금 더 분별력 있게 교육하여 사전에 부정적인 언어를 사용하지 못하게 지도하는 방법을 안내하는 것이 우선입니다. 자녀가 어떤 사람과 대면해도 자신만의 기준으로 바른 언어를 사용할 수 있도록 기준을 세워 주는 것은 중요한 교육 중 하나입니다.

욕을 너무 쉽게 배우고 따라 하는 자녀를 둔 부모님께 알려 줄 수 있는 것은 자녀가 왜 욕을 사용하는지 알아야 한다는 겁니다. 감정적인 어려움 때문인지 언어 사용의 문제인지 파악해야 대안을 마련할 수 있습니다. 올바르고 적절한 언어용 모델을 제공하고 부모가 시범 보입니다. 자연스럽게 욕 말고 긍정적인 언어로 자신의 감정을 표현할 수 있는 연습을 시켜야 한다고 알려 주세요. 적절한 의사소통 방법이나 사회적 기술 훈련을 통해 무분별하게 행동을 따라 하지 않고 본인이 기준을 가지고 언어를 사용할 수 있도록 돕는 것도 중요합니다. 학생이 적절한 언어를 사용했을 때 긍정적인 피드백과 칭찬을 해 줍니다. 그 행동을 강화하고 올바른 언어 사용을 확장하도록 도와줘야 합니다. 그래야 가정에서 사용할 수 있는 많은 긍정 언어의 획득으로 자신의 감정을 표현하는 법을 익힐 수 있습니다. 특수학급 친구들과 예쁜 말로 바꿔 사용할 수 있는 대체 표현을 사용해 보고 가정에 공유해도 됩니다. 부적절한 언어를 사용했을 때 대신 사용할 만한 단어를 알려 주고 표현할 수 있도록 이끌어 주는 것도 좋습니다. 이렇듯 여러 방법으로 자녀가 주관을 가지고 자신의 의지에 따라 언어를 조절할 수 있도록 도와주어야 함을 교육하면 됩니다.

사춘기는 그야말로 급변기입니다. 중학교에 입학한 학생들 부모 상담 시 자녀에게서 그동안 보지 못했던 행동을 볼 수도 있다고 말씀드리는데요. 그만큼 변화의 폭이 큰 것이 사춘기입니다. 이런 사춘기에는 모든 아이가 마음과 몸의 변화로 힘들어합니다. 특히 장애 학생의 사춘기는 행동을 종잡을 수 없는 경우가 많습니다. 호르몬의 변화로 인해 자신도 왜 그런지 이유를 모르고 행동하는 것처럼 보일 정도로 다른 행동 패턴을 보이기도 합니다. 이런 이유로 특히 친구들과 갈등이 생깁니다. 언어적 문제나 의사소통의 어려움을 보일 경우 더 심합니다. 자신의 어려움을 어떻게 표현해야 할지 모르니까요. 사회적인 기술이 부족한 경우도 마찬가지입니다. 나쁜 의도에서 하지 않은 행동도 오해를 불러일으키기 쉽습니다. 학업의 난도가 학년에 따라 높아지면서 학업으로 인한 스트레스도 심해지면 문제 행동이 심해질 수밖에 없습니다.

학부모님에게 친구뿐 아니라 본인의 자녀가 사춘기로 인해 어려움을 겪고 있음을 알려 주세요. 요즘 들어 달라진 행동 패턴이나 스트레스 표현을 공유하시면 가정에서도 비슷한 사례가 생길 수 있습니다. 자녀가 사춘기여서 이러한 문제가 발생했음을 공유합니다. 그 부분을 인정하셔야 문제를 해결하는 데 도움을 받을 수 있습니다. 자녀가 불안정한 정서 상태와 호르몬 변화로 인한 어려움을 겪고 있기에 지금이야말로 더 많은 관심과 애정이 필요함을 알려 주세요. 사춘기는 독립을 준비하는 시기인 만큼 사랑은 하되 자녀가 홀로 결정하고 경험할 기회를 많이 보장해야 합니다. 그 부분이 억압될 경우 무의식 중에 행동으로 연결될 수 있음도 안내해 주세요. 그래야 부모가 자신의 자녀에게도 어려움이 발생하고 있음을 인지하고 적절하게 대응할 수 있습니다. 내 자녀 먼저 변화시키고 단단하게 만들어야 타인과의 갈등 상황에서도 그 스트레스를 이겨낼 수 있음을 부모가 알아야합니다. 그다음 친구와의 갈등을 해결해야겠지요.

사춘기 아이들은 정말 교육하기 어렵습니다. 전문가인 교사도 그럴진대 부모는 오죽할까요. 누구보다 친밀하게 지내고 감정적으로 소통해 왔기에 자녀의 사춘기를 힘들어하는 부모도 많습니다. 자녀의 힘든 사춘기를 겪으면서 친구와의 갈등은 빈번히 일어나는 일입니다. 학교라는 공간은 많은 또래들이 모여 있는 만큼 수없이 갈등을 겪으며 성장합니다. 충동성이 극에 달하는 사춘기에 유독 왕따와 다툼이 심해지는 것이 그 이유입니다. 부모가 자녀의 사춘기에 대해 이해하게 되면 내 자녀뿐 아니라 같은 반 친구들도 모두 사춘기이기에 불안정함을 이해할 수 있습니다. 과하게 화 내지 않으면서 중재할 수 있는 방법을 찾아보려고 시도할 수 있습니다. 함께 불안정한 폭풍의 눈속에 자리하고 있는 친구를 받아들이게 됩니다. 고의로 한 것도 아니고 욕을 듣고 충동적으로 맞받아친 친구 또한 시간이 지나면 자신이 잘못했음을 인식하게 될 것입니다. 그때까지 어른들이 기다려 주고 믿어 주는 마음이 필요하기에 교사가 믿고 기다린다는 것을 알려 주셔야 합니다.

부모에게 상황을 친절하게 설명하고 학생들의 갈등이 학교 폭력으로 이어지지 않아도 되는 이유를 설명해 주세요. 고의로 한 것도 아니고, 연속적이지도 않으며 평소에 잘 지내 왔음을 강조하세요. 상황이 나빠지지 않을 것임을 알려 주고 안정시켜 주세요. 부모가 상황을 명확히 이해하고 위협적이지 않음을 수용하면 격하게 반응하지 않고 협력적으로 행동할 가능성이 커집니다.

만약 학교 폭력 사안으로 이어질 경우 자녀에게 주어질 감정적인 어려움을 알려 주시는 것도 필요합니다. 학생이 받을 수 있는 정서적 타격이 있을 수 있음을 공유하면 부모님도 진지하게 사안을 정리해 볼 것입니다. 필요한 경우 교사가 적극적으로 교육하여 이런 사항이 일어나지 않도록 자녀의 안정을 위해 학교 관계자들이 노력하고 있음을 알려 주세요. 갈등의 근본적인 원인에 자녀의 무분별한 언어 사용도 원인이 됨을 알려 줍니다. 이 과정에서 부모에게 감정적으로 공감하고 지지해 주세요. 이해받고 있다고 생각하면 공격적이 아닌 조금이나마 객관적인 시선으로 사안을 보려는 시도를 하게 될 것입니다. 관련 전문가가 공동의 노력을 통해 사안을 개선해 나가고 있음을 알려 주시고 거기서 마련한 상황 개선을 위한 해결책을 공유해 주세요. 본인의 자녀와 친구 모두에게 필요한 교육이 있음을 인지시키고 함께 노력하여 변화하였으면 좋겠다는 뜻을 전하세요. 누구 한 사람만의 노력이 아니라 자녀 주변의 모든 사람이 협력하여 교육해 나갈 때 유의미한 결과를 낼 수 있음을 알게 될 것입니다.

한 번의 갈등이 문제가 아니라 그 갈등 안에서 소셜 스킬과 필요한 것을 배워나가는 과정이 학령기입니다. 교사와 부모가 공동으로 협력해 나가자고 제안해 봅니다. 이렇게 해야 자녀에게 결국 도움이 되는 발전으로 이어질 것임을 알게 되면 부모도 적극적으로 협조하게 될 것입니다.

부모와는 자주 소통하되 어느 정도 교사와 학부모 사이의 거리는 필요합니다. 합리적인 조언을 수용할 줄 아는 사이가 되기 위해 조금씩 조정하고 맞춰 나가다 보면 서로에게 좋은 교육 파트너가 될 수 있을 것입니다.

특히 담임교사와 특수교사 모두 존중받아야 할 대상이며 협력해야 하는 존재임을 알려 주세요. 그래야 서로를 존중하며 공동의 목표를 위해 협업할 수 있습니다.

Chapter

4

통합교육은
교사 역량이 핵심

01 담임 선생님의 역할

>>>>

■ 현장 학습 데려가서 민원 받았대요.

통합 학급 담임입니다. 우리 반 특수학급 친구 R은 꽤 귀엽습니다. 인사도 잘하고 저도 잘 따릅니다. 어떨 땐 반 친구들보다 저에게 살갑게 대해서 정이 많이 갑니다. 잘못했을 때 말해 주면 네라고 대답하고 고치려고 노력합니다. 물론 인지 능력이 그렇게 좋지 않아 쉽게 달라지지는 않습니다. 물론 챙겨야 할 게 많지만 노력하는 모습이 참 귀엽습니다. 혼자서 대중교통도 이용하고 눈치 없이 말이 많긴 하지만 친구들과도 어울리려 노력합니다.

이번 현장 학습에 특수 선생님이 시험 감독을 하게 되어 우리 반 친구들과 조를 만들어 참여하게 했습니다. 특수교육을 받는 아이에게는 이것 또한 교육의 일환이겠다 싶었습니다. 물론 중간에 잘 이동하는지 별 탈은 없는지 제가 계속 신경 썼습니다. R이 영화관에서 팝콘을 바닥에 쏟는 바람에 치우느라 애쓰긴 했지만, 다행히 리필을 해 주셔서 진정하고 영화를 볼 수 있었습니다. 그런데 문제는 현장 학습이 끝난 뒤에 생겼습니다.

우리 반 학부모님과 통화를 하다가 갑자기 어머니께서 특수학급 아이와 함께했던 현장 학습 이야기를 꺼내셨습니다. 현장 학습 갈 때 자신의 아이가 같은 조였는데 특수학급 아이를 챙기다가 너무 힘들었다는 겁니다. 특수학급 아이는 당연히 특수교사가 챙겨야지 왜 아이들과 함께 보내서 민폐를 끼치냐고 말씀하시더군요. 그것도 교육의 과정이기에 서로 배울 점이 있는데, 그렇게 말씀하시니 뭐라고 말을 해야 할지 정말 어려웠습니다. 어머니를 어떻게 설득해야 할지, 또 이렇게 불편한데 같이 데리고 가는 게 맞는지 고민스러운 마음이 들었습니다.

일반 교사의 위와 같은 고민을 들었습니다. 어떻게 해결해야 할까요.

특수학급 아이를 잘 챙겨 주시는 감사한 담임 선생님입니다. 특수학급을 운영하다 보면 조율할 일이 여러 번 생깁니다. 특히 교내 현장 학습 날이 그렇습니다. 특수교사가 3개 학년을 다 챙기다 보니 함께할 수 없는 학급 단체 활동들이 생깁니다. 그때마다 특수교사가 분신술로 여러 학년에 다 참여하고 싶을 정도입니다. 이런 상황에서 담임 선생님이 기꺼이 데려가 주시니 감사합니다. 특수학급 학생이 방해 행동도 없고 친구들을 따라서 활동을 하는데 무리가 없기에 가능했으리라 생각됩니다. 그렇지 못한 학생의 경우는 저렇게 보낼 생각도 안 하실 겁니다. 여기서 중요하게 체크할 것이 바로 이 점입니다.

'특수학급 아이지만 큰 말썽 없이 반 친구들과 함께 어울려 현장 학습을 갈 수 있다.'의 판단 기준이 특수교사와 일반 교사가 다르다는 것입니다. 특수교사는 반 친구들과 충분히 함께할 수 있겠다고 판단하여 학급 활동에 참여를 시킵니다. 그런데 담임 선생님 입장에서는 아이가 어렵습니다. 조별로 친구들과 짝을 지어 주기는 했지만 한 번 더 신경 써야 합니다. 낙오되지 않도록 돌봐 주어야 합니다. 팝콘을 쏟는 행동을 해서 친구들이 눈살을 찌푸릴 때 그 뒷수습도 담임 선생님이 하셨을 겁니다. 게다가 함께 조를 했던 학생의 부모님께 저런 전화를 받았다면 담임 선생님은 어떤 마음이 생겼을까요. 특수교육 대상자가 함께 어울리며 배우는 게 과연 가능한 일일까 의구심이 생길 겁니다. 특수교사가 생각한 무리 없이 활동에 어울리는 수준과 일반 교사가 보는 학생의 활동 범위가 다릅니다. 그것을 인정하고 이야기를 시작해야 합니다.

물론 위의 예시처럼 담임 선생님이 기꺼이 신경을 쓰고 챙겨 준 덕에 친구들과 활동을 했고, 그 과정에서 배우는 점이 있었을 겁니다. 친구들이 어떻게 행동하는지 지켜보는 것만으로도 충분한 교육 효과가 있으니까요. 게다가 친구들과 대화하고 상호 작용하는 기쁨도 맛보았을 것입니다. 오지랖이 넓은 반 친구가 혼자 할 수 있는 부분까지 챙겨 주다가 힘들어 한 부분은 안타깝긴 합니다. 하지만 인제 장애가 있는 친구들에게 마음을 쓰고 돕겠어요. 청소년기의 그러한 경험이 반 친구에게는 큰 정서적 경험이 되었을 겁니다. 부모님은 항의하셨을지 모르지만 학생에게는 소중한 경험이 되었을 겁니다. 이러한 교육적 효과에도 불구하고 담임 선생님은 아이를 챙기느라 애쓰시고 부모님께 항의까지 받았으니 고민이 되었을 겁니다. 이런 상황에서 어떻게 말해 주면 도움이 될까요.

"선생님, 정말 애쓰셨네요. 선생님이 신경 써 주신 덕분에 아이가 즐겁게 현장 학습 다녀와서 너무 좋아하더라구요. 그런데 선생님은 반 친구 어머님께 그런 걱정까지 들으셨다니 너무 속상합니다. 선생님이 담임으로서 반의 모든 아이에게 배움이 일어날 거라 믿으시고 기꺼이 신경 써 주셨는 말이죠.

그 반 아이 어머님도 오해가 있으신 거 같은데 필요하다면 제가 어머님과 전화 통화를 해서 설명해 드릴 수 있으니 말씀해 주세요."

일단 선생님이 얼마나 애쓰고 특수학급 학생을 배려하고 있는지 그 마음을 알아주는 게 중요합니다. 그다음 선생님이 궁금해 하시는 부분에 대해 기꺼이 도울 의도가 있음을 알려 주세요. 담임 선생님에게 모든 권한을 미루는 것이 아니라 함께 고민하고 해결할 의향이 있음을 알려 주어야 선생님도 마음의 안정을 찾을 것입니다.

반 친구와 함께 활동하긴 했지만 교사가 계속해서 신경을 쓰고 있었고 무리한 활동 부탁은 하지 않았음을 부모님께 알리도록 조언을 해 주세요. 또래 도우미라고 해서 반 친구들이 특수교육 대상인 친구들을 도와주는 시스템을 만드는 학교들이 꽤 있습니다. 반 친구들의 부담감과 오히려 나쁜 기억만 남기는 경우가 많아 저는 잘 활용하지 않습니다.

하지만 담임 선생님이 원하는 경우가 있습니다. 담임교사가 늘 함께 있을 수 없기에 어떻게든 학생에게 도움을 줄 방법일 텐데요. 선생님의 마음 충분히 이해합니다. 그렇다 해도 교사가 계속 신경 쓰지 않을 수 없습니다. 그 부분에 대한 배려와 살핌이 있었음을 반 친구 어머님에게 공유하세요. 오해했던 부분이 풀릴 것입니다. 또한, 함께 배려하는 것을 배우는 과정에서 자녀가 성장했음도 귀띔해 주세요. 부모님이 그 과정에서 아이가 힘든 면뿐 아니라 배우는 점이 있었다는 것을 인식하면 불만을 풀고 이해할 수 있는 분위기를 만들 수 있답니다.

특수교사의 아이만이 아니라 담임 선생님의 반 학생이 맞습니다. 당연히 챙기고 신경 써야 한다고 생각할 수 있는데요. 그럼에도 감사를 먼저 표하는 것이 좋습니다. 왜냐하면 담임 선생님에게 특수교육 대상자는 어려운 존재이기 때문입니다. 장애인을 배려하고 동등하게 대해야 한다는 걸 모르는 사람은 없습니다. 특히 담임 선생님은 더욱 그렇습니다. 자신이 아이들을 대하는 태도가 반 학생들에게 고스란히 전달되고 영향을 준다는 걸 아시니까요. 되도록 모두를 공정하게 대하려고 노력할 겁니다. 그런데 문제는 어떻게 공정하게 대하고 배려하는 건지 모른다는 겁니다. 제대로 배운 적이 없으니까요.

입장을 바꿔 놓고 생각해 보자구요. 우리가 근무하는 학교의 교육과정이나 생활기록부 작성에 대해 누가 물어본다면 여러분은 정확한 내용으로 대답할 수 있나요? 혹은 일반 아이가 문제 행동을 하거나 갈등이 있을 때 대처 방법에 대해서 자신 있게 설명하고 조치할 수 있을까요? 아마 그러지 못할 겁니다. 내가 이 학교에 소속되어 있고 특수교육이 일반 교육 틀 안에 포함되긴 하지만 전공이 아니니까요. 낯설고 정확한 일 처리가 어렵습니다. 일반 교사도 마찬가지입니다. 장애인 학생을 공정하게 대해야 한다는 기본 원칙은 알지만 구체적으로 어떻게 대해야 하는지 배우지 못했습니다. 그래서 고민될 수밖에 없습니다. 아이가 팝콘을 쏟았을 때 학생이 잘 알아듣지 못하는 어투로 우왕좌왕하며 자신의 상황을 설명하면 그 말을 알아듣기 어려웠을 겁니다. 알아듣지도 못하는데 어떻게 지도가 쉽겠습니까. 누구나 미지의 세계에 대해선 두려움이 있습니다. 일반 교사에게 특수교육은 그런 영역이라는 것을 이해해야 합니다. 그러면 기꺼이 담임의 역할을 해 준 담임 선생님께 감사한 마음이 생길 겁니다. 그분도 충분히 애쓰고 있다는 걸 먼저 인정해 주세요.

　다음으로 할 수 있는 것은 그럼에도 불구하고 본인이 담임이기에 역할을 해 주십사 부탁하는 겁니다. 선생님이 통합 교육의 필요성을 느끼신 만큼 설명해 주시고, 그 과정에서 일반 학생들도 배울 점이 있다는 걸 설득할 수 있어야 합니다. 담임교사의 책무성을 다시 한번 선생님께 부드러운 어투로 알려드리면 됩니다. 그리고 언제든지 특수교육에 대한 궁금증이나 보충적으로 사용할 이론이 있다면 설명해 드리겠다고 하세요. 어차피 내 반이 아닌 학부모를 특수교사가 상대할 일은 거의 없습니다. 담임 선생님이 어떤 방식으로든 아이와 부모님을 설득하고 보듬어 해결할 문제입니다. 그러니 그 부분에 도움을 드리겠다는 믿음과 함께 응원을 해 주면 됩니다. 그 감사와 믿음을 바탕으로 담임 선생님이 특수교육을 알리고 이해시키는 역할을 해내실 겁니다. 부모님이 행여 다 이해를 못 하시더라도 설명을 듣는 과정에서 담임 선생님이 한 번 더 통합 교육의 필요성을 이해할 수 있는 기회가 될 겁니다. 그걸로도 충분한 가치가 있는 경험이라 생각됩니다.

■ 특수학급 아이 때문에 반 아이들과 멀어졌어요.

　통합 학급 담임 선생님이 저를 찾아와서 하소연을 합니다. 특수학급 학생이 반에 있으니 배려해 주는 게 맞다고 생각했답니다. 그래서 S가 할 수 없는 일은 제외했다고 합니다. 반에서 나눠서 하는 1인 1역할을 맡고 하지 않으면 곤란하니까요. 따로 역할을 주지 않았고 종례만 마치고 바로 가는 S를 청소 당번에 넣을 수 없어 제외했다고 합니다. 아무래도 약한 부분이 있는 S라 인쇄물을 안 가져오거나 숙제를 제출하지 않아도 봐주곤 했대요. 다른 친구들이 떠들 때는 나무라고 혼냈지만 S는 제대로 의사소통이 안 돼서 그런 거라 부드럽게 달래고 혼내지도 않았다고 합니다. 장애인 학생을 배려하는 모습을 보여 주면 반 학생들도 당연히 그런 배려심을 배울 거라고 생각하였답니다.

하지만 통합반 학생들의 반응은 예상과 달랐다고 합니다. 아이들은 S를 미워하고 선생님과 S를 한편으로 몰아 공격했습니다. 학급에서 무슨 문제만 발생하면 S때문이라며 원망했습니다. 그게 아닌데도 억지 주장을 하니 어떻게든 바른길로 안내하려고 하면 반항했답니다. 선생님은 언제나 S편만 든다며 선생님의 진심을 알아주려고 하지 않았내요. 그래서 학급 운영이 너무 힘이 들고 어떻게 이 난관을 헤쳐 나가야 할지 모르겠다고 하십니다. 통합 학급 운영이 쉬운 일이 아니기에 담임 선생님에게 늘 고마웠는데요. 이런 어려움을 겪고 계시다 생각하니 어떻게든 돕고 싶은데요. 어떻게 해야 반 아이들과 담임 선생님의 관계를 회복할 수 있을까요.

통합 학급 담임교사는 어려운 자리입니다. 그래서 통합 학급을 담당하면 특수교육 관련 연수를 받는 것을 권장하는데, 실제적으로 담임교사가 연수에 참여하는 것이 쉽지 않습니다. 일반 교사의 수업과 업무량도 많은 데다 관리해야 할 학생 수도 많습니다. 초등교사는 매시간 함께 있기에 자주 갈등 상황을 목격해 매번 중재해야 하니 어렵습니다. 중학교의 경우는 담임이라고 해도 교과 시간에만 수업에 참여하니 학생들 관리도 쉽지 않습니다. 교과 수업 시수가 많은 수업은 덜하지만 음악이나 미술처럼 일주일에 한두 시간 만나는 담임 선생님은 학생들과 긴밀한 관계를 형성하는 데 시간이 필요합니다. 학생의 특성을 파악하고 그에 알맞은 개별화 교육을 실시하기 어려운 상황입니다. 이럴 때 반 친구들과 K의 갈등 상황을 중재하기는 쉽지 않을 것입니다. 전공자도 아니어서 장애를 가진 학생에 대한 이해도도 높지 않습니다. 또래 사이의 갈등이 심해지는 요즘 분위기에서는 어려운 일이 아닐 수 없습니다. 특히 학습 장애나 자폐 스펙트럼 장애, 주의력결핍 과잉행동장애 등 다양한 특수 교육적 요구를 지닌 학생들의 교육적 욕구를 모두 채워 줄 만큼 학생을 이해할 시간도 없습니다. 그럼에도 어떻게든 반의 일원으로 통합하기 위해 노력하는 교사들의 노고가 대단히 고마운 일입니다.

위의 사례에서 어떻게든 S를 배려하는 교사의 마음이 참 감사하게 느껴집니다. 안타까운 것은 특수교육 대상자를 배려하다가 이런 상황이 발생했다는 것입니다. 장애 학생이기에 배려하는 모습을 보여 주면 당연히 학생들도 그 태도를 배울 것이라 생각했습니다. 그래서 예외 사항을 두다 보니 학생들 눈에는 그것이 공정해 보이지 않습니다. 이런 일이 하나둘 쌓이다 보니 담임교사에 대한 불만으로 이어집니다. 이런 상황이 발생되면 힘들어지는 것은 교사만은 아닙니다. 사랑받고 존중받고 이해받아야 할 S조차 미운털이 박혀 힘든 상황이 되어 버립니다. 그러면 본인이 할 수 없는 것조차 안 하고 있다는 친구들의 오해 속에 S도 힘들어집니다. 선생님은 자신을 배려했는지 모르지만 친구들이 비아냥거리고 미워하면 마음이 편안할 수가 없습니다.

학기 초 담임 배정이 되면 먼저 담임 선생님과 이런 부분을 공유하세요. S를 배려한다는 이유로 반 아이들과 사이가 벌어지지 않도록 조심해야 한다고 말입니다. 선생님과 반 친구들이 관계가 좋을 때 S도 편안하게 공간에 흡수될 수 있다고 말해 줍니다. 무조건 특수교육 대상자라고 배려하지 않습니다. S가 할 수 있는 부분에 대해서는 역할을 주고 그 부분을 어설프더라도 해내도록 알려 주라고 합니다. 잘못한 행동이 있으면 분명하게 가르쳐 주고 원칙을 변형해서 적용하지 않는 것입니다. 잘못했을 때 반드시 혼내고 바로잡아 주어야 합니다.

담임교사가 공정하게 대할 때 반 친구들이 오히려 S를 잘 배려해 줄 수 있습니다. 반 학생들이 충분히 S를 배려하고 있으면 그 부분에 대해서는 고맙다고 담임과 특수교사가 지주 말해 주는 게 좋습니다. 아이들도 나름 S로 인해 불편한 부분이 있고 교사가 없을 때도 배려하는 마음을 갖고 있습니다. 일부러 괴롭히거나 하는 친구는 거의 없습니다. 그 구분에 대한 감사와 수고로움을 인정해 주면 아이들은 스스로 S에 대해 배려하고 싶은 마음이 생깁니다. 담임교사는 그 누구보다 공정한 기준으로 학생을 대해야 반에서 트러블이 생기지 않습니다. 물론 담임교사 입장에서는 같은 기준의 잣대를 적용하기에 어려움이 있을 것입니다. 때로는 더 배려하고 여러 번 알려 줘야 이해 가능한 학생이어서 어떻게 해야 할지 난감할 수 있습니다. 천천히 규칙을 알려 주되 학급 규칙을 변형하지 않는 것이 가장 중요합니다. 물론 담임교사에게 특수교육 대상자를 대하는 법과 반 친구들과 어울리는 노하우를 팁으로 알려 주면 더욱 좋습니다.

장애 학생을 반의 구성원으로 두고 있는 일반 교사에게 알려 줄 수 있는 교육 팁은 아래와 같습니다.

특수학급에서 이뤄지고 있는 개별화 교육의 중점 사항에 대해 공유합니다. 학생이 어떤 장애 특성과 개인적인 성향을 가지고 있는지 알려 주고 특수학급에서 강조하는 교육 원칙을 몇 가지 설명해 줍니다. 학생의 강점과 약점을 파악하고 그에 맞게 대처하는 데 도움이 될 것입니다. 다양한 자료를 활용하여 설명하면 좋다는 것을 안내해 주세요. 언어를 사용한 의사소통이 어려울 경우 간단하게 그림 자료나 짧은 청각 지시를 통해 학생과 소통할 수 있음을 알려 줍니다. 돌발 행동이나 문제 발생 시 대처 방법에 대해서도 공유하면 학급에서 수업하거나 조회, 종례 시 담임교사가 활용할 수 있습니다.

긍정적인 피드백과 학습 환경을 조성하여 학생이 자신감을 가지고 학급에서 생활하도록 돕는 것이 중요합니다. 잘하는 것과 칭찬할 포인트를 공유하면 학생과 라포를 빠르게 형성할 수 있습니다. 자진해서 도와주겠다는 친구가 있다면 칭찬하며 인정해 주시고 필요한 역할을 주시면 좋습니다. 통합반에서 도와주고 싶다는 친구가 없다면 억지로 역할을 주지 말고 살펴볼 시간을 주세요. S가 스스로 자신의 생활을 컨트롤해 볼 수 있도록 해 주셔도 됩니다. 학생이 스스로 노력하는 모습을 보면 주위에서 친구들이 조금씩 자발적으로 도울 수 있으니 시간을 두고 기다려 주면 됩니다.

학부모와 어떻게 소통하면 좋은지 학부모와 대화하는 방법이나 주의해서 이야기할 부분을 알려 주세요. 담임교사로서 역할을 하는 데 많은 도움이 됩니다. 특수교육 대상자를 많이 접해 보지 못한 교사라면 학부모에게 어떤 말을 하면 좋을지 난감해 합니다. 학부모의 이야기를 잘 들어 주고 공감해 주지만 규칙에 대한 부분은 똑같이 적용해야 함을 확실하게 말해야 좋은 관계를 유지할 수 있습니다.

반 친구들과 잘 지내는 방법에 대해서도 알려 주세요. 교실에서 모든 학생이 포용되고 존중받는 분위기를 만들어야 합니다. 실수를 해도 이해할 수 있는 안전한 교실이 되어야 합니다. 그래야 학생들이 실수 앞에서 관용적이고 다양성을 인정하고 포용성의 가치를 배울 수 있습니다. 차별과 편견을 방지하기 위하여 학급의 어떤 규칙을 만들지 학생들과 논의하여 정합니다. 학생들이 스스로 만든 규칙에 대해 지켜 나갈 수 있도록 격려해 주세요. 아이들은 더 좋은 모습을 보이기 위하여 노력할 것입니다. 학생들에게 장애에 대한 인식과 이해를 높일 수 있는 활동을 하면 좋습니다. S뿐 아니라 일반적인 장애에 대한 애티튜드나 장애인의 발전 가능성에 대해서 다뤄 줍니다. 장애 학생의 강점과 능력에 대해 이해하고 장애를 가진 위인들을 살펴보면 세상을 보는 넓은 마인드를 심어 줄 수 있습니다. 장애를 가진 유명 인물이나 성공 사례를 소개하고 장애를 가진 사람들의 성취를 강조하는 활동을 진행합니다.

장애에 대해 긍정적인 시각을 심어 주는 것은 중요합니다. 이는 S에 대해서도 같은 잣대로 규정됩니다. S가 잘하는 부분을 찾아서 공유하고 보여 주면 친구들도 S에 대해 깊이 이해할 수 있습니다. 꼭 대단한 활동을 하지 않더라도 S에 대해 조회나 종례 시간에 교사가 말해 주면 아이들에게 영향을 미칠 것입니다. 아이들뿐 아니라 교사 먼저 건강한 마인드를 장착한다는 생각으로 공부합니다. 아이들과 공유한다고 생각하면 많이 부담스럽지 않게 그런 활동을 이어갈 수 있습니다. 교사의 건강한 마인드가 아이들에게 큰 영향을 줍니다.

반 친구들과 함께 협력해서 완성할 수 있는 것들을 경험하게 합니다. 함께 프로젝트를 수행하면서 작은 역할이라도 해내려고 노력하는 S의 모습을 친구들이 확인할 수 있도록 도와주는 겁니다. S의 마음에도 누구나와 똑같이 인정받고 사랑받고 싶은 마음이 가득하다는 것을 아이들에게 알려 줍니다. 자주 반 친구들과 소통하여 불만이 있거나 불편한 점들이 쌓이지는 않았는지 알아주는 것도 필요합니다. 불편한 점이 있다면 S를 직접 면담하여 친구들과 이야기를 통해 풀게 하거나 특수교사와의 면담을 진행해도 됩니다. 부모님과 상의하여 더 나은 발전 방향에 대해 논의해도 좋습니다. 이렇게 작은 불편과 불만도 교사가 이해하고 해결해 주려 노력한다면 아이들이 S와 교사와의 관계를 오해하고 공격적으로 행동하지 않을 것입니다.

아이들은 기본적으로 장애를 가진 친구를 배려하려는 마음을 가지고 있습니다. 이를 오해하지 말고 교사가 믿어 줘야 합니다. 그러면 아이들은 충분히 내면의 소리대로 S와 원활하게 지낼 수 있습니다. 아이들의 심성을 믿고 규칙을 동일하게 적용하면서 학급을 운영하면 큰 어려움 없이 진행될 수 있습니다. 물론 어려운 일인 줄 압니다. 그럼에도 다양성을 인정하면 배워 갈 수 있는 기회를 아이들과 기꺼이 익혀 나가야 합니다. 내가 존중한 만큼 나도 존중받을 수 있으니까요.

■ 현장 학습과 체육대회 때 아이가 소외됩니다.

매년 한 학기에 한 번 이상 전교생 현장 학습이 있습니다. 학년별로 현장 학습을 가기도 하고 반별로 장소를 정해서 활동하기도 합니다. 그런데 현장 학습이 있을 때마다 우리 반 학생을 함께 데려가기 어렵다고 말하는 담임교사 때문에 힘이 듭니다. 특수학급의 특성상 전 학년의 학생이 구성원으로 속해 있는 경우가 많습니다. 1학년이 현장 학습을 가는 날 2, 3학년은 수업을 해야 할 때도 있고 시험을 치르기도 합니다. 모든 학년이 현장 학습을 가더라도 1학년은 영어마을, 2학년은 뮤지컬 관람, 3학년은 놀이공원에 갑니다. 아무리 지원인력이 있다고 해도 모든 학년을 지원하기는 어렵습니다. 그래서 반 친구들과 이동하면서 크게 무리 없는 학생들은 반에서 이동하기를 부탁드리는데 담임 선생님이 곤란해합니다. 거의 모든 활동을 특수교사가 전담하듯이 봐주는데 일 년에 한두 번 나가는 활동조차 지원해 달라는 태도입니다. 제 지원이 어려울 때는 도와줄 수도 있지 않나 생각하는데 담임교사는 그렇지 않나 봅니다. 특수교육 대상자니 당연히 제가 도와줘야 한다는 것입니다. 그래서 현장 학습 때마다 학생별로 어떻게 지원해 줘야 할지 곤란할 때가 많습니다.

체육대회도 마찬가지입니다. 체육대회 때는 반별 대항으로 점수를 얻어야 하기에 우리 반 학생들이 제외되기 일쑤입니다. 온종일 아무 활동도 하지 않기에 학생들이 너무 지루해합니다. 반 친구들이 점수에 예민하기도 하고 체육 활동을 잘 못하는 학생은 체육대회에서 활동하기가 쉽지 않은 상황인 것은 이해합니다. 그래도 학급의 구성원으로서 참여할 방법이 없을까 고민되는 것이 사실입니다. 학교에서 수업 말고 행사가 있을 때마다 특수교사는 머리가 아픕니다. 각 학급과 학년으로 흩어져 있는 학생들 개인에게 맞춤으로 필요한 지원을 하는 데 한계가 있고 담임교사의 협조도 받기 어려우니까요.

현장 학습을 갈 때 어떻게 교사의 지원을 나눠서 해 줘야 할지 고민스러울 때가 참 많습니다. 수업할 때보다 훨씬 많은 도움이 필요한 상황이기에 담임교사의 도움이 꼭 필요한 순간이 있습니다. 담임교사가 적절한 도움을 주면 수월하게 현장 학습을 진행하면 됩니다. 그렇지 않으면 특수교사 혼자 발을 구르게 됩니다. 특히 반 친구 중에 조금이라도 도움을 주고 싶어 하거나 평소 도우미를 자청하는 친구가 있으면 좋은데요. 그렇지 않으면 현장 학습의 고민은 특수교사가 모두 떠맡을 수밖에 없습니다. 현장 학습을 진행하면서 여러 가지를 고려합니다. 담임교사에게만 책임감을 주지 않고 학생과 학부모의 도움을 활용하여 모두가 즐거운 현장 학습을 진행하려면 어떤 방법을 활용할 수 있을까요?

평소 통합 학급 학생들과 관계가 중요합니다. 특수학급 학생이 의사소통하는 데 어려움이 있다면 도움이 되는 방법을 알려 줍니다. 대안적 의사소통 기술을 익힐 수 있도록 이끌어 주는 겁니다. 서로 조금이라도 소통이 가능하도록 해야 긍정적인 학급 분위기가 형성됩니다. 물론 특수교육 대상자가 문제 행동도 없고 긍정적인 언어와 생활 태도를 가지는 게 기본이 되어야 합니다. 특수교육 대상자에게는 통합 학급에서 친구들과 잘 지내는 방법을 교육합니다. 통합 학급 친구들에게는 특수교육 대상자의 특성과 대화법을 알려 주면서 서로를 이해할 수 있도록 돕습니다. 평소에 이런 연습이 잘 되어 있으면 현장 학습을 갈 때 특수교육 대상자도 우리 반의 일원이라는 의식이 생겨 학생들의 거부감이 줄어듭니다. 학생들 간의 상호 작용을 촉진하여 장애 학생이 동료들과 함께 통합 학급 활동에 참여할 수 있습니다.

특수교육 대상자가 소외되지 않고 함께 참여하는 것이 중요합니다. 힘들겠지만 함께 활동하면서 친구들도 장애인을 대하는 애티튜드를 배웁니다. 이런 경험이 통합 교육의 기회가 됩니다. 그 배움의 과정에서 교사가 분명한 목표를 가지고 교육에 참여할 수 있어야 합니다. 학생의 강점에 대해 설명하고 혼자서 할 수 있는 부분에 대해서 설명해 주세요. 잘 모르기 때문에 겁을 먹고 함께할 수 없다고 생각할 수 있습니다. 모르면 겁이 납니다. 특수교사가 판단하기에 특별한 도움 없이도 함께 현장 학습에 참여할 수 있는 능력이 있기에 담임교사와 반 친구들과 참여하게 하려는 것임을 인지시켜 주세요. 물론 담임교사가 전혀 신경을 쓰지 않으면서 현장 학습을 진행하기 어려울지도 모릅니다. 하지만 진행 과정에서 교사와 학생이 함께 교류하면서 학생에게 필요한 부분을 정확하게 인식할 수 있습니다. 어렵더라도 피하지 말고 담임교사와 협력할 수 있는 방법을 모색해 보세요.

체육대회 때마다 특수학급 학생이 배제되는 것이 싫어 학교 체육대회 날에 가정 체험 학습을 신청하신 부모님이 있었습니다. 부모님의 마음이 이해되기도 하고, 반 대항이니만큼 꼭 참여시키고 싶은데, 못하는 담임 선생님의 입장도 이해가 되는데요. 꼭 체육대회라고 체육 활동만 해야 할까요. 생각을 전환해서 체육대회에 우리 반 친구들이 할 수 있는 다른 활동들을 계획해 보면 어떨까요. 저는 체육대회에 참여할 수 있는 종목에는 학생들을 참여시키고 나머지 시간에는 다른 계획을 세워 체육대회를 즐기도록 도와줍니다. 제가 체육대회에 하는 활동으로는 아래와 같은 것들이 있습니다.

1. 체육대회 날 선생님께 음료수 대접하기

체육대회에는 온종일 야외에서 행사가 진행되기에 선생님들이 힘들고 지칩니다. 하지만 학교에서 어떤 음식도 제공하지 못하는 경우가 많습니다. 이런 상황을 기회로 활용하세요. 특수학급 학생들이 선생님에게 음료수 대접하기 행사를 진행합니다. 테이크아웃으로 커피를 주문해서 선생님들께 배달합니다. 선생님들이 환하게 웃으며 고맙다고 인사해 주시고 칭찬도 해 주면 학생들이 정말 좋아합니다. 선생님들과 이렇게 교류할 수 있는 시간이 많지 않으니까요. 체육대회에 선생님에게 감사 인사도 전하고 칭찬도 받을 수 있는 행사를 계획해 보세요. 예산 계획을 세우고 공문으로 처리하면 특수학급의 업무로 기록되어 좋습니다.

2. 친구들 즉석 사진 찍어 주기

우리 반 친구들 즉석 사진 찍어 주는 이벤트도 진행합니다. 통합 학급 친구들을 대상으로 사진을 찍어서 선물로 줍니다. 자신의 학급 경기를 기다리면서 지루해하는 친구들을 찍어서 사진을 선물로 줍니다. 응원하려고 멋지게 꾸민 모습을 남겨 주면 친구들이 많이 좋아합니다. 친구들 사진만 찍어 주는 게 아니라 함께 사진도 찍어 주세요. 우리 반 학생들이 자연스럽게 친구들과 사진을 찍어 간직할 수 있는 기회를 마련해 주는 겁니다. 친구와 찍은 사진을 가져 본 경험이 많지 않은 우리 반 친구들에게 정말 좋은 추억이 됩니다. 담임 선생님이나 좋아하는 선생님과의 추억 사진도 찍어 주세요. 잊지 못할 즐거운 체육대회가 될 것입니다.

체육대회라고 해서 경기만 참여하고 끝나는 것이 아닙니다. 추억을 쌓을 수 있는 다른 이벤트를 준비하여 학생들과 함께 참여해 보세요. 점심시간에 체험형 장애 이해 활동을 넣어 함께 운영해 봐도 좋습니다. 다양한 아이디어를 제공하여 학생들과 함께 즐거운 체육대회를 함께 만들어 보세요.

부모님과의 협력도 필요합니다. 부모님에게 특수교사가 도울 수 있는 부분과 그 외의 상황을 정확하게 안내하세요. 그래야 학부모가 어떤 활동에서 어떻게 학생이 참여하게 될지 알고 판단할 수 있습니다. 통합 학급의 친구들이 너무 많은 도움을 줘야 하거나 방해 행동을 하지 않도록 가정에서도 지도할 수 있도록 합니다. 현장 학습 장소가 가깝다면 부모님과 미리 가 보면서 장소를 미리 익혀 보는 것도 방법입니다. 주말을 활용해 학생이 먼저 장소에 가서 활동을 연습해 본다면 진짜 활동을 할 때 많은 도움을 받을 것입니다.

담임교사와 통합 학급 학생들, 학부모가 도움을 주었지만 친구들과 함께 현장 학습에 참여하기 어려울 경우도 생깁니다. 최대한 노력해 보고 할 수 있는 방안을 모두 사용했는데도 모든 현장 학습을 지원할 수 없는 경우도 분명히 생깁니다. 그럴 때는 부득이하게 특수학급만의 현장 학습을 따로 계획해서 운영하기도 합니다. 특수학급 학생들에게 꼭 필요한 진로와 직업 교육을 운영하거나 현장 체험 활동을 계획합니다. 이런 상황이 어쩔 수 없이 필요하다면 먼저 학생들에게 의사를 물어보세요. 학생들이 참여하고 싶은 현장 학습은 무엇인지 물어보고 학생 의사를 존중해 주세요. 부모님과도 상의하셔야 합니다. 현장 학습을 통해 사회성 기술을 배우고 친구들과 어울리며 배울 수 있는 기회라면 반드시 참여하는 쪽으로 진행하는 것이 좋습니다.

예를 들어, 영어 체험 마을에 가서 영어로 대화를 하는 상황이라면 어떨까요. 우리 반 아이에게 물어보면 그 시간이 너무 힘들고 괴로운 시간이라고 말하는 경우가 많습니다. 누구든 부담스러운 영어 프리토킹 시간에 스트레스받고 싶지 않다고 말하지요. 그러면 억지로 현장 학습에 참여하라고 말하기 어렵습니다. 놀이기구 타는 현장 학습에서 친구들이 난이도로 나누어 놀이기구를 타는데, 우리 반 친구는 무서운 놀이기구를 탈 수 없다면 어떨까요. 혼자서 친구들을 기다리거나 나오는 입구를 찾지 못해 친구를 잃어버릴 수 있는 위험이 존재합니다. 최대한 현장 학습에 함께 참여하도록 유도하고 지원하는 것이 맞습니다. 하지만 위험하고 무리한 상황을 제외하면 함께할 수 있는 현장 학습이 많지 않은 것이 사실입니다.

각자에게 필요한 것들을 즐길 수 있는 현장 학습이 되도록 최대한 담임교사와 협력하고 본인과 부모님과 상의하여 현명한 결정을 내립니다. 교육 주체 중 어느 누구도 빠지지 않으면서 학생에게 가장 필요하고 적합한 방식의 현장 학습을 운영하는 것이 통합 교육의 핵심입니다. 물리적으로 함께 있는 것보다 더 중요한 것은 학생들 간의 배움과 또래 상호 작용이 일어나는 것입니다. 무리하지 않는 상황에서 서로가 긍정적인 방향에서 또래 관계를 경험할 수 있도록 현명한 판단을 함께 만들어 나가면 좋겠습니다.

■ 특수교육 대상자 때문에 반 분위기가 나빠졌대요.

처음 우리반 학생을 담임 맡을 때부터 부담스러워하는 담임 선생님이 있었습니다. 학기 말이 되면 어떤 담임이 우리 아이를 맡아 줄까 긴장이 되는데요. 자진해서 나서는 선생님이 없으면 뽑기를 통해서 담임을 정하는 경우가 생깁니다. 그 선생님은 뽑기를 했는데 우리 반 학생 담임이 되었다며 얼굴을 찌푸렸습니다. 물론 우리 반 학생이 함께하면 신경 쓸 것이 생기는 건 당연하지만, 노골적으로 표현할 때부터 협력이 어렵겠구나 짐작은 했습니다. 그런데 학급을 운영하면서 점점 더 그 곤란함의 표현이 많아졌습니다. 특히 시험 성적 산출에 있어 더 그렇습니다. 자기 반이 성적에서 꼴찌를 했는데 우리 반 학생이 점수를 깎아서라는 겁니다. 우리 반 친구들이 있다고 모두 꼴등을 하는 것은 아닙니다. 우리 반 학생의 점수와 관계없이 좋은 성적을 내는 학급도 분명히 존재합니다. 그런데 자신의 반 성적이 좋지 않은 것을 우리 반 학생 탓으로 돌리니 어이가 없었습니다.

성적뿐 아니라 분위기가 나쁜 것도 산만한 우리 반 학생 때문이랍니다. 우리 반 친구가 산만하게 행동하고 수업 분위기를 흐리기 때문에 통합 학급 친구들도 집중을 할 수 없다는 논리입니다. 담임교사로서 자신의 반의 일원인 학생을 두고 이런 말을 할 수가 있을까 싶었습니다. 담임교사가 이런 태도를 취하고 있으면 학급 친구들도 같은 마인드를 가지게 됩니다. 우리 반 친구에게 호의적이지 않고 어떻게든 밀어내려고 합니다. 학생이 그렇더라도 교사가 어떻게든 융합시키고 통합해 주는 것이 옳은데요. 교사가 먼저 그런 분위기를 만드니 화가 납니다. 하지만 제가 불쾌해하면 담임교사가 더 엇나가고 우리 반 아이가 더 손해를 볼까 봐 그럴 수도 없습니다. 매번 모든 활동에서 제외시키려 하면서 반 분위기를 우리 아이 탓으로 돌리는 담임교사. 어떻게 대하면 좋을까요. 본인도 우리 반 아이 담임이면서 어떻게 저런 태도를 취하는지 이해할 수가 없습니다.

담임교사로서의 책무성을 느끼고 학생 지도를 열심히 하지 않는 담임교사 때문에 힘이 드시는군요. 안 그래도 학기 말이나 학기 초가 되면 우리 반 학생을 담임하지 않으려는 교사들의 움직임 때문에 상처를 받는데요. 자기 반 학생이 되었는데도 불구하고 어떻게든 책임을 회피하려는 교사의 태도는 정말 부당하다고 생각이 되지요. 그럴 때일수록 담임교사의 책무성을 강조해야 합니다. 특수교사가 학생의 모든 문제 상황을 해결하려고 하지 마세요. 통합 학급에서 일어난 문제 상황에 대해서는 담임교사가 책임감을 가지고 해결할 수 있도록 가만히 기다려 주는 게 필요합니다. 혹시라도 아이에게 불이익이 돌아가거나 분위기가 안 좋아질까 봐 걱정하며 먼저 나서서 해결하려는 태도는 오히려 독이 됩니다.

담임교사에게 자기 반 학생의 문제를 해결하고 그 과정에서 배울 수 있는 기회를 주세요. 물론 문제에 대해 특수교사에게 공유하고 어떻게 해결해 주었으면 하고 바랄 수 있습니다. 하지만 먼저 나서지 말고 담임의 역량을 믿겠다고 해 주세요. 특수교사보다는 담임 선생님이 나서서 해결하는 편이 학생들에게 무리 없음을 알려 주는 겁니다. 그래서 특수교사가 나서지 않으면 문제는 당연히 담임교사에게 돌아가겠지요. 그 일을 해결해 나가면서 담임교사가 배우고 느낄 수 있는 기회를 주어야 합니다. 특수나 통합 교육에 대한 이해가 없을수록 그 과정이 더욱 필요합니다. 특수교사들이 우리 반 아이 문제니 해결하겠다고 나서기보다 담임교사의 책무성을 강조해 주세요. 언제든 도움이 필요하면 말씀하시라는 메시지만 전해 주는 것이 안전합니다.

학부모에게도 문제 해결의 실마리를 담임교사에게 찾아야 한다고 알려 주세요. 문제가 생기면 특수교사가 익숙하고 편하기 때문에 우리가 해결해 주었으면 하고 바랍니다. 히지만 이것도 역힐을 나눠야 합니다. 담임교사가 책임감을 가지고 해결할 것임을 믿고 담임과 상의할 수 있도록 해야 합니다. 그것이 학급의 분위기를 변화시키고 아이들을 조금이라도 더 수용적인 분위기에 머물게 하는 데 도움이 된다는 것을 알려 주세요. 자주 연락하시고 눈치 보지 않도록 학부모를 격려합니다. 한 학급의 일원으로서 당연히 담임교사에게 의지하고 논의해야 함을 익숙하게 만들어 줍니다. 교사와 학부모가 그런 의식을 가질 때 통합 교육의 효과를 높일 수 있습니다. 특수교사 혼자 애쓴다고 질 높은 통합 교육이 이뤄지는 게 아닙니다. 오히려 관계된 교사와 주변인이 적극적으로 참여하고 주인 의식을 가질 때 학급의 분위기도 좋아집니다. 특수학급 학생도 반의 일원으로서 자신감을 가지고 생활할 수 있음을 모두가 배워야 합니다. 담임교사와 학부모와 할 수 있는 부분을 나눠 하세요. 특수학급에서 가르칠 수 있는 소셜 스킬과 사안에 관련된 문제 행동 지도를 맡겠으니, 담임교사는 통합 학급 분위기 변화를 위해 노력하고, 학부모는 가정에서 조금 더 지도해야 합니다. 그렇게 세 주체의 노력이 더해질 때 학생들은 성장하고 변화할 수 있습니다.

통합 교육에서 담임교사의 역량은 매우 중요합니다. 담임교사를 맡게 되면 자신의 역할을 이해하고 적합한 대응을 할 수 있도록 교육하고 안내해야 합니다. 담임교사가 수행해야 할 주요 역할은 아래와 같은 것들이 있습니다.

학급 내의 다양한 학생들을 인식하고 존중하는 태도를 가집니다. 서로 다른 학생들이 서로 좋은 영향을 주고받으며 다양성을 인정하고 포용할 수 있도록 학습 환경을 조성해야 합니다. 학생들의 학습 수준과 요구에 따라 개별화된 지원을 제공합니다. 학생에게 필요한 수업과 평가 방법, 학습 환경을 조성하는 것이 기본입니다. 물론 모든 학생에게 맞춤형으로 학습을 지원하지는 못하고 있지만, 그것이 원칙입니다. 그 방향을 향해 노력해야 함을 인식할 수 있도록 합니다. 수업할 때 학생의 다양한 학습 수준과 요구에 맞게 수업 계획을 수정하고 자료를 조정합니다. 특히 시각적, 청각적, 운동적, 자극과 다양한 학습 방법을 활용하여 학생이 학습에 참여하도록 합니다.

학생에게 필요한 지원에 대해서는 특수교사와 상의합니다. 학생들이 서로 학급의 일원으로 돕고 협력하도록 촉진하고 서로 지지하고 이해할 수 있는 분위기를 만듭니다. 서로가 돕고 발전하는 관계를 위하여 학생, 학부모, 특수교사, 장애 학생,

서비스 제공자와 협력합니다. 치우치지 않는 형평성을 갖고 학생을 대하며 학부모 및 보호자와 원활한 소통을 유지하여 학생의 발전을 도모합니다. 학부모의 의견을 수렴하고 학생이 학습 과정에 적극적으로 참여하도록 돕습니다. 학생들의 감정적인 어려움을 지원하고 이해합니다. 어려움을 겪거나 스트레스를 받을 때 적절한 지원을 제공하여 학생이 긍정적인 감정을 유지하고 학습에 참여할 수 있도록 돕는 역할을 합니다.

학교의 담임교사는 교육만 하는 존재가 아닙니다. 학생의 정신적 지원과 성장을 위해 상담과 다양한 지원을 해야 합니다. 담임교사로서 서로를 이해하고 포용할 수 있는 분위기를 만들어야 합니다. 담임교사가 편협한 사고관을 갖게 되면 통합 학급 학생 교육에 도움이 되지 않음을 강조해서 알려 주세요. 물론 어렵습니다. 중간에 고민되는 지점도 있고 개인의 성향 차이도 존재할 수 있습니다. 하지만 담임은 어떤 상황에서도 중재하는 입장이어야 합니다. 자신의 학급 구성원 모두에게 건강한 교육을 위해 노력해야 합니다. 그 과정에서 필요한 부분이나 부족한 사항에 대해서는 특수교사가 적극적으로 지원합니다. 그다음 학급 운영은 교사의 몫일 테니 믿어 주고 지지해 주세요. 반드시 담임교사로서의 역할을 현명하게 해내실 겁니다.

통합 교육의 가치를 모르고 참여하지 않는 담임교사에게는 원칙적으로 통합 교육의 효과에 대해서 공유하세요. 받아들이지 못하고 거부할 수 있지만, 가치가 있음을 소개하고 기다려 주세요. 교사 스스로 가치를 이해하고 수용할 수 있기를 바라면서 안내하면 됩니다. 그들의 신념이나 가치관을 바꿀 수는 없더라도 시도는 해 봐야 하니까요. 아래는 담임교사에게 안내할 통합 교육 안내 자료의 예시입니다.

〈통합 교육은 모든 학생들에게 평등한 교육 기회를 제공하는 것을 원칙으로 합니다. 장애 학생들 또한 일반 교실에서 동료들과 함께 공부하고 소통하면서 자신의 장점을 발휘할 수 있습니다. 통합 교육은 학생들에게 다양성을 인식하고 받아들이게 합니다. 학생들이 서로 다른 특성을 가지고 있지만, 서로 그것을 존중하면서 보다 포용적이고 이해심 깊은 사회를 형성할 수 있습니다. 통합 교육은 학생들의 사회적, 감정적 발달을 촉진합니다. 다양한 동료들 간의 상호 작용을 통해 자신의 감정을 이해하고 다른 사람과의 관계를 구축하는 데 도움이 됩니다. 통합 교육은 장애 학생의 자기 효능감을 증진시킵니다. 일반 교실에서 성취를 경험하고 동료들과의 상호 작용을 통해 자신의 능력을 확인함으로써 자신감을 키울 수 있습니다. 학생들이 사회적으로 민감하고 이해심 있는 시민으로 성장하는 것을 돕습니다. 사회적인 문제에 대한 인식을 키우며 교사들에게도 전문성을 향상시키고 강화하는 역할을 합니다. 다양한 학습 수준과 요구를 고려하여 학생들을 지원하는 데 필요한 다양한 교수법과 전략을 개발하게 합니다.〉

이런 안내 자료를 준다고 교사가 쉽게 변하지는 않습니다. 특히 성적을 산출해야 하는 과정이라면 더 신경이 쓰이겠지요. 특수교육 대상자의 행동이 분명히 나쁜 영향을 미친다고 생각할 수 있습니다.

일부 그런 부분이 존재할지도 모릅니다. 하지만 잠깐 눈으로 보이는 성적보다 더 중요한 것이 가치관 교육입니다. 교사로서 학생들에게 가치관을 심어 줄 수 있는 정신 교육이 더 중요함은 늘 인식할 것입니다. 그 부분을 깨우쳐 주세요. 특히 사춘기의 청소년들은 뇌에서 가지치기를 합니다. 이때 경험해 보지 못한 일이나 가져 보지 못한 감정적인 느낌은 평생 뇌에서 지워지고 맙니다. 그렇기에 이 시기의 통합 교육이 중요합니다. 나와 다른 친구와 함께 지내며 배려하고 다양성을 인식하는 모습을 학생의 정서 안에 심어 줘야 합니다. 요즘은 건강한 마인드를 가진 담임 선생님도 많아 감사한 마음입니다.

특수교사도 마찬가지입니다. 내가 담임하고 있는 특수교육 대상자뿐 아니라 학교의 모든 구성원들이 그런 경험을 가지고 사춘기를 지날 수 있도록 장애 인시 개선 교육을 강화해야 합니다. 한 번 더 지기 손으로 써 보고 장애인에 대한 생각을 말하고 정리해 보면서 각자의 뇌 속에 장애인에 대한 인식을 가질 수 있도록 도와줘야 합니다. 담임교사는 가까이에서 특수교육 대상자를 경험하는 자기 반 학생들이 긍정적인 더 넓은 사고관을 가지기 위해 노력해야 합니다. 지금의 교육은 효과가 없고 발전하지 않는 것처럼 느껴질지라도 학생의 뇌에 새겨짐을 인식하고 무게 있게 행동해야 할 것입니다.

02 교과 선생님

>>>>

■ 특수학급 아이가 왜 내 수업에 있는 거죠?

내 수업 시간도 아닌데 아이가 특수학급으로 내려왔습니다. 무슨 일이냐고 물었더니 교과 담당 선생님이 내려가라고 했답니다. 통합반 시간표를 찾아보니 수학 시간입니다. 수행평가도 해야 하고 그 학급 소속이기 때문에 아이도 알아야 합니다. 국어, 영어, 수학 시간 중의 한 시간은 교실에서 수업하게 했습니다. 학기 초에 전체 안내로 말씀드리고 운영 계획에 포함도 문구도 넣어서 명시해 두었지요. 이 학교에서 한 번도 그 룰을 깬 적이 없습니다. 그분은 올해 새로 부임했습니다. 안내를 안 읽고 넘겼다고 해도 교실에 있겠다는 아이를 굳이 내려보낸 겁니다. 수업 시간에 소리를 내거나 방해 행동을 하는 학생도 아니었습니다. 진도를 못 따라가서 멍하니 있기는 했지만 그것이 수업에 참여하지 못할 이유가 되지는 않았습니다.

쉬는 시간에 올라가 설명을 했습니다. 그랬더니 수학 선생님이 다짜고짜 따지십니다.

"수행평가는 내가 알아서 할 테니 데리고 가세요."라고 합니다. 자신은 이제껏 한 번도 수학 시간에 특수학급 아이를 데리고 있었던 적이 없다는 겁니다. 특수학급 아이가 나만의 소속이 아니고 자신이 수업하는 그 학급의 일원입니다. 그렇다면 당연히 자신에게도 그 아이를 가르쳐야 할 의무가 있는데요. 화를 내며 절대 자신의 수업 시간에 참여하지 못하게 하라는 교과 선생님 때문에 너무 힘이 듭니다.

"도대체 특수학교에 가야 할 아이들이 왜 일반 학교에 있는 거예요? 이 아이들은 자기들끼리 수준에 맞는 교육을 받는 게 좋지 않아요?"

처음 특수학급에서 근무했던 20여 년 전부터 간간히 듣던 말입니다. 이제 나는 경력도 어느 정도 생겼고, 만만치 않아 보이는지 이렇게 말하는 선생님이 드뭅니다. 불편하고 수업에 방해가 조금 되더라도 저런 말까지 하지는 않습니다. 그래서 그동안의 안내와 교육으로 선생님들의 인식이 고쳐진 거라 생각했습니다. 내가 경력이 짧은 교사였을 때 똑같은 멘트를 교과 선생님에게 듣고 울분을 토하며 반박했던 적이 있습니다. 이제는 고쳤다고 믿었습니다. 그런데 여전히 경력이 짧은 특수교사에게 그때 내가 들었던 멘트를 똑같이 하는 선생님들이 있다는 말을 듣고 사실 힘이 빠졌습니다. 아직도 변하지 않았구나 싶었습니다. 나의 노력 때문에 바뀐 게 아니라 나에게 이야기해도 안 통할 거 같으니 말을 안 한 것뿐이었습니다. 후배 교사의 이야기를 들으며 그때와 똑같은 울분이 차올랐습니다. 하지만 그때처럼 장애인 차별 금지법을 프린트해서 형광펜으로 밑줄 쳐 교장실에 들고 가는 일을 이제는 하지 않습니다. 교과 선생님 앞에서 핏대를 세우며 이런 건 장애 차별에 해당되는 거라고 얼굴을 붉히지도 않지요. 그렇게 하면 감정만 상할 뿐 행동은 변하지 않습니다. 큰 소리 내지 않으면서 자신의 행동에 잘못이 있음을 일깨워 주기 위해 흥분을 가라앉히고 나의 감정을 가라앉힌 다음 조용히 생각합니다.

'내가 이번 기회로 이 선생님에게 특수교육이 왜 필요한지 알려 줘야겠다. 특수교육 대상자를 수업에서 함부로 배제해서는 안 된다는 것을 정확히 가르쳐 줘야겠다.'라고 말입니다.

일단, 교과 선생님에게 알려 줘야 할 것은 두 가지입니다. 특수교육 대상자도 본인이 수업하고 있는 반의 구성원이며, 자신은 교과교사로서 이 아이를 가르쳐야 할 의무가 있다는 것이 첫 번째입니다. 또 장애가 있다는 이유로 특수교육 대상자를 수업에서 제외해서는 안 된다는 것도 알려 줘야지요. 장애를 가졌거나 문제 행동을 하더라도 수업에서 배제되어서는 안 되고 수업 시간에 어떻게든 함께하기 위해 교사가 노력해야 합니다. 이 두 가지를 어떻게 싸우거나 감정 상하지 않고 가르쳐 줄 수 있을까요.

"선생님 말씀은 잘 알겠습니다. 그런데 제가 아이 수업 시간을 조정하려면 부모님과 상의를 하고 특수교육운영위원회를 열어 이 부분에 대해 논의를 해야 합니다. 이미 공지되고 시간표도 결재가 된 상황이라 제 마음대로 바꿀 수가 없어요. 부모님께 말씀드리면 장애인의 수업권을 존중하고 배제할 수 없다는 부분을 문제 삼으실 수 있습니다. 아이가 특별한 문제 상황이 없었을 뿐더러 있었다 해도 그걸 가르치는 곳이 학교라고 믿고 계실 테니까요. 반발하거나 민원을 제기하실 수 있습니다. 저도 사실 그런 일을 몇 번 겪어서 조심스럽게 말씀드리는 겁니다. 또 그런 상황이 되면 관련된 선생님들과 교감, 교장 선생님 모두 모여 이 사안에 대해 회의를 통해 결정해야 할 텐데 괜찮으시겠어요? 참고로 이제까지 이 학교에서 국영수 선생님 중에 이런 문제를 제기하신 분은 한 분도 안 계셨습니다. 선생님 생각해 보시고 말씀해 주세요."

어조는 부드럽게 하되 단호하게 내용을 전달하는 게 좋습니다. 특수학급 학생에게는 수업에서 배제되지 않을 권리가 있으며, 그 부분을 교과 담당 교사인 선생님도 지켜 주셔야 할 필요가 있음을 넌지시 알려 줍니다. 만약 그 부분을 배려하지 않는다면 문제가 발생할 수 있으며, 그것 또한 자기 수업에 대한 사안이므로 본인이 책임져야 함을 알려 주세요. 특수교육 대상자라고 해서 특수교사에게만 모든 책임과 권한이 있는 것은 아닙니다. 학생들이 낯설고 어떻게 대처해야 할지 몰라 난감한 상황은 이해하지만, 그 부분은 교사가 공부하고 채워나가야 할 부분입니다. 교육 내용만 전달하는 것이 교사가 아니라 학생의 특성에 맞게 가장 고유한 방법으로 교육하는 것이 교사의 역량입니다. 그 점을 일깨워 주시고 알려 주세요. 큰 소리로 화를 내거나 교사의 인격을 무시하며 말할 필요는 없습니다. 잘 모르는 부분이고 제대로 개념이 잡히지 않은 상태이니 부드럽게 가르쳐 주세요.

이 이야기를 듣고 화를 내거나 특수교사와 사이가 틀어지기는 쉽지 않아 보입니다. 기분이 상할 수는 있으나 반박할 수 없는 내용입니다. 교장 선생님에게 법조항을 들이대며 설명해 관리자의 호출로 이야기를 전달 듣는 것보다 기분 나쁘지는 않을 겁니다. 이렇게 팩트 위주로 전달하세요. 순간의 감정이나 자신의 기준 때문에 잘못된 판단과 교사로서 언행에 문제가 있음을 넌지시 알려 주세요. 나는 그렇게 생각하지 않지만 학부모님이 그럴 수 있다고 말입니다. 이건 실제로 일어날 수 있는 일이기에 우리가 과장해서 표현하는 것은 아닙니다. 다만 특수교육 대상자에게 있어 배제가 얼마나 큰 상처가 되는 일인지 포인트를 정확히 짚어 줍니다. 학부모의 민원 제기 가능성을 이야기만 해도 대부분의 선생님은 자기주장을 계속하지 않습니다.

게다가 특수교육운영위원회를 언급했습니다. 사람은 누구나 타인에게 좋은 사람으로 보이고 싶어 합니다. 그래서 다른 사람들에게 보이는 이미지를 신경 씁니다. 그런데 운영위원회에서 회의 안건으로 상정된다고 하면 깜짝 놀랄 겁니다. 지금까지 이 학교에서 국영수 선생님들이 한 번도 이런 불만을 표시한 적이 없다고 알려 주면 받아들일 수밖에 없습니다. 자기도 여태껏 특수교육 대상자를 수업에 참여시킨 적이 없지만, 이 학교에서는 수업에서 제외한 적이 없다면 둘 중에 하나는 바뀌어야 합니다. 다수의 행동을 따를 수밖에 없는 것이 학교라는 시스템입니다. 학교에서 자신만 튀게 행동하고 다르게 교육하는 방식이 어려운 것이 발전 가능성을 해치기도 하지만 이럴 때는 유용하게 쓰일 것입니다.

이렇게 말했는데도 여전히 자신의 수업 시간에 제외하겠다는 의견을 제시한다면 그때는 정식 절차를 거치면 됩니다. 학부모님께 말씀드리고 운영위원회도 열어야 합니다. 거기서 물론 이런 조치의 부당함을 이야기하는 것 또한 우리의 역할입니다. 특수교사로서 특수교육 대상자들의 교육 권익을 보장해야 하는 입장임을 뚜렷하게 밝히세요. 아마 위원회에서 제외할 수 없다는 결론을 내리면 그 선생님도 따를 수밖에 없을 겁니다. 물론 이런 정식 절차를 거치기 전에 선생님 스스로 판단을 바꾸는 게 바른 선택입니다.

■ 완전 통합하는 아이 너무 짠한데 대안은 없나요?

교과 선생님에게 전화가 왔습니다. 자신이 수업하는 교실에 특수교육 대상자가 있는데 수업에 전혀 참여를 못 한다는 겁니다. 수업 시간에 아무것도 하지 않고 묻는 말에 대답도 하지 못해서 담임 선생님에게 물어보니 특수교육 대상자라고 했답니다. 그래서 학생이 완전 통합 대상자임을 말씀드렸습니다. 선생님의 반응은 이해하기 어렵다고 하였습니다. 학생을 따로 불러서 지도해 봤는데 지금 학년보다 몇 학년 아래의 내용도 이해를 못 하고 있었답니다. 아무리 개인 지도를 해 주려고 해도 학급 친구들과 너무 많은 차이가 나서 도울 방법이 없었답니다. 특수교육 대상자면 특수학급에서 수업하며 기본 개념이라도 확실하게 채워 주면 좋겠다고 하셨습니다. 그래야 다음 단계로 진급될 텐데 본인은 그럴 시간과 역량이 없다고 합니다. 수업 시간에 알아듣지도 못할 어려운 이론을 가만히 듣고 있는 학생이 너무 안쓰럽다고 했습니다.

하지만 대안이 없습니다. 완전 통합 교육 대상자의 경우 대부분 특수교사가 아는 체하는 것을 싫어합니다. 특수교육 대상자라는 커다란 바운더리 안에서 보호는 받되 다른 친구들과 다른 대우를 받고 싶지 않다고 합니다. 지원이 필요한 부분이 있는데도 불구하고 특수교사를 피하기 때문에 교육이 어렵습니다. 그 부분은 안타깝기는 하지만 학생이나 학부모를 설득하기 전에는 특수교사 혼자서 결정하고 개입할 문제가 아닙니다. 학교 폭력 사안이 발생하면 부모가 특수교육 대상자임을 강조하며 특수교사의 도움을 청할 때도 많습니다. 하지만 평소 학생과의 교류가 전혀 없었기에 특수교육 대상자이긴 하지만 담임보다 학생을 모르는 상황입니다. 학생과 학부모가 원하지 않으니 도움 주기도 어렵다고 말씀드렸지요. 담임 선생님도 특수교육 대상자면서 특수교사의 도움을 전혀 받지 못해 어려워하신다고 솔직하게 말씀드렸습니다. 안타깝긴 하지만 완전 통합 교육 대상자의 문제는 제가 어찌할 수 있는 부분이 없는데 이럴 땐 어떻게 대처해야 하나요?

교과를 담당하는 일반 교사가 수업 진도에 맞춰 수업하다 보면 소외되는 학생들이 존재합니다. 흔히 느린 학습자라 불리는 친구들입니다. 지적장애에 해당되지는 않지만 학습 속도가 느리고 기존 지식의 이해도가 낮으며 집중을 잘 못합니다. 학습 전략 및 기술 사용에 어려움이 있고 평가 및 테스트를 버거워하거나 해결하지 못하기도 합니다. 느린 학습자에 해당하거나 경계선급의 학생들이 완전 통합 교육을 신청합니다. 특수학급에서 공부하기에는 대화도 조금 더 통하고 학습도 가능하지만 개별화된 교육이 아니고서는 일반 학급의 교육과정을 따라가기에는 어려움이 있습니다.

사회성을 기르고 학급에서 친구들과 좋은 상호 작용을 원해 특수교육 대상자라는 안전망 안에서 100% 교실 생활을 진행합니다. 하지만 현장 학습을 가거나 단체 활동을 할 때 함께할 친구가 없다거나, 수업을 따라가지 못해 멍하니 앉아 있는 친구에서부터 별문제 없이 적응하는 학생까지 양상이 많이 다릅니다. 때로는 의사소통의 어려움을 트러블을 일으켜서 학교 폭력 심의의 대상이 되기도 합니다. 가해자가 되거나 피해자가 되어 특수교사의 도움을 요청하는 데 난감합니다. 학생의 특성을 알고 상호 작용이 있어 학생을 이해 가능해야 상황을 대변할 수 있습니다. 담임교사보다 오히려 학생의 특성을 모르는 경우가 대부분입니다. 담임교사는 특수교육 대상자면서 특수교사의 아무 도움도 받을 수 없는 상황이 난감합니다. 부모나 본인이 원하지 않으니 도울 수 없는 특수교사도 답답한 상황입니다.

완전 통합 교육 대상자의 경우 새로운 개념을 이해하고 학습하는 데 더 많은 시간이 필요합니다. 학업적으로 어려움을 겪고, 수업 속도에 따라가기 어렵고 학습 내용을 이해하지 못하니 수업 시간을 힘들어합니다. 그래서 자존감이 낮아지고 무기력감을 느낍니다. 자신에 대해 무능하다고 생각하거나 비하하는 생각을 가질 수 있습니다. 집중력이 부족하여 수업 시간에 산만해지고 친구들과의 비교를 통해 자신감을 잃어 갑니다. 이런 문제들이 누적되다 보니 사회적으로 적응력이 낮아져 친구들과 트러블이 생기기도 합니다. 부모는 이 학생의 특성을 받아들이지 못하고 기대하고 다그칩니다. 가정 내에서도 편안하지 못한 경우가 많습니다. 이런 학생들은 일반 교사도 특수교사도 도울 수 없는 사각지대에 놓여 있습니다. 아무도 적극적으로 중재하지 못하기에 학급 효과도 사회성 증진도 기대하기 힘듭니다. 초중학교에서 버티다가 고등학교에서 특수교육 대상자로 편입하는 경우도 꽤 많습니다. 이런 학생을 어떻게 안내하고 도와야 할까 특수교사는 늘 고민입니다.

완전 통합 교육 대상자에게 별도의 도움이 필요하다는 교사나 학부모의 요구가 생기면 특수교육 대상자로 편입시키는 방안을 논의해야 합니다. 하지만 부모나 학생 본인은 특수교육 대상자인 것을 친구들에게 숨기고 싶어 하는데요. 이것이 과연 옳은 결정인지 함께 논의해 봐야 합니다. 오히려 학급 학생들이 이 친구의 상황을 이해하고 배려할 때 큰 갈등을 피할 수 있습니다. 이 친구의 특성도 모른 채 상호 작용하다가 문제가 발생하는 경우가 훨씬 많습니다. 그래서 담임교사와 학부모와 논의하여 그 부분을 알리고 학기 초에 학생을 배제하고 학급 친구들에게 상황을 알리는 것이 필요한지 논의해 보세요.

그런 논의를 거쳤음에도 불구하고 학부모나 본인이 완강히 알리는 것을 거부할 수도 있습니다. 이럴 때는 담임교사가 특별히 신경을 써야 하는 부분이라 담임교사의 동의가 필요하겠지요. 담임교사가 자주 학생의 학급 생활을 부모에게 알리고 문제가 발생할 상황을 미연에 방지하는 것이 필요합니다. 만약 특수교육 대상자임을 알리지 않은 상황에서 학교 폭력 사안이 발생하게 되면 학부모는 특수교사에게 의지합니다. 이럴 경우 특수교육 대상자로 전환해야 특수교사가 도울 수 있음을 명확하게 알려 줘야 합니다. 이미 문제가 발생했다는 것은 학생의 학교생활에서 도움이 필요함을 의미합니다. 그런 상황에서 언제까지 학생의 상황을 숨기고 반 학생들의 배려만을 기대하기는 어렵습니다.

부모님이 특수교사의 개입과 도움을 바란다면 특수학급에 입급하되 특수학급에서 수업받는 시간은 최소화하는 방안을 알려 주세요. 그렇게 했을 때 학교생활에서 크게 달라지는 부분은 없지만 특수교사가 개입하여 도와줄 수 있는 상황이 늘어남을 알려 주시면 됩니다. 그럼에도 불구하고 절대 입급을 원하지 않으면 특수교사도 도움을 드릴 수 있는 부분에 한계가 있음을 알려야 합니다. 학생과 라포도 형성되지 않고 학생의 특성을 알지도 못하는 상태입니다. 통합 학급 친구들을 설득하거나 갈등을 해결하기는 쉽지 않습니다. 느린 학습자이지만 학급에 잘 적응한다면 그야말로 완전 통합의 취지에 합당한 학생이니 응원하고 선택을 지지해 주는 것이 좋겠지요. 학생마다 다른 특성을 가지고 있기에 그에 따른 합당한 교육을 위해서는 언제든 가장 적합한 배치 상황으로 변경할 수 있음을 학부모가 인지할 수 있도록 담임과 함께 상황을 공유할 수 있어야 합니다.

완전 통합 학생이 특수학급에 입급된다면 특수교육적 접근을 시도할 수 있겠지만, 그렇지 못한 상황에서는 어떻게 도울 수 있을까요. 담임교사와 학부모에게 아래와 같은 안내를 해 줄 수 있습니다. 학생의 개인적 특성에 대한 이해는 못 하고 있지만 전반적으로 학습을 어려워하고 사회적 교류에 서툰 학생을 위한 가이드를 안내합니다.

완전 통합 교육 대상자를 위한 학습적 도움은 개별화된 학습 계획부터 시작합니다. 학생의 학습 수준과 요구에 맞는 수업 내용과 추가 지원을 통해 학습을 도울 수 있습니다. 개별화된 학습 자료나 보조 교재, 튜터링, 작은 그룹 활동을 통해 개별화된 지원을 제공합니다. 학습 전략에 대한 이해가 부족한 점을 감안하여 학습 내용을 요약하거나 주요 개념을 강조하는 방법을 가르쳐 주세요. 학습 전략을 배우면 조금 더 쉽게 학습에서 성취를 이룰 수 있고 효과를 높이게 됩니다. 시간 관리 및 집중력 향상을 위한 지원도 필요합니다. 수업 중에 집중하는 법과 학습 시간을 효율적으로 사용하는 방법을 가르쳐 줍니다. 학습 과정에서 성과를 인정하고 격려해야 합니다. 학생의 노력과 성과를 인정하고 긍정적인 피드백을 해 줍니다. 이는 학생의 자신감을 키워 학습 동기로 작용하게 됩니다. 주의를 흐트러뜨리지 않는 조용하고 안정적인 환경을 제공하고 친구에게서 배우고 따라 할 수 있도록 기다려 줍니다. 그들이 이해한 내용을 표현할 수 있는 넉넉한 시간을 주고 평가 방식을 다양화하여 학생이 성취 경험을 가질 수 있도록 해야 교육의 효과를 높일 수 있습니다.

사회성 향상을 이해서는 작을 그룹 활동을 통해 배우게 합니다. 소규모의 모임을 통해 친구들과 상호 작용하고 소통하면서 참여 기회를 늘려 주고 공유하고 협력하는 경험을 갖게 해 줍니다. 역할극이나 시뮬레이션 상황을 통해 현실에서 상호 작용을 경험하고 연습할 기회를 주면 좋습니다. 다양한 사회적 상황에서 적절한 대응법을 배워 활용할 수 있도록 돕습니다. 사회적 상호작용에서 작은 성공을 했을 때라도 칭찬하고 격려합니다. 성공했음을 강조하고 긍정적인 피드백을 제공하는 것이 중요합니다. 학생의 노력과 성과를 인정하고 올바른 행동을 강조하여 학생들이 자신감을 가지고 생활할 수 있도록 도와야 합니다. 자기 인식 및 감정 인식 교육을 통해 느린 학습자가 자신의 감정을 이해한다면 다른 사람과의 상호 작용에도 도움이 됩니다. 문제를 해결하고 갈등 상황에 대처할 수 있는 역량을 갖게 합니다.

이런 학습적, 사회적 능력 향상을 위한 노력들을 안내하고 가정과 학급 내에서 학생에게 필요한 지원을 할 수 있도록 알려 줍니다. 주어진 상황에서 더 나아지기 위한 노력을 통해 진짜 완전 통합에서 행복한 경험을 할 수 있도록 도와줍니다. 먼발치에서라도 그들의 행복과 발전을 기원하고 필요한 지원을 가이드해 주면 됩니다.

■ 정서적 문제를 가진 학생도 특수교육 대상자래요.

얼마 전 상담 교사에게서 문의를 받았습니다. T는 학급에서 상담이 필요한 학생인데 의사소통에 어려움이 있다는 것입니다. 상대방의 입장을 이해하지 못하고 자신의 범주 내에서만 말을 하기 때문에 원활한 대화가 되지 않는다고 하더군요. 그러면서 혹시 T를 특수교육 대상자로 심사해 줄 수 없느냐고 물었습니다. 원활한 의사소통이 되지 않는다고 하니 혹시 하는 생각이 들어 교과 선생님들에게 학생의 상황에 대해 조언을 구했습니다. 그런데 교과 선생님들의 대답은 달랐습니다. 그 학생은 지적인 어려움이 없다고 했습니다. 오히려 지적인 능력에 대한 자부심을 스스로 갖고 있답니다. 다만 상대방과 입장 바꿔 생각할 수 있는 부분이 약하고 자기중심적인 성향이 강하다고 했습니다. 그러면서 특수교육 대상자로 선정할 것이 아니라 상담 기법을 통한 교육이 필요하다고 말씀하셨습니다. 여러 교과 선생님들의 의견이 일치했습니다. 상담교사에게 의사소통의 어려움만으로 특수교육 대상자로 선정할 수 없음을 밝혔습니다.

학교생활을 하다 보면 이와 같은 사례가 빈번합니다. 특히 정서적 어려움을 호소하는 학생들이 늘어나면서 가끔 이런 의뢰가 들어옵니다. 특수교육에 대해 잘 모르는 교사들은 정서적인 어려움을 가진 학생을 특수교육 대상자로 선정할 수 있다고 생각합니다. 특히 ADHD 같은 경우는 특수학급에서 지원해 주기를 기대하는 교사도 있습니다. 물론 학생의 특성마다 양상이 달라 우리 학급에 입급되어 수업하는 학생도 있지만, 약물의 도움을 받아 수업을 운영할 수도 있음을 모르기 때문입니다. 수업을 하다 보면 진도를 잘 따라오긴 하는데 너무 산만하고 충동성이 많아 수업 진행이 어려우니 저에게 묻기도 합니다. 그

뿐 아니라 정신과적 질병을 가진 학생들도 늘어나면서 특수교육의 영역이 넓혀지는 분위기입니다. 조현병을 가진 학생이 입급되어 특수교사가 병가를 내는 상황도 일어납니다.

정서적인 문제를 가진 것만으로 특수교육 대상자로 분류를 문의하는 학교의 분위기를 어떻게 감당해야 할지 걱정입니다.

특수교육 대상자란 시각장애, 청각장애, 지적장애, 지체장애, 정서행동장애, 자폐성 장애, 의사소통 장애, 학습장애, 건강장애, 발달 지체나 그 밖에 장애인 등에 대한 특수교육법 시행령에서 정하는 장애를 가진 학생으로 교육장 또는 교육감이 특수교육이 필요한 사람으로 진단 평가하여 선정된 사람을 말합니다. 이 중에서 지적장애는 개인의 능력이 기대에 못 미치는 학습 능력과 생활 기술에 한계가 있는 경우를 말합니다. 정서행동장애는 학교 프로그램에서 행동이나 정서 반응이 적절한 연령, 문화 또는 인종 규준과 너무 달라 학업, 사회, 직업 또는 개인 기술을 포함한 교육 수행에 불리한 영향을 미치는 장애입니다. 우울증이나 품행장애, ADHD 등이 해당되며 학습의 어려움과 대인관계의 어려움, 부적절한 행동이나 감정의 표출, 불행감이나 우울감이 나타나는 특성이 있습니다.

예시의 T 학생의 경우 대인관계의 어려움을 겪고 있으나 학습에는 그다지 어려움이 없습니다. 지적장애의 경우처럼 학습에만 문제가 있는 것이 아니라 생활 기술에도 한계가 있어야 선정됩니다. 그러므로 상담교사의 의뢰는 고려할 필요가 없습니다. 특수교육 대상자로서 갖춰야 할 조건을 만족하지 못하기 때문입니다. 특수교사라면 의뢰를 받고 교과 교사의 이야기를 들었을 때 특수교육 대상이 아니라는 판단을 했을 것입니다. 그 주요 내용을 설명하고 의뢰받지 않아도 됨을 설명하면 됩니다. 게다가 학부모와 학생이 원해서 선정 의뢰를 하더라도 교육청의 진단평가선정위원회를 통과할 가능성이 낮습니다. 우리가 스트레스받고 힘든 부분은 이런 의뢰를 받을 학생이 너무나도 주변에 많다는 것입니다.

학습이 가능하면 지적장애로 의뢰하지는 않습니다. 하지만 사회성에 문제까지 가진 느린 학습자의 경우에는 고민이 될 것입니다. 정서적인 문제를 가진 경우 대부분 학습에서도 여러움을 호소하니까요. 마음이 편안하지 않은데 공부가 잘될 리가 없기 때문입니다. 아무리 정서적 문제가 있더라도 면밀하게 살피지 못하고 의뢰하는 경우 힘들 수밖에 없습니다. 정서장애의 영역이 확장되고 학생들 중에 정서적 어려움을 겪는 비율이 늘어나면서 이런 의뢰에 대한 고민은 늘어날 것으로 보입니다. 특히 조현병을 가진 학생의 예시처럼 정신과적 양상을 띠고 있으면서 학습에 전혀 의욕을 가지지 못하는 경우는 판단이 어려울 수 있습니다. 이를 판단하고 의뢰에 대해 답변하기 위해서는 우리가 정신과적 질환에 대해서 더 공부하여 명확한 차이를 인식하는 것이 필요하리라 생각됩니다.

조현병과 정서장애의 차이에 대해 살펴보겠습니다.

• **두 가지는 증상의 성격이 다릅니다.**
조현병: 조현병은 환청, 망상, 사회적 및 기능적 결핍 등과 같은 심각한 정신 증상을 보입니다. 이러한 증상은 종

종 현실과의 접점을 잃고 현실 감각을 왜곡하거나 이상적인 믿음을 갖는 것을 특징으로 합니다.

정서장애: 정서장애는 감정 조절 문제, 우울증 또는 과도한 감정 반응과 같은 감정 관련 증상이 주로 나타납니다.

• **증상의 지속성에서 차이가 납니다.**

조현병: 조현병은 증상이 지속적이고 만성적일 수 있습니다. 조현병 환자는 증상이 잠시 동안 사라지더라도 심각한 정신 증상이 재발할 수 있습니다.

정서장애: 정서장애는 주로 일정 기간 동안 지속되는 우울증 또는 과도한 감정 상태와 관련된 증상을 보입니다.

• **심각성 및 기능 저하의 문제에서 차이가 있습니다.**

조현병: 조현병은 환청이나 망상과 같은 증상이 있을 때 기능이 저하되는 경우가 많습니다. 사회적, 직업적 및 개인적 기능이 심각하게 영향을 받을 수 있습니다.

정서장애: 정서장애는 주로 우울증이나 과도한 감정 반응과 관련된 증상이 있을 때 기능이 저하될 수 있습니다. 그러나 정서장애의 심각성은 종종 조현병보다 낮을 수 있습니다.

• **진단 기준이 다릅니다.**

조현병: 조현병의 진단은 DSM-5(정신질환의 진단 및 통계 매뉴얼 제5판)에 정의된 기준에 따라 합니다. 환청, 망상, 사회적 및 기능적 결핍 등의 증상이 지속되는 경우 진단될

수 있습니다.

정서장애: 정서장애의 진단은 DSM-5의 우울증 및 조울증에 관한 기준을 따릅니다. 이러한 기준에는 우울증, 조울증 또는 기타 정서장애와 관련된 다양한 증상이 포함됩니다.

이처럼 정서장애와 정신질환을 구분하고 안내하면 특수교육 대상자 의뢰에 대해 조금 더 명확하게 답변할 수 있습니다.

흔히 특수교육 대상자로 언급되는 ADHD로 마찬가지입니다. 주의력 낮음, 과잉 활동성, 충동성과 관련된 주의력결핍 과잉행동장애 또한 모두가 특수교육 대상자로 분류되어서는 안 됩니다. 특수교육 여부는 그들의 개별적인 특성과 요구에 따라 결정됩니다. 그 기준으로는 기능 저하 정도가 있습니다. ADHD 증상이 학업 또는 사회적 기능에 심각한 영향을 미치는지 여부를 평가해야 합니다. 주의력 부족으로 학습에 어려움을 겪고 학교나 사회적 활동에서 기능 저하가 심각하게 나타나는 경우 진단을 생각할 수 있습니다. ADHD로 인해 발생하는 학습의 어려움이 어느 정도인지도 고려해야 합니다. 학습에 집중이 어렵거나 학습을 하는데 극심한 어려움이 있을 경우 특수교육 서비스가 필요할 수 있습니다. 사회적 관계 형성과 자기 조절 능력에서 심각한 결함을 보일 때도 고려해 봐야 합니다. 이렇듯 다양한 관점에서 ADHD가 일상생활 및 학습에 지대한 어려움을 겪을 때 특수교육 관련 서비스를 고려해 볼 수 있음을 알려 줘야 합니다. 약물 치료를 통해 경과가 좋아지는 만큼 약물의 적절한 사용을 피하고 있지는 않은지, 정기적으로 약물을 복용하고 있는지도 파악해서 의뢰에 신중을 기해야 합니다.

특수교육 대상자로 선정되어 그에 적절한 특수교육 서비스를 받는 것이 학생에게 필요할 수 있습니다. 하지만 특수교육 대상자로 선정되는 것이 유익한 점만 존재하는 것은 아닙니다. 특수교육 대상자로 선정되면 학생 및 그 가족은 사회적인 편견에 직면할 수 있습니다. 다른 사람의 시선과 다르다는 인식의 틀에 갇히게 되며, 다른 학생들과의 활동에서 제약을 받거나 배제될 수 있습니다. 학생이 스스로를 정상적이지 않고 이상하다고 여기며 자신의 능력에 의심을 가지거나 자존감이 낮아질 수 있습니다. 특수교육 프로그램에 초점을 맞추다 보면 일반 교육에서 소외되는 부분이 생길 수밖에 없습니다. 성인이 되어 사회에서 살아가는 데 필요한 기술을 배우지 못할 수 있으며, 대인관계의 경험이 부족해질 수 있습니다. 학생이 지속적으로 특수교육적 지원을 받게 되면 의존적으로 변화할 수 있습니다. 학생 스스로 할 수 있는 부분까지 포기할지도 모릅니다. 학교 및 사회에서 기대치가 낮아져 학생이 스스로 더 높은 수준으로 도전하거나 성장하는 데 제약을 받을 수 있습니다. 라벨링이 꼭 좋은 것만은 아닙니다. 다방면으로 고려하여 학생에게 가장 좋은 교육적 조치가 무엇인지를 고민하는 시간이 필요합니다. 당장 특수교육 대상자로 의뢰하기 전 교사나 학부모가 깊이 있게 이 부분에 대해 생각할 수 있도록 자료를 제공합니다. 정서적인 문제를 풀어 나갈 수 있는 대안을 찾아볼 수 있도록 안내해 주세요.

■ 동료 교사와 갈등이 있어요.

특수교사를 가장 잘 이해하는 사람은 함께 일을 하는 특수교사라고 생각합니다. 통합 교육을 실현해 나가면서 어떤 방향으로 교육을 해나가야 할지 말하지 않아도 알 수 있는게 동료 교사라고 생각합니다. 그래서 특수학급이 두 개 있는 학교에 발령 났을 때 기뻤습니다. 마음 맞춰 일할 생각에 마음이 놓였습니다. 그런데 그것이 얼마나 큰 착각이었는지 깨닫는 데 그리 오랜 시간이 필요하지 않았습니다. 내 마음 같은 사람이 없다는 것은 알지만, 그래도 일에서 있어서만은 비슷한 입장을 취하리라 생각했습니다. 배울 점도 있을 것이고 외롭지 않을 거라 믿었는데 아니었습니다. 학교에서 가장 힘든 대상이 옆 반에 있는 특수교사가 되어 버렸습니다. 학급 운영 방침부터 시작해서 문제가 발생했을 때 해결 방법까지 하나도 맞는 게 없었습니다. 특수학급이 두 개라 해도 서로의 대처 기준은 같아야 합니다. 비슷한 기조를 가지고 있어야 학급에서의 생활을 조율할 수 있습니다.

하지만 하나부터 열까지 원칙이 다르니 서로 맞추기가 힘듭니다. 통합 학급에서 문제가 발생하면 담임교사와 협의하여 문제를 해결해 나가야 한다고 생각합니다. 옆 반 선생님은 담임교사의 몫으로만 여깁니다. 통합 학급에서 발생한 일이니 담임교사가 해결하는 게 맞다는 입장입니다. 담임교사의 책임감이 필요한 것은 사실이지만, 특수교사도 개입하여 도울 수 있다고 생각하는 저와는 다릅니다. 두 학급이 있으면 서로 협력하여 특수교육 대상자의 교육을 책임진다는 생각보다는 각자 맡은 학생에 대해서만 책임을 지고 관여하지 않기를 바랍니다. 학생의 문제 행동이 보여서 지도가 필요할 것 같다는 의견을 말하면 동의하지 않습니다. 협력하기보다는 각자의 역할을 나눠 하자는 입장입니다. 특수 학급이 두 개 있어도 외로운 건 마찬가지입니다. 아니 더 외롭습니다. 교육 가치관은 교사에 따라 다를 수 있음을 인정합니다. 하지만 한 학교의 통합 교육은 그 방향을 같이 해야 한다고 생각하는데, 그것을 조율하기가 어려워 힘이 듭니다.

두 개 이상의 특수 학급에서 함께 일하게 되면 여러 가지 기대를 하게 됩니다. 서로가 가진 경험과 교육의 전문성을 함께 나누면서 더 풍부한 아이디어를 만날 수 있을 거라 생각합니다. 학생들에게 필요한 교육을 다각도의 방면에서 생각하고 서로의 강점을 살려 나갑니다. 약점이나 부족한 부분은 서로 다른 역할과 책임을 통해 보완해 나갈 수 있습니다. 팀으로 협력하여 일할 때 서로 지원하여 질 높은 교육을 할 수 있습니다. 이는 학생들에게 긍정적인 영향을 미칩니다. 모든 교사와 학생이 퍼즐처럼 딱 맞을 수는 없습니다. 한 명의 학생에게 필요한 지원을 다방면에서 제공하면서 학생에게 가장 필요한 지원을 할 수 있도록 서로 협력합니다. 의견을 나누며 학생에게 적합한 교육을 해 나갈 것을 기대했을 것입니다.

안타깝게도 두 학급의 교사 스타일이 너무나도 다르군요. 물론 다를 수는 있지만, 그 안에서 조율과 협력이 일어나지 않고 조정 과정에서 트러블이 생기니 걱정입니다. 하나의 특수교육이란 방향을 두 교사가 맞춰 나가면 좋을 텐데요. 서로 지양하는 바가 다릅니다. 이럴 경우는 마음이 맞는 특수교사가 협력할 때의 효과가 반대로 나타나게 됩니다. 의사소통 과정에서 문제가 생기고 오해가 일어나 서로 다른 규칙, 교육 방법을 적용하는 것입니다. 그러면 학생도 혼란스럽고 교사들도 일관성을 유지하기 쉽지 않습니다. 학생들이 어떤 상황에서 어떻게 행동해야 할지 기준이 모호해지고 혼란스러울 수 있습니다. 일관된 접근 방식을 통해 교육하지 않으니 대혼란입니다. 각자 맡은 학생들만 책임진다는 생각으로 철저하게 두 학급으로 학생을 나누어 운영하는 경우도 이 문제는 똑같이 생깁니다.

비슷한 상황에서 같은 문제 행동을 했을 때 두 교사의 대처 방법이 다르면 통합 학급에서 교육받는 친구들의 대처 방법도 달라집니다. 한 교사는 엄격한 태도를 취하고 다른 교사는 융통성 있게 대한다면 혼란이 생깁니다. 한 곳에서는 허용되는 것이 다른 교실에서는 불허되어 일관성을 잃게 됩니다. 교사 간의 팀워크가 부족하다보니 효율성이 낮아지고 학생 학습 경험에도 좋지 않은 영향을 미칩니다. 그 과정에서 갈등이 발생하여 힘들어하는 교사들도 꽤 많습니다. 협력과 조화를 통해 통합의 과정을 배워나가는 특수학급의 목적이 훼손될 가능성도 있습니다. 이럴 때는 어떻게 갈등을 해결해 나가야 할지 답이 보이지 않습니다. 서로 대화를 통해 풀어 나가자니 스타일이 달라 그 과정에서 오해가 생기기도 합니다. 무엇보다 협력이 중요한 특수교사들이 일관된 교육 방향을 잡아나가기 어렵다면 통합교육으로 나아가기도 쉽지 않을 텐데요. 어떻게 의사소통을 해서 이 난관을 해결해 나갈 수 있을까요.

> **1. 협력할 때와 독립해서 운영할 때를 확실하게 나눕니다.**
> 각자의 교육 방식과 스타일이 있습니다. 그것을 누구 한 명의 교사에게 온전히 맞춰 나가기는 쉽지 않습니다. 그렇기에 전반적인 큰 흐름만 맞춰 나가고 세부적인 운영에 있어

서는 각자의 스타일을 존중하는 것이 필요합니다. 교직의 특성상 협력보다는 개별적으로 학급 운영을 했던 경험이 많은 것이 교사입니다. 자신의 학급 운영 스타일을 옆 반 교사에게 온전히 맞출 수는 없습니다. 그러므로 학급 운영의 전반적인 큰 틀과 규칙만 동의하고 세부적인 운영은 각자의 몫으로 남기고 서로 터치하지 않는 것이 좋습니다. 때로는 자신의 스타일에 맞지 않더라도 서로의 방식을 존중하고 이해하려는 태도가 필요하겠습니다. 나의 교육 방식만이 정답은 아닙니다. 그 학생에게 옆 반 교사의 교육 방식이 훨씬 더 효과적일 수 있습니다. 교사의 판단을 믿고 지지해 주세요.

2. 갈등이 생길 때는 각자의 학급을 나눠서 운영하는 것도 필요합니다.

전반적인 학급 운영의 원칙을 세웠으면 학생을 학년별로 나누어 지도하는 것도 방법입니다. 학년이 다른 학생들은 서로 교류할 일이 많지 않습니다. 이미 많은 학급에서 이 방법을 사용하고 있다는 것은 그만큼 독립성도 보장되고 특수학급 운영이 원활하기 때문입니다. 공문 처리나 시수 부분 등 맞출 수 있는 최소한의 부분만 협의하고 나머지는 자유롭게 운영해도 좋습니다. 서로의 학급 운영에 간섭하지 않으면서 독립된 운영을 해 나갈 때 스트레스 없이 교육할 수 있습니다. 물론 서로 도움이 필요한 부분이나 어려움이 있는 문제에 대해서는 독립된 학급으로서 의견을 나누는 것도 좋습니다. 각자의 스타일과 학급 담임으로서의 역량을 믿고 선을 넘지 않은 관계에서 도울 수 있습니다. 오히려 자주 모든 학급 운영을 맞추는 것보다 이런 운영이 교사의 자율권이 확보되기에 유익한 방법일 수 있습니다.

3. 두 교사가 학생은 모두 관리하되 과목을 나누는 방법도 있습니다.

학생의 생활지도는 공통의 규칙 아래 관리하되 수업은 철저히 나눠서 진행하는 방법입니다. 서로의 수업에 대해서는 존중하되 생활지도의 원칙은 함께 만들어 가는 것입니다. 이렇게 하면 한 학교에서 서로 다른 규칙으로 교육하는 일이 드물고 일관된 방식으로 생활지도를 할 수 있어 효과적입니다. 학생들과 교사에게도 혼란을 주지 않되 두 학급이 가진 장점을 최대화할 수 있습니다.

위에서 제시한 세 가지 방법을 교사의 스타일에 따라 적절히 배합하여 학급을 운영해 보세요. 독립성과 효율성을 적절히 얻을 수 있도록 서로 협력할 부분과 독립성을 인정할 부분을 나눠 운영할 때 두 학급의 시너지 효과를 높일 수 있습니다.

무엇보다 협력이 중요한 두 개의 특수학급 운영, 어떻게 하면 효과를 최대화하면서 합리적으로 운영할 수 있을까요. 교사들 간의 각자의 의견을 교환할 수 있는 시간을 정기적으로 가지는 게 필요합니다. 학급에서 발생하는 문제 상황에 대하여 공유하고, 서로의 의견을 조율하며 스타일을 알아 나가야 합니다. 각자가 가지고 있는 장점과 교육 철학에 대해 이해하고 인간적인 면모를 알아 갈 때 갈등을 조금이나마 줄이고 서로를 오해하지 않게 됩니다. 공동의 목표와 가치를 공유하는 과정을 통해 통합 교육에 필요한 것들을 동의해 나가는 과정이 중요합니다. 그 과정에서 함께할 수 있는 것과 각자 해결해야 할 부분을 확실하게 나눠 역할을 주는 것이 좋습니다. 독립성과 협력성이 함께 발현될 때 가장 합리적인 두 학급 운영이 된다는 점에 동의하며 자주 회의하고 토론하는 시간을 가지면 좋겠습니다.

함께 목표를 설정하고 그에 따른 계획을 세우는 과정에 동참합니다. 특히 학기 초 학급 운영 계획을 세울 때 자신이 중요하게 생각하는 교육 목표와 비전에 대하여 공유하면 좋겠습니다. 세부적인 교육 방법에 대해서까지 맞출 수는 없지만, 전체적인 교육 목표를 설정할 때 서로의 방식을 이해하면 좋습니다. 일관된 목표를 설정하고 그에 따른 효과적인 교육 전략이 어떤 걸지 의견을 나누면서 조율해 갑니다. 그러면서 전체적인 교육 방향을 잡는 데 도움이 됩니다. 서로의 의견의 다양성을 인정하고 존중하는 분위기를 조성합니다. 모든 의견은 중요하고 존중받아야 함을 기본 전제로 회의를 진행합니다. 그런 태도로 회의에 임해야 서로 상처받지 않고 이해하며 합의점을 찾아 나갈 수 있습니다. 서로의 강점을 인정하고 그것을 최대한 활용하여 교육할 수 있는 방법을 찾습니다. 필요한 경우 외부 전문가의 조언을 통해 새로운 아이디어를 얻을 수 있습니다. 자신들의 교육 방향과 방법에 대한 교육을 통해 더 나은 방향으로 발전해 나갈 수 있도록 공부하는 것이 필요합니다.

아무리 회의를 하고 의견을 존중해 봐도 서로 의견이 전부 같을 수는 없습니다. 갈등이 일어나는 것은 당연한 일인지도 모릅니다. 서로 다른 사람이 같은 방향을 향해 나아가는 것이 쉬운 일은 아닙니다. 하지만 서로의 목적은 같다는 것은 인식하며 갈등을 해결해 나가야 합니다. 서로에게 악의가 없고 상처 주고자 하는 목적이 있는 것이 아님을 공유하며 회의를 하고 조율해 나갑니다. 서로를 존중하고 장점을 인정합니다. 그럼에도 불구하고 부딪힐 때는 최소한의 합의 사항만 남겨 두고 자율권을 인정하는 것도 필요합니다. 교사가 편안하고 자신의 교육 가치를 실현해 나갈 수 있는 분위기가 형성되는 최적의 방법을 서로 찾아 나가는 것이 두 학급을 운영할 때 가장 도움이 되는 목표임을 잊지 말아야겠습니다.

03 관리자의 인식개선이 필요해요.

>>>>

■ 일반 업무를 맡아 달랍니다.

학교를 옮길 때마다, 아니 관리자가 바뀔 때마다 걱정되는 것이 있습니다. 바로 업무 분장에 관한 부분입니다. 교사 수가 줄어들면서 교사의 업무가 과다해지는 분위기에서 특수교사에게 일반 업무를 맡아 달라는 요청이 자주 들어오기 때문입니다. 특수교사는 특수교육 전반을 아우르는 업무를 하고 있습니다. 어느 업무보다 결코 적다고 할 수 없는 업무량입니다. 작은 특수학교 하나를 운영하는 것만큼 특수교육의 모든 것을 도맡아 하고 있습니다. 하지만 일반 교사나 관리자는 그 특수성을 이해하지 못합니다. 학교 전반에 교사 수가 줄어드니 특수교사도 그 짐을 나누자고 말합니다. 때로는 학생 수가 적다는 이유로 특수학급에 업무를 더 주어도 되지 않느냐고 주장하는 교사도 있습니다. 학급 배정 인원이 법적 기준을 넘어 교육할 때도 분명 있지만, 그런 부분은 절대 고려하지 않습니다.

학교에서 이런 압박이 들어올 때마다 특수교사는 혼자가 되는 기분입니다. 아무도 우리의 입장과 업무를 이해하지 못하고 책임을 전가하려 하는 모습이 버겁습니다. 업무 조정 시즌이 되면 어떤 업무를 나에게 맡길까 걱정이 되는 것이 사실입니다. 교육청에서 확실하게 공문을 내려 특수교사에게 다른 업무를 주지 못하도록 권장하는 지역도 있다고 들었습니다. 하지만 교사 수가 적은 학교에서는 공문을 따르기도 쉽지 않습니다. 그렇다고 일반 업무를 맡고 싶지도 않은데 억지로 업무를 떠넘기려는 분위기가 생기면 곤란합니다. 학기 초가 되면 업무 조정하면서 상처를 받는 일이 늘어나면서 고민이 많아집니다. 합리적으로 업무를 처리할 수 있도록 우리의 업무에 대해서 확실한 정리가 되게 할 수 있는 방법은 없을까요.

관리자가 특수교사에게 일반 업무를 주려는 이유는 무엇일까요. 인력과 자원을 효율적으로 활용하고자 하는 방법 중의 하나일 것입니다. 특수교사에게 일반 업무를 나눠 줌으로써 공동체가 함께해나갈 수 있는 업무를 나누고자 함입니다. 특수교사가 일반 업무를 담당하면 통합 교육 환경을 자연스럽게 조성하는 게 아니냐는 의견도 있습니다. 일반 교사와의 업무를 나눔으로써 협력과 팀워크가 강화되고 서로를 더 잘 이해할 수 있다고도 주장합니다. 그들의 전문성을 살린 업무를 하면 분명히 학교 입장에서는 도움이 될 테니 어떻게든 업무를 나누려 할 것입니다. 하지만 특수교사의 입장은 다릅니다. 업무로 통합 교육을 이룰 수 있는 부분은 한정되어 있습니다. 특수학급의 통합 교육을 위하여 해야 할 일도 산재해 있는데 일반 교사의 업무까지 나눠할 여력도 없습니다. 특수교육적 요구는 대단히 개인적이고 특별합니다. 그 요구에 맞춰서 교육하자면 크게 보이진 않더라도 많은 지원이 필요합니다. 그게 표시가 안 난다는 이유로 업무를 나누니 답답한 상황입니다.

특수학급은 학교에서 정원 외로 관리되어 특수교사는 특수학급의 업무를 담당하는 것이 원칙입니다. 특수학급 업무를 위해 배치

된 교사인 만큼 우리는 우리의 업무를 하면 됩니다. 특수교육에 있어서 우리가 전문가인 것처럼 일반 교육 업무는 일반 교사가 하는 것이 맞습니다. 특수교사의 업무 부담은 질높은 특수교육을 방해합니다. 그럼에도 불구하고 이런 일은 자주 발생합니다. 특수교사 혼자 업무 조정을 위해 관리자들과 대화를 나누다 보면 해결할 수 없는 상황이 자주 발생합니다. 일반 교사들이 특수교사를 이기적인 존재로 대우하기도 하고, 공공의 적이 되는 느낌을 받기도 합니다. 서로 각자에게 주어진 역할을 맡아 하고 있는데 일을 나누자고 하면 안 된다고 주장해 봐도 힘을 얻기가 어렵습니다. 교육청에 도움을 청해 본들 학교 업무에 관한 부분은 학교장 위임 사항이라 교육청에서 관여하기 어렵다는 입장을 내보이기도 합니다. 그렇다면 어떻게 혼자서 업무를 조절할 수 있을까 난감한 순간이 찾아옵니다. 아무도 도와주지 않고 합리적인 판단을 내려 주지 않는 것 같아 답답한 순간이 올 것입니다. 특수교육 업무를 정확하게 처리하는 것만으로도 충분히 특수교사로서의 역할을 하는데 인정해 주지 않는 것 같아 속상한 순간도 있습니다. 주류가 아닌 비주류의 선택이 어렵고 고민스럽지요. 이 난관을 어떻게 헤쳐 나가야 할까요.

업무에 대하여 명확한 의사소통을 해야 합니다. 직접적인 언어를 사용하여 자신의 입장을 알립니다. 특수교사로서 어떤 업무를 처리하고 있는지 관리자도 알고 있겠지만 처리한 공문의 개수와 업무를 정리해서 보여 주세요. 특수교사가 맡고 있는 업무량이 정확히 얼마나 되는지 정리해서 일목요연하게 알려 주세요. 말로만 업무량이 많아 힘들겠다고 이야기하는 것보다는 자료를 활용하면 도움이 될 것입니다.

　학교의 규정과 절차를 통해 업무가 정확하게 나누었는지 알아보고 대안을 제시합니다. 상호 이해할 수 있는 분위기를 만드는 것이 중요합니다. 객관적으로 교사들이 하고 있는 업무량과 비교하여 결코 적지 않은 양입니다. 그런 상황을 이야기하고 책임감 있게 업무를 처리하고 있다는 것을 어필할 필요가 있습니다. 이는 업무를 결정하는 2월에도 꼭 필요한 과정이지만 평소에도 자주 일하는 모습을 공유하면 도움이 됩니다. 학생들과 함께하는 활동의 결과물을 관리자와 공유합니다. 그래야 특수학급에서 어떤 활동과 교육을 하고 있는지 확인할 수 있습니다. 그 과정을 자주 공유하고 공문으로 남겨두면 더욱 좋습니다. 평소의 이런 노력들이 특수교사의 업무에 대한 이해를 높일 수 있습니다. 그 과정에서 함께할 수 있는 부분을 공유하는 것이 도움이 됩니다.

　교사를 위한 장애 이해 교육을 통해 특수교육의 가치를 알릴 필요도 있습니다. 교사들과의 소통과 협력을 통해 업무를 이해시키고자 노력합니다. 특수학급에 대해서 모르기 때문에 오해할 수 있는 부분이 있음을 알아야 합니다. 잘 모르고 접할 기회가 없어서 모를 뿐입니다. 충분히 나의 업무와 일에 대한 부분을 알리고 있었는지 체크해 보세요. 조용히 일처리를 한다고 다 알아주는 것은 아닙니다. 필요한 부분이 있으면 공유하고 알리면서 우리의 업무가 진행되고 있으며 어떻게 운영되고 있는지 알리는 과정이 필요합니다. 그래야 우리 일의 가치를 알아줄 수 있답니다.

우리 지역 말고 다른 지역에서 특수교사에게 일반 업무를 부여하지 않아야 한다는 조항이 있다면 참고로 제시하면 좋습니다. 서울은 교사의 희망이 아닌 한 특수학급 업무 외의 과중한 업무를 맡지 않는다는 내용이 전교조 협약 사항에 포함되어 있습니다. 인천광역시는 학교 업무 정상화 종합 계획에 특수교육 운영의 내실화를 위하여 가급적 특수학급 업무 이외의 별도 업무를 부가하지 않도록 권장한다고 합니다. 전라북도는 일반 학교에서 특수교사와 학생 지도와 교육 활동에 전념할 수 있도록 특수교육 활동 이외의 업무를 담당하지 않도록 도교육청이 지도한다고 되어 있습니다.

하지만 이러한 권고 사항에도 불구하고 업무를 부과하는 것은 학교장의 권한입니다. 공문을 보더라도 학교장이 필요하다고 생각하는 이상 업무를 부과하지 않을 수는 없는 상황입니다. 법제화하지 않는 이상 해결 방법이 없습니다.

어쩔 수 없이 일반 업무를 맡아야 하는 학교도 있을 수 있습니다. 규모가 적은 학교의 경우 교사 수도 적어 업무가 많다 보니 특수교사도 일반 업무를 나눠 맡아야 하는 경우입니다. 이럴 때는 어쩔 수 없는 상황이기에 업무를 조정하기가 더 어려울 것입니다. 그렇게 업무를 꼭 맡아야 하는 상황이라도 정확하게 업무를 부여하지 않아야 함을 알려 주세요. 최소한의 업무를 부여하도록 해야 합니다. 한계를 설정하지 않으면 계속 업무가 늘어날 가능성이 있습니다. 이럴 때는 정확하게 하지 않아도 되는 업무를 도와주는 것임을 확실하게 하시고 더 이상 늘리지 않을 것임을 약속받아야 합니다. 정확하게 특수교육 업무가 존재하는데 일반 업무를 하다가 제대로 학급 운영을 하지 못할 수 있다면 낭패입니다. 그 부분을 관리자에게 정확하게 의사 전달하고 업무를 도와주도록 하세요. 당당하게 말하셔도 됩니다. 우리가 도와주지 않아도 되는 일을 기꺼이 도와주고 있음을 고마워해야 하는 상황임을 알려 줘야 합니다. 나의 업무 이외의 과도하게 주어진 업무에 대한 정확한 규정이 필요하다는 것을 잊지 말아야겠습니다. 물론 이렇게 주장하는 과정에서 많은 순간 외로울 것입니다. 업무를 나눠서 하는 것이 마음 편할 수도 있습니다. 업무를 조정하는 과정이 쉽지 않고 상처를 받을 수도 있습니다. 쉽지 않지만 차차 분위기를 만들어 가야 합니다. 아직도 많은 학교에서 특수교육 업무 이외의 업무가 부여되고 있습니다. 부디 이른 시일 내에 정책적으로 특수교사의 수업과 업무에 대한 이해가 보장되고 인정될 수 있기를 소망합니다.

■ 왕따 아닌 왕따가 되었습니다.

장애를 가진 학생들에게 도움을 주고 싶었습니다. 그래서 특수교사가 되었습니다. 장애인을 많이 만나 본 적도 없었고 이해가 높은 편도 아니었지만 어떻게든 도움이 되고 싶은 마음이 강했습니다. 하지만 대학에 다니며 교육을 받을 때조차 몰랐습니다. 아무도 알려 주지 않았습니다. 학교에서 저 역시 우리 학생들처럼 약자가 되리라는 사실을 말입니다. 선배들 말을 들으면 요즘은 그래도 학교마다 특수학급이 거의 존재하는 분위기라서 이해도가 높아졌다고들 하십니다. 그런데 제가 느끼는 것은 과연 이게 다인가 싶을 정도로 실망스러울 때가 많았습니다.

일반 교사나 관리자가 특수교육에 대한 이해가 너무나 달랐습니다. 특수학급에서 어떤 수업이 이뤄지는지 전혀 모르는 경우가 많았고, 때로는 장애인 혐오 발언도 들려왔습니다. 특수교육 대상자는 자기들끼리 특수학교에서 교육받는 게 나은 거 아닌가라는 말을 하기도 했습니다. 이런 상황에서 특수교사의 업무나 역할에 대한 이해를 기대하기는 더 어려웠습니다. 주류가 아니다 보니 회의나 학년 협의회에서 제외되는 일도 많았습니다. 담임교사는 너무 바빠 시간을 확보해서 우리 반 아이에 대한 상담을 하기도 쉽지 않았습니다. 문제가 발생하면 함께 돕는 교사보다 특수교사에게 역할을 위임하는 경우도 많았습니다. 나의 자리를 찾아 적응하는 게 쉽지 않았습니다. 특히 성과급을 정할 때 많은 상처를 받습니다. 일부러 그러는 것은 아니지만, 감정상으로 왕따 아닌 왕따가 된 기분이었습니다. 반 친구들과 섞이지 못하는 우리 반 학생들처럼 나조차 학교 선생님들과 섞이지 못하는 기분이 듭니다. 특수교육을 한다는 것이 이렇게 외로운 일인 줄 알았더라면 한 번 더 생각해 보고 진로를 정했을 걸 싶습니다.

선생님의 고충과 외로움을 이해합니다. 특수교사로 생활하다 보면 가끔 외롭다는 생각이 들 겁니다. 아니 자주 그럴 수 있습니다. 학생과 학부모도 나의 역할과 어려움을 이해하지 못하고 요구는 늘어만 갑니다. 같은 동료 교사들과 그 어려움을 나누고 헤쳐 나가기에는 학교 구성원 누구도 나의 업무를 이해하지 못하는 것 같습니다. 특수학교에 있으면 동료 교사와 이런 고민들을 나누며 협조한다고 하는데 그렇지 못하니 하소연할 곳도 없습니다. 일반 교사들과 어울려 잘 지내고 싶지만 시스템이 달라 대화의 주제를 찾기도 힘이 듭니다. 팀 작업을 통해 학생들의 교육에 대해 논의해야 하는데 늘 혼자니까 어떻게 해결해 나가야 할지 어렵다고 느낍니다.

왜 이런 어려움이 생기는지 생각해 봐야 합니다. 특수교사와 일반 교사는 학생에 대한 교육 접근 방식이 다릅니다. 특수교사는 개별화된 교육을 제공하는 것을 원칙으로 교육합니다. 물론 일반 교육과정에서도 개별에게 맞춤 교육을 추구하긴 하지만 학생 수 대비 실천이 쉽지 않습니다. 시작이 다르기에 학생을 바라보는 관점도 다릅니다. 가끔 특수교사가 일반 학생을 대상으로 동아리를 운영하거나 장애 이해 수업을 하게 될 때 어려운 점이 그것입니다. 학생 한 명 한 명의 입장을 이해하고 눈을 맞추고 수업을 하니 힘들 때가 많습니다. 학생 만족도는 높지만 교사가 수업을 운영하는 데 에너지가 많이 필요합니다. 맞춤형으로 수업을 하기 때문입니다. 이렇듯 시작이 다릅니다.

일반 교육과정에 맞춰 진도를 나가고 평가를 해야 하는 만큼 여유가 없는 일반 교사입니다. 수업의 자율적 구성이 가능한 특수교사가 수업을 바라보는 관점도 다릅니다. 이렇게 여러 가지로 다른 상황이지만 서로 대화를 하거나 의견을 나눌 시간은 확보되지 않습니다. 그래서 이해할 수 있는 부분이 적어지는 것입니다. 수업뿐 아니라 업무나 교육 중점 사항도 바라보는 시선이 다릅니다. 합의점을 찾아나가기 쉽지 않은 것이 어쩌면 당연한지도 모릅니다. 학생을 교육한다는 것이 어디서부터 어디까지 담임의 역할이고 특수교사의 개입이 어떻게 이뤄져야 하는지 확실하게 구분 짓기가 어렵습니다. 조금 더 개입하는 것이 담임교사의 역할을 넘어설 수 있다는 부담감에 서로 조심스러워하는 부분도 있습니다. 담임교사뿐 아니라 다른 교과 교사와는 더 대화할 기회가 없습니다. 함께 공유할 상황이 적어지고 그래서 외로움을 더 쉽게 느끼게 되는지도 모릅니다.

혼자 다독거리고 마음을 토닥거린다고 해결이 될 문제라면 힘들어하지 않았다고 생각할 수 있습니다. 자신의 역할을 알렸는데도 불구하고 소통되지 않는 부분이 있다면 어떻게 해결하면 좋을까요. 다른 교사들과의 협력은 정말 중요합니다. 통합 교육의 효과적인 운영을 위하여 더더욱 중요한 부분입니다. 그래서 어떻게든 시간을 확보하여 일반 교사와 소통할 수 있는 창구를 만들어야 합니다. 일반 교사나 관리자와 함께 소통하고 공동의 목표를 세워 나갈 때 통합 교육도 효과적으로 운영될 수 있습니다. 너무 선생님들을 어려워하지 마시고 적극적으로 소통하려고 노력해 보세요. 적어도 담임교사와는 학생을 가르치는 방향에 대하여 합의해야 교육의 방향을 일관되게 설정할 수 있으니까 그 부분부터 바로잡아야 합니다.

특수교사로서 내가 외로움을 느낀다면 나의 태도에 대해서도 생각해 볼 필요가 있습니다. 내가 특수교사이기 때문에 스스로 선을 긋고 있었던 부분은 없었는지 잘 살펴보세요. 시스템상 운영이 달라서 이해하지 못하는 것일 뿐 어울리지 않으려 하는 것은 아닙니다. 몰라서 어려워할 뿐 이해한다면 기꺼이 함께할 수 있습니다. 내가 너무 수동적인 태도였던 건 아닌지 점검해 보세요. 학교에는 교사마다 역할이 있습니다. 그 역할은 매년 바뀌기도 하지요. 그런데 특수교사는 업무가 바뀌지 않기 때문에 오히려 서로 입장을 바꿔서 이해해 볼 기회가 적은 것뿐입니다.

　생각해 보면 다른 교사도 마찬가지입니다. 1학년 담임이 3학년 담임의 입장을 이해하기 어렵고 국어과 교사가 체육과 교과의 특성을 이해하지 못하는 것과 마찬가지입니다. 서로 다른 것을 전담하고 있어 이해하지 못할 뿐 특수교사가 늘 배제되는 것은 아닙니다. 시스템이 달라 서로 모를 뿐이니 기회가 되면 이해시킬 수 있었으면 좋겠습니다. 모르는 것을 알려주고 공유할 수 있는 부분을 함께 나누다 보면 서로 이해할 수 있는 부분이 생길 것입니다. 서로에게 다른 업무가 주어지고 갖고 있는 전문성이 달라 공통 주제를 찾기가 어려워 대화가 힘들었을 겁니다. 시스템은 조금 더 통합 교육을 이룰 수 있는 방향으로 변화되어야 하고, 그 안에서 교사가 협력할 수 있는 방향으로 나아가야 합니다. 그 부분에서 우리가 아이디어를 내고 합의할 수 있는 부분이 무엇인지 찾아서 알리는 태도가 필요합니다. 초등의 경우 교대 교육과정에 특수교육에 대한 수업이 진행되고 있고, 중등도 신규 교사들의 이해도가 점점 높아지고 있습니다.

　앞으로 통합의 기회는 학생이든 교사든 더 늘어날 것입니다. 그때까지 부디 건강한 특수교사로서 머물렀으면 좋겠습니다. 물론 상처받을 때도 있겠지만 달라서 그럴 뿐 틀린 건 아니라는 사실을 자신에게 인지시키고 스스로를 많이 토닥여 주세요. 나를 가장 잘 이해하고 특수교사로서 다독여 줄 수 있는 시간을 갖는 것이 중요하답니다.

성과급 회의를 할 때 상처받는 일이 자주 생깁니다. 특수교사의 수업 시수를 인정해 주지 않는다거나 평균 시수로만 인정하는 경우도 있습니다. 특수교사가 분명히 수업을 했음에도 불구하고 그 시수를 인정하지 않는다는 것은 특수교육의 기본 취지를 인정하지 않는 것입니다. 싸우거나 갈등을 만들기 싫고 학교 분위기가 쉽게 바뀔 것 같지 않습니다. 평균 시수로 인정받고 수업 시간을 줄여 운영하시는 분도 간혹 계십니다. 학교 분위기에 따라 다르지만, 수업 시수를 인정해 줘야 함을 어필하셔야 합니다. 특수교사에게 특화된 수업이기에 그 시수를 줄여서 계산할 수는 없습니다. 성과급 자기 평가를 할 때 자신이 수업하고 있는 시수를 정확하게 작성하시고 학기 초에 결재받은 시간표를 첨부해서 제출하세요. 성과급 회의에서 계속해서 인정하지 않으려 하면 관리자에게 수업 시간표 결재받은 파일을 공유하며 분위기를 바꿀 수 있도록 안내해 달라고 요구해야 합니다.

"교감 선생님 성과급 회의에서 특수교사의 수업 시수를 평균 시수로 인정한다는 메시지를 보았습니다. 저는 첨부한 자료에 나와 있듯이 20시간 수업을 하고 있습니다. 교감 선생님께서는 이미 잘 알고 계시겠지만, 제가 수업을 하는데 제 수업이 모두 인정되지 않는다면 특수교육의 가치를 훼손하는 일입니다. 그럼에도 선생님들께서 특수교육에 대한 이해가 부족하여 이런 사태가 발생한 것 같습니다. 교감 선생님께서 잘 설명해 주셔서 시수를 인정할 수 있도록 도와주십시오."라고 메시지를 남겨 보세요. 일반 교사는 특수교사의 수업이 어떻게 이뤄지는지 모를 수 있기 때문에 이런 해프닝이 발생할 수 있지만, 관리자는 다릅니다. 수업 시간에 맞춰 수업이 이뤄지고 있음을 모르는 바 아닙니다. 관리자가 일반 교사에게 이 과정을 알리고 변화시킬 책임이 있음을 상기시켜 주어야 합니다. 교감, 교장 선생님이 나서서 특수교사의 수업 시수를 인정하지 않는 행동을 하지 않도록 서면으로 자신의 의사를 정확히 알려야 합니다. 그래야 관리자가 책무성을 가지고 행동하기 때문입니다.

성과급을 책정할 때 이외에도 많은 상처를 받을 것입니다. 어느 학교는 특수교사가 점수 받을 수 있는 항목은 모두 삭제하여 매년 거의 꼴찌에 가까운 점수를 받는다고 합니다. 지역에 따라 보건이나 상담, 사서 같은 경우 따로 성과급을 결정하기도 하는데, 그럴 때는 연계하여 우리의 노고를 인정받기도 쉽지 않습니다. 그러니 정확하게 관리자와 성과급 선정 위원에게 시수 부분이나 업무에 대한 자료를 제시하세요. 서류로 나타난 부분이 있는데 불이익을 당하는 일은 없어야 할 것입니다.

■ 특수교육 지원 인력과 갈등이 심합니다.

특수학급에는 특수교사를 지원하기 위한 인력이 존재합니다. 모든 학급에 배치되는 것은 아니고 지원이 필요한 중증 학생이 있는 경우 배치가 됩니다. 특수교사 혼자 학급 운영을 하고 신체적 지원 및 생활지도를 하기 어려운 경우 신청하여 함께 근무하게 되는데요. 그 인력들과 갈등이 있어 학교생활에서 스트레스를 받습니다.

여러 이름으로 불리는 지원 인력은 그 이름만큼이나 학교마다 하는 업무가 다릅니다. 정확하게 업무가 정해져 있기 때문에 교사와 갈등을 겪는 경우도 흔합니다. 특수교육 대상 학생의 개별화 교육과 학습권 보장, 활동 지원을 위해 특수교사의 교육 활동을 보조하는 교육 공무직입니다. 교사의 고유 업무를 침해하지 않으면서 교사의 지시와 감독 아래 수업 보조나 학습 자료 제작 보조, 신변 처리 및 급식 보조, 교내외 활동 및 등하교 보조 등의 업무를 실행하게 되어 있습니다.

하지만 이런 업무를 모두 시킬 수도 없습니다. 어떤 권한을 어느 만큼 주어야 하는지도 어렵습니다. 특수교육에 대해 전공한 것이 아니기에 특수교육 대상자를 지도하는 데 있어 따로 교육도 필요합니다. 특수교사의 역할을 나눠서 하는 만큼 마음이 통하고 교육 방향이 일관되면 좋은데, 그렇지 못할 경우 갈등의 원인이 됩니다. 지원 인력이 교사의 역할을 원하기도 하고 학교나 학부모가 그런 역할을 기대하고 바라기도 하니까요. 정확하게 가이드 된 역할이 없는 상태에서 지원 인력도 힘들어합니다. 특히 남학생의 경우 공익 근무 요원을 활용하기도 하는데, 그럴 때 갈등 상황이 발생합니다. 지시에 따르지 않거나 독단적으로 행동해도 교사가 제재할 방법이 없기 때문입니다. 도움을 받기 위해서 존재하는 지원 인력이 때로는 특수교육을 하는 데 걸림돌이 되기도 합니다. 어떻게 해야 진짜 필요한 도움을 받고 협력할 수 있을지 어렵기만 합니다. 지원 인력과 갈등 없이 현명하게 학급을 끌어나갈 수 있는 노하우가 궁금합니다.

특수학급 지원 인력과 갈등이 생기는 경우는 크게 두 가지입니다. 첫 번째는 본인이 업무의 역할을 제대로 숙지하지 못하고 교사의 역할까지 하려 하는 경우입니다. 본인에게 과도한 업무를 주고 있다고 불만을 표현하거나 지시한 일조차 하지 않는 경우도 있습니다. 스스로 교사의 역할을 하기도 애매하고, 신변 관리만 도움 주기에는 학생의 문제 행동이나 사회성 부분에 대한 고민이 있기에 어렵습니다. 학생의 음미체 수업에서 보조 교사로 수업에 참여하기도 하는데, 그럴 때 학생이 스스로 할 수 있게 도와주는 것보다 본인이 과제를 다 해결하는 경우도 있습니다. 다양한 방면에서 본인의 역할에 대한 정확한 개념 정립이 어려워 특수교사와 갈등이 생깁니다.

두 번째 경우는 외부에서 지원 인력에게 과도한 요구를 하는 경우입니다. 교사 대신 수업을 하도록 요구하거나 수업을 맡기고 특수교사에게 다른 업무를 해 달라고 합니다. 학교에서 특수교육 이외의 업무에 활용하지 못하도록 방침이 되어 있는데도 어떻게든 다른 업무를 돕도록 요청하는 경우도 있습니다. 학부모가 지원 인력에게 과한 요구를 하기도 합니다. 신변 처리를 도와주는 차원이 아니라 도맡아 해 달라거나 학생이 스스로 해야 할 부분을 도와달라고 합니다. 지원 인력이 있으니 어떤 도움이든 다 받을 수 있다고 생각하고 요구를 받아들이지 않으면 불만을 말합니다. 이런 모든 상황이 지원 인력에 대한 정확한 이해가 안 되어 있기에 발생하는 문제입니다.

학생이 열심히 노력했는데도 불구하고 잘되지 않는 부분이거나 학생의 장애로 인해 도저히 혼자 해결하기 어려운 문제에 도움을 주는 것이 지원 인력입니다. 그럼에도 불구하고 다 도와주기를 바랍니다. 부모님이 스스로 할 수 있는 것까지 도와달라고 요청하기도 합니다. 이럴 때 지원인도 상처를 받고 그 불만을 특수교사에게 이야기하는데요. 중간에서 중재를 해 줘야 하는 것도 특수교사의 몫이기에 어렵습니다. 학교에서 교사들이 더 많은 요구를 하는 경우도 마찬가지입니다. 지원 인력과 업무에 대한 이해가 동일하다면 덜 어렵지만, 그렇지 않은 경우는 당사자와 조율해야 하는 어려움도 겪게 됩니다. 그래서 특수학급에서 지원 인력이 어떤 부분까지 해야 하고 책임질 수 있는지에 대한 정확한 가이드가 필요합니다. 학생과 학부모, 학교 관련 사람들과 본인 모두 이 가이드라인에 맞춰 보조 인력을 활용해야 갈등 없이 운용할 수 있습니다.

「장애인 등에 대한 특수교육법 시행규칙 제5조」(보조 인력의 역할 및 자격)

① 법 제28조 제3항에 따라 학교에 배치되는 지원 인력은 교사의 지시에 따라 교수 학습 활동, 신변 처리, 급식, 교내외 활동, 등하교 등 특수교육 대상자의 교육 및 학교 활동에 대하여 보조 역할을 담당한다.

위의 법령에 따라 특수교육 보조 인력의 역할은 아래로 정한다. (인천광역시 기준)
가. 교사의 고유 업무인 수업·학생 지도·평가·상담·행정업무 등을 대리할 수 없고 특수학급 및 통합 학급 담임교사의 요청에 의해 학생 지도를 지원함
나. 교사의 요청에 의한 지원 업무 수행
  1) 특수교육 대상 학생의 개인 욕구 지원
    – 용변 및 식사 지도, 보조기 착용, 착탈의, 건강 보호 및 안전 생활 지원

---

2) 특수교육 대상 학생의 교수-학습 활동 지원

- 학습 자료 및 학용품 준비, 이동 지원, 교실과 운동장
에서의 학생 활동 지원, 학습 자료 제작 지원 등

3) 특수교육 대상 학생의 적응 행동 지원

- 적응 행동 촉진, 부적응 행동 관리 지원, 또래와의 관
계 형성 지원, 행동 지도를 위한 프로그램 관리 등

4) 특수교육 대상자의 특성에 따른 활동

- 방과 후 교육 활동 지도, 방학 기간 프로그램 지원 등
학교(유치원) 상황을 고려하여 업무의 효율성을 높일 수
있도록 계획 수립

5) 특수교육 대상자의 현장 학습 및 방과후 교육 활동 지원

- 특수교육 대상자의 각종 현장 학습 및 방과후 교육 활
동 지원

- 현장 학습 지도 시 소요되는 경비는 관계 규정에 의거
학교에서 지원

지원 인력의 갈등 양상에 따라 대처법도 달라집니다. 본인이 업무에 대하여 정확하게 선을 긋지 못하는 경우는 함께 규칙을 정해 보는 것이 좋습니다. 어느 선까지 할 수 있고 해야 하는지 정하면서 필요한 부분을 논의합니다. 특히 수업 시간의 지원에 대한 부분은 반드시 이야기해야 합니다. 체육이나 음악 시간에 수업에 참여하여 돕는 경우 물론 교과 교사가 있긴 하지만 특수교사 대신의 역할을 하고 있는 것입니다. 그럴 때 어느 범위까지 학생을 지도해도 되는지 논의가 필요합니다. 문제가 발생하면 교과 교사와 상의하면 되지만

수업 중간에 활동 지도를 어떻게 해야 할지 난감해할 때가 있습니다. 친구들과 트러블이 있지만 교과 교사가 알아채지 못하고 넘어가는 경우도 마찬가지입니다. 이럴 때 어느 선까지 지도하면 좋을지 논의해 보세요. 책임과 더불어 그에 따른 권리를 부여할 때 더 의식을 가지고 학생을 지도할 수 있습니다. 지도의 영역이 아닌 지원의 역할을 가지고 수업에 참여하는 만큼 문제 사안이 발생하면 특수교사에게 알리고 해결할 의무가 있습니다. 그 상황을 정확하게 알려야 특수교사가 지도할 수 있음을 인지하도록 해 주세요.

학교나 학부모의 요구에 대해서도 적절한 업무에 대한 안내가 필요합니다. 학기 초 학부모 연수를 통해 지원 인력이 도울 수 있는 부분에 대해 정확하게 알려 주세요. 한 학생만 도움을 줄 수 없기에 모든 부분에서 지원해 줄 수 없는 부분을 알려 주셔야 합니다. 보호자가 과도한 지원을 요구하는 경우 적절한 선에서 그 업무를 정리하고 지원 인력의 부담을 줄이고 효율적으로 지원할 수 있습니다. 학교 관계자에게도 교육이 필요합니다. 특수교육 지원 인력을 교사라고 생각하고 수업을 맡기라는 관리자도 있습니다. 하지만 보조 인력임을 확실하게 알리고 교육해야 합니다. 학기 초 교직원 연수에서 지원 인력을 안내하고 그분들이 할 수 있는 일에 대해서 알려 주는 것이 필요합니다. 시험 감독을 하게 한다거나 특수교사 부재 시 수업을 담당하게 하려는 학교에는 더더욱 안내가 필요합니다. 그래야 정확하게 보조 인력을 지원에 활용할 수 있고 갈등 상황도 미연에 예방할 수 있습니다.

교육청에서 따로 선발한 지원 인력 이외에 공익 근무 요원을 특수교육 지원 인력으로 활용하기도 합니다. 이때 공익 근무 요원이 활동하기 전 해당 역할에 대한 훈련과 교육을 해야 합니다. 자신의 역할과 책임을 확실하게 이해하고 지원 및 보조 역할을 해낼 수 있도록 알려 주세요. 필요한 경우 의사소통을 강화할 수 있는 훈련이 따로 필요하기도 합니다. 이럴 때는 국립특수교육원의 연수 등을 활용합니다. 학생에게 필요한 개인적 지원을 하되 학생이 스스로 하는 것에 초점을 맞춰야 합니다. 학생들에게 긍정적이고 동기 부여하며 격려할 수 있는 역할을 해내는 것에 초점을 맞춰 주세요. 스스로 필요한 부분을 공부하고 모르는 것에 대해서는 특수교사에게 물어 해결할 수 있도록 안내합니다.

지원 인력과도 인간관계를 맺어 도움을 받는 존재입니다. 서로 대화를 통해 이해의 폭을 넓히는 게 중요합니다. 왜 이런 활동이 필요하고 어떻게 지도하고 있는지 나먼저 학생을 다루는 자세를 일러 주세요. 그래야 큰 트러블 없이 학생을 지원할 수 있습니다. 자신의 역할에 대해 잘 행동하고 있는지 피드백해 주고 칭찬하고 격려하며 지원할 수 있도록 자신감을 키워 주세요. 잘하고 있다는 생각으로 더욱더 적극적인 자세로 업무를 도울 것입니다.

마치며

특수교사는 천사 아닌가요?

　대학 때 아끼던 사람이 저를 따라 특수교육과로 전과를 고민
했습니다. 의미 있고 보람 있을 것 같다며 특수교사가 되고 싶다
고 했습니다. 너무나 아끼던 사람이기에 나는 몇 번을 말렸습니
다. 고단하고 고민이 많은 일이 될 것 같았습니다. 한참 후 전과
를 하고 특수교사가 된 그는 나에게 말했습니다. 그때 내가 왜
그렇게 말렸는지 이제는 알 것 같다구요. 아이들은 정말 예쁜데
그것만이 다가 아니었다고 했습니다. 마음이 어려운 일이라 하더
군요. 그때 자신을 말려 준 나의 마음을 이해할 수 있을 것 같다
고도 했습니다. 마음으로 너무나 아꼈기에 쉽사리 이 길을 권하
지 않았을 것 같아 고맙다 하더군요.

　그렇게 주변 사람에게 권유하지 않은 것치고는 주변에 사랑
하는 사람들 중에 몇몇이 특수교사가 되었습니다. 조카가 임용
고시 준비할 때 함께 면접 문제도 뽑아 주고 모의 면접과 수업
실연을 도와주었던 일이 생각납니다. 당당히 합격하여 즐겁게
특수교사를 하고 있는 조카를 보며 생각보다 매력적인 직업이구
나 싶습니다. 자율성이 확보되고 교사의 역량만큼 변화되는 학

생들을 보면 그렇습니다. 그러나 지금도 누군가 내가 아끼는 사람이 특수교육을 전공한다면 나는 말릴 것입니다. 특수교육은 장애인을 돕고 싶다는 마음만으로 하기에는 아직 개선되어야 할 부분이 많은 직업이니까요.

행복 교육을 하고 계신 서울대학교 최인철 교수님의 강의를 들은 적이 있습니다. 나는 교수님께 특수교사임을 밝히고 위안을 건넸습니다.

"특수교사 하면 천사라고 생각하는 사람이 많습니다. 물론 특수교사가 장애인에 대한 사랑과 남다른 신념이 없는 것은 아니지만 그게 다는 아닙니다. 때로는 나의 일이기에 희생과 사람을 넘어선 당찬 결단이 필요하지요. 교수님도 마찬가지일 거 같아요. 행복이란 손에 잡히지 않는 것을 학문으로 연구하고 계시잖아요. 행복을 느끼는 것과 행복을 연구하는 것은 조금 차원이 다른 문제일 테니까요."

만나는 사람마다 교수님은 행복하시느냐고, 교수님의 행복의 비결은 무엇이냐고 묻는답니다. 그러나 자신은 행복 전도사가 아니라 행복을 공부하고 연구해 데이터를 내놓는 사람이라고 대답하신다는데요. 저도 마찬가지입니다. 특수교육을 통해 장애인을 교육하고 권리를 찾고 삶을 독립하여 살아갈 수 있도록 돕지만 무조건적으로 모든 것을 수용하고 인내하는 천사는 아닙니다. 여느 교사와 마찬가지로 학생들에게 꼭 필요한 것들을 교육과정에 따라 교육하고 때때로 생활에 필요한 기술들을 가르치는 존재입니다. 그 대상이 장애인이라는 것만 다를 뿐입니다. 일반인들이 갖고 있는, 혹은 보호자들이나 동료 교사들이 갖고 있는 특수교사에 대한 기대가 우리를 부대끼게 합니다. 교사에 대한 기대도 버거운데 특수교사는 천사라는 프레임까지 씌어져 우리에게 부담을 안겨 줍니다.

특수교사가 장애인에 대한 바른 생각과 가치관을 갖는 것은 중요하지만, 그것은 일로써 나의 삶과 동행하지 않을 때 건강하게 발현될 수 있습니다. 퇴근하고도 수없이 많은 시간을 학생의 문제 행동 해결과 부모님들의 민원을 처리하고, 학교 선생님들 사이에서 받은 상처를 되새긴다면 행복한 특수교사가 될 수 없습니다. 나와 일을 분리하고 일이 끝난 다음엔 나만의 취미 생활로 나를 충만하게 채워 나갈 때 다시 학교에 나가 특수교사로서 행복할 수 있음을 꼭 이야기하고 싶습니다. 누구의 시선에서도 자유롭게 내가 좋아하는 일을 나만의 방식으로 편안하게 해결해 나갈 때 우리는 건강한 특수교사가 될 수 있습니다.

처음 책을 쓰기 시작했을 때 빈 여백에 수없이 많은 지식을 풀어 놓는 내 모습에 놀랐습니다. 왜 무엇 때문에 내가 이렇게 일반 교육 과정을 분석하고, 대학 입시에 대해 공부하고, 사춘기에 대해 논하는지 이유를 알지 못했습니다. 그렇게 몇 년 동안 글을 쏟아 내다 느낄 수 있었습니다. 그동안 특수교사로서 내 지적인 면을 뽐내고 닦을 기회가 거의 전무했다는 것을 말이지요. 그래서 그렇게 공부하고 글을 썼구나 느끼는 순간, 묘한 해방감을 느꼈습니다. 퇴근 후와 이른 새벽 글을 써 내면서 더 건강하게 특수교사로서 일할 수 있는 힘을 얻었습니다. 내 삶과 일의 균형을 맞추는 법을 이제야 깨달았기 때문입니다.

이 책에 나와 있는 이야기들은 무척 단편적입니다. 100명의 특수교사에겐 100명의 다른 학생이 존재하고, 그에 따른 에피소드도 100가지 이상입니다. 해결 방법도 제각각입니다. 그래서 이 책이 특수교육의 상황들을 모두 관통하는 하나의 지혜라고 말하기는 부족할 것입니다. 하지만 100가지 케이스 중에서 몇 가지를 아우르는 이야기만으로도 마음의 위로를 줄 수 있을 거라 믿습니다. 우리는 같은 마음으로 특수교육을 위해 노력하고 있기에 그 교육을 이어 나가는 정신은 서로 크게 다르지 않을 것입니다. 그야말로 현장에서 고군분투하는 사랑하는 특수교사들에게 조금이나마 도움이 되었길 바랍니다. 천사가 아닌 교사로서 자신의 자리에서 최선을 다하고 있는 여러분에게 박수를 보냅니다.

교사로서의 역할에만 골몰하지 마시고 가장 먼저 자신을 건강하게 가꾸십시오. 그래야 제대로된 교육 방향도 잡아 나갈 수 있을 것입니다. 건강한 교사가 아이들에게 건강한 교육을 할 수 있음을 믿으며 오늘도 선생님들의 내적 평화를 기원해 봅니다.

낯설고 어렵지만 어떻게든 특수교육 대상자에게 도움이 되고자 노력하시는 일반 교사에게도 경의를 표합니다. 교사에 대한 기대와 책임감이 무거운 시절입니다. 힘들지만 그래도 이렇게 관심을 갖고 함께해 주셔서 참 좋습니다. 한 아이를 위해 존재하는 두 담임. 열심히 힘을 합치고 서로 도움이 되어 준다면 어렵지만 한발 한발 나아갈 수 있을 것입니다. 특수교육이 어려운 모든 교사에게 하나의 길이라도 터 주었길 간절히 기도합니다.

특수교육이 어려운 선생님을 위한

특수학생 지도

초판 1쇄 인쇄   2025년   2월 21일
초판 1쇄 발행   2025년   2월 28일

저자   이현옥
펴낸이   박정태
편집이사   이명수   출판기획   정하경
편집부   김동서, 박가연
마케팅   박명준, 박두리   온라인마케팅   박용대
경영지원   최윤숙

펴낸곳   BookStar
출판등록   2006. 9. 8. 제 313-2006-000198 호
주소   파주시 파주출판문화도시 광인사길 161 광문각 B/D 4층
전화   031-955-8787   팩스   031-955-3730
E-mail   kwangmk7@hanmail.net
홈페이지   www.kwangmoonkag.co.kr

ISBN   979-11-88768-91-2   03370
가격   19,000원